日本阳明学研究名著译丛

邓红 欧阳祯人 ——— 主编

日本阳明学派之哲学

〔日〕井上哲次郎 著

张一星 邓红 译

山东人民出版社·济南

国家一级出版社 全国百佳图书出版单位

图书在版编目（CIP）数据

日本阳明学派之哲学/（日）井上哲次郎著；张一星，
邓红译 .-- 济南：山东人民出版社，2022.1
（日本阳明学研究名著译丛）
ISBN 978 - 7 - 209 - 11922 - 1

Ⅰ . ①日… Ⅱ . ①井… ②邓… ③张… Ⅲ . ①王守仁
（1472 - 1529）—哲学思想—研究 Ⅳ . ①B248.25

中国版本图书馆 CIP 数据核字（2019）第 026637 号

日本阳明学派之哲学

RIBEN YANGMING XUEPAI ZHI ZHEXUE

[日] 井上哲次郎 著 张一星 邓红 译

主管单位 山东出版传媒股份有限公司
出版发行 山东人民出版社
出 版 人 胡长青
社 址 济南市市中区舜耕路 517 号
邮 编 250003
电 话 总编室（0531）82098914
市场部（0531）82098027
网 址 http：//www. sd - book. com. cn
印 装 济南万方盛景印刷有限公司
经 销 新华书店

规 格 16 开（169mm ×239mm）
印 张 22.5
字 数 298 千字
版 次 2022 年 1 月第 1 版
印 次 2022 年 1 月第 1 次
ISBN 978 - 7 - 209 - 11922 - 1
定 价 56.00 元
如有印装质量问题，请与出版社总编室联系调换。

《日本阳明学研究名著译丛》为贵州省 2016 年度哲学社会科学规划国学单列课题（16GZGX09）。

本国学单列课题由贵州省社科规划办和贵阳孔学堂文化传播中心共同出资设立。

谨此致谢

《日本阳明学研究名著译丛》总序

　　"阳明"是中国明代思想家王守仁（1472—1529）的号。王守仁因筑室阳明洞讲学而名声大噪，世称"阳明先生"，称他的学说以及王门学问为"阳明之学""阳明之说"等。在《明儒学案》里，王阳明本人的学术被称为"姚江之学"，弟子们被称为"王门之学"，但是"阳明学"这一称谓，当时没有在中国流传开来。

　　作为一门近代学科的名称，"阳明学"是个典型的"和制汉语"，出现于19世纪八九十年代的日本。在此之前，日本人对王阳明一派的学问，也沿袭中国的学问传统，称"姚江"或"王学"。19世纪末到20世纪初叶，日本出现了一场由三宅雪岭、德富苏峰、陆羯南等当时的一些鼓吹日本主义的媒体人发动的、批判明治政府以"鹿鸣馆"为表象的全盘西化政策的社会运动。他们自称这场社会运动的目的是创造日本"国民道德"，创办了一本名为《阳明学》的杂志作为运动的主要阵地，于是"阳明学"这个类似于学术流派的名称成了这场精神运动的名称。

　　日本阳明学虽然号称起源自中国明代王阳明的姚江学派，但有完全不同的发展历程和自己的特色。在"阳明学运动"开展期间，出版了两本日本阳明学著作，奠定了日本阳明学的学术基础。一是高濑武次郎（1869—1950）的《日本之阳明学》（1898年铁华书院出版）。《日本之阳明学》以教科书的形式，分发端、陆象山、王阳明、心即理、知行合一、日本之王学者等章节对阳明学进行了阐述。二是井上哲次郎（1855—1944）的《日本阳明学派之哲学》（富山房1900年出版），该书

001

按流派和人物全面论述了日本阳明学派的源流、哲学内容和思想特征。这两本书给予将日本阳明学传播到中国来的梁启超、张君劢、朱谦之等以重要影响。

但是与轰轰烈烈的日本阳明学之社会运动相比，日本作为学术研究的阳明学研究一直处于低潮。直到 20 世纪 40 年代，日本京都大学出现了两个阳明学研究方面的先驱者。

一是京都大学人文研究所研究员安田二郎（1905—1945）和他著述的《中国近世思想研究》（京都弘文堂 1948 年出版）。安田认为中国古代哲学家孔子的《论语》和王阳明的《传习录》那样的语录式著作，看上去杂乱无章，但内部有着某种必然的逻辑体系，于是他运用西方哲学史手法在《传习录》和其他朱王著作中去寻找这个逻辑，此书便是他研究的结晶。

二是京都大学原教授岛田虔次（1917—2000）的著作。岛田曾写过三本关于阳明学的著作。第一本是《中国近代思维的挫折》（1949 年筑摩书店出版，1970 年修订再版）。在该书中，岛田试图从王阳明、泰州学派、李贽的思想展开过程中，寻找中国近代思想，主要是近代市民意识的"萌芽"。第二本是《朱子学与阳明学》（岩波新书 C28，1967 年出版）。该书虽然是面向社会的通俗读物，写得简单通俗易懂，岛田却自认是对自己阳明学研究的总结。作为通俗读物，该书最大的特点在于将自己的阳明学论文和著作论证过的主要观点浓缩而总结概括出来。第三本是《中国思想史研究》（2002 年由京都大学出版会出版。邓红翻译，上海古籍出版社 2009 年出版）。日本和中国学界一般认为安田和岛田开创了战后日本的阳明学研究，特别是岛田，堪称世界阳明学研究的先驱。

随后，日本九州大学文学部中国哲学史研究室涌现出了一个阳明学研究群体。第一任教授楠本正继（1886—1963）著作有《宋明时代儒学思想之研究》（东京：广池学园出版部1962年出版）、《楠本正继先生中国哲学研究》（东京：国士馆大学附属图书馆1975年出版）。著名阳明学研究者冈田武彦、荒木见悟等都是其弟子。

日本最高学府东京大学的阳明学研究代表为山井涌（1920—1990），1964—1981年任东京大学教授，《明清思想史研究》（东京大学出版会1980年出版）是他毕生研究的结晶，收集了中国近世思想史方面的19篇论文。在此之后，日本出现了山下龙二、友枝龙太郎、岩间一雄、沟口雄三、福田殖等阳明学家，延续至今。

如上所述，日本的阳明学研究发展起步较早，在很长一段时期内处于世界的领先地位，涌现出了一批世界级阳明学研究专家，出版了一系列阳明学研究的学术名著，形成了资料丰富、视野开阔、推论细腻、各当一面、深耕细掘的研究特点。他们的研究成果是全人类的共同财富，具有深远的学术意义，可为中国的阳明学研究提供借鉴。

中国的阳明学研究因为众所周知的原因在一段时期内严重滞后，但自从1978年改革开放以后，开始摆脱了教条主义的束缚，学者们积极从事学术研究活动，善于吸收外来先进成果，与海外学者特别是日本学者形成良好互动的学术局面，从而出现了一大批研究成果，掀起了一阵阵的阳明学热潮，在某些方面甚至可以说已经在世界处于领先地位。但是从整体上看，中国阳明学研究还没有完全恢复"心学固有的活泼天机状态"，还没有过日本阳明学在日本近代化进程、国民道德建设中发挥过巨大作用那样的成就，在冈田武彦式的民众启蒙和企业伦理教育的群众性实践活动方面也还有学习借鉴的余地。

本丛书以"知行合一、付诸实践"为宗旨，以吸收、参考、借鉴日本阳明学"知行合一、强调事功"的长处为主题，沿着上述日本阳明学

003

的发展历程来翻译介绍日本阳明学研究名著。

以往也有一些日本方面的阳明学著作被翻译介绍到中国，但都显得零乱无序，既没有形成一套介绍推广日本阳明学研究成果的体制，也没有按照日本阳明学研究的历史发展来选择翻译对象，而是各取所好，有的译著甚至不是学术著作，翻译成果甚至还有不专业之处。

有鉴于此，本丛书旨在全面、系统、专业地翻译出版日本的阳明学研究成果。本丛书编委会在中日两国的中国哲学史学界集聚了一批精通中日双语的翻译人才。

本丛书的学术总顾问是武汉大学国学院院长郭齐勇教授。长期以来，郭教授为推动武汉大学乃至全国的阳明学研究，做出了极大的努力。武汉大学阳明学研究中心为这套丛书的翻译与出版做出了重要的贡献。本丛书的翻译者蒋国保教授、邓红教授都毕业于武汉大学，年青一代的陈晓杰博士、连凡博士、焦堃博士、符方霞博士、张亮博士分别毕业于日本关西大学、九州大学、京都大学和北九州大学，不仅精通日语，而且也是真正的阳明学研究的专家。陈晓杰博士、连凡博士、焦堃博士是武汉大学的在职教师，张亮博士是武汉大学的博士后，符方霞博士任教于广西师范学院外国语学院。

本丛书的日方主编邓红教授，1982年毕业于武汉大学历史系，后来于日本九州大学中国哲学史专业博士毕业，直接聆听过冈田武彦、荒木见悟、福田殖等先生的教诲，现任武汉大学中国传统文化研究中心兼职教授。本丛书的中方主编欧阳祯人教授为武汉大学阳明学研究中心主任，《阳明学研究》杂志的执行主编，中华孔子学会阳明学研究会副会长，长期从事儒家性情思想和陆王心学的研究。所以，丛书的主编和翻译者们都长期浸润于阳明学和中国思想研究，有的本人便是驰名中外的阳明学家。他们对世界阳明学的研究动向有着深刻的把握，对日本阳明学研究的历史发展了如指掌，对先行研究的优缺点有着明晰的认识，对本丛书的翻译对象都仔细研读过，选定的都是日本最经典、最具代表性的阳明学研究著作，不仅能够为中国的学者们提供最佳参考资料，为中国的读者们提供满意的读物，而且能够为当政者提供重要的借鉴。

《日本阳明学研究名著译丛》为贵州省 2016 年度哲学社会科学规划国学单列课题（16GZGX09），是武汉大学中国传统文化研究中心近年来取得的重大研究成果。本"国学单列课题"由贵州省社科规划办和贵阳孔学堂文化传播中心共同出资设立。贵州是王阳明"悟道"的圣地，多年来贵州省为中华民族优秀传统文化的传承和创新做出了巨大的贡献，贵阳市和贵阳孔学堂为阳明学研究的发展和心学的实践做出了不懈的努力，在此特致以由衷的感谢。

邓　红　欧阳祯人
2020 年 10 月吉日于武汉珞珈山麓

重订日本阳明学派之哲学序

德川时代的儒教可分为朱子学派、阳明学派、古学派、折衷学派及独立学派等学派。其中阳明学由少数的学者及志士维持命脉，有着显著的特色。其特色简而言之，那就是怀抱纯洁如玉的动机，贯彻壮烈乾坤之精神。所以，这个学派中博学多识的学者所占比例虽少，但高洁俊迈的君子和实干家却比较多，特别像中江藤树那样，实乃古今罕见的品行高尚之人。他现在被藤树神社当作祭神，绝非偶然。虽说日本的阳明学本源于阳明，但其中大半可谓藤树学。特别是省察派中，藤树的影响非常大。而如会津北方的阳明学派，则是像宗教一样尊奉继承藤树的学说的。本书原来的主要目的，是力图根据历史的发展来探明藤树的学术思想有什么样的影响、产生了怎样的结果。近来在我国有人极力宣扬来自欧美的思想，倡导各种主义，但是于道德的实行却几无效果。哲学的思索固然应该深远，却陷入了勃窣理窟、受限于坚白异同之辩，埋头于遁世主义而不知自返。他们应当用东洋的活学问来刷新一下他们的枯燥头脑。但是，沉溺于东洋训诂学而对西洋哲学掩耳不闻亦不足为道。总而言之，今天学界的当务之急是将东西洋哲学结合起来并将之发展。现在翻译输入西洋哲学方面已经有过为已甚的倾向，应当稍微留意一下东洋哲学。虽然佛教哲学不错，但像阳明学那样的儒教哲学也不应疏远。由此来看，绝不应怠慢日本阳明学派的历史研究。以上是有感于重订本出版之际的一些感想，是为序。

大正十三年（1924）十一月十七日

文学博士　井上哲次郎

日本阳明学派之哲学序

从明治十三四年（1880—1881）起，我开始编著有关中国哲学、印度哲学方面的东洋哲学史，虽成书数册，装满书箱，但没有整理的还有很多，想要将之公之于众，还得需要十年左右的时间。但是经过长久的岁月还不能得出什么研究成果的话，世人或许会怀疑我荒废学业，那就只能成为遗憾了。

明治三十年（1897），余蒙受官命，赴法国巴黎参加万国东洋学会，发表了《日本哲学思想的发展》。回国以来，愈发感到研究日本哲学历史的必要性，于是致力于阐明德教的渊源，研究学派的关联。稿件堆积满箱，其中和阳明学有关的部分自成一部。于是命名为《日本阳明学派之哲学》，姑且将稿本公之于众，希望对世人有所裨益。

国民道德心无疑是发展进步的产物，也应该将之发展进步。然而，这绝非一世一代的产物，其由来极为深远，实为千世万世之大业。即使匹夫想要将其颠覆，也不可能。若想要知道我国有着怎样的国民道德心，则需要领悟熔铸陶冶过国民心性的德教精神。像本书论述的日本阳明学派的哲学，又怎么会没有益处呢？

维新以来，世间学者或倡导功利主义，或主张利己主义，其结果终究可能破坏我国民的道德心。虽然其学不能彻底做到，但亦会损害国家的元气，蠹毒风教的精髓。如功利主义作为国家的经济主义是可以的，但将之作为个人唯一的道德主义则不可。这是因为这种场合下的道德是他律性的，没有丝毫养成心德的效果。功利主义将人向私欲引导，玷污我国自古以来的神圣心德。功利主义固然是巧妙的理论，但作为德教则不足为取。世间鼓吹的各种各样的功利主义或利己主义，实际上是要从根基上毁坏我国民的道德心。

是故，余无法等待订正此书之日，姑且将稿本原样发行。我国民的道德心，即普遍之心德，心德可说是东洋道德的精粹。本书在东洋哲学史中虽是微不足道的一部分，希望能为将心德向世界万国发扬做出一些贡献。

明治三十三年（1900）九月廿四日
井上哲次郎

增订凡例

一、本书不单是阳明学的历史，主要阐述阳明学派的哲学思想的历史发展和评论。故与哲学思想完全没有关系或关系不大的部分，都将之疏外而不做记载。

二、对一些语录之类，虽是片段性的思想，但亦是些值得玩味的东西所以不厌其烦地加以采录。

三、虽然本书增订之处不少，篇章等的顺序与前版无异，只是增加了第一篇第二章的渊冈山部分。

目　录

叙　论

十七世纪初，随着德川氏平定海内，我国的文运走向昌盛。以藤原惺窝①为首的学者提倡朱子学，林罗山②继承其思想，亦鼓吹朱子学。是以天下靡然从其风，朱子学以建瓴之势日渐昌隆。此时若没有其他学说与之抗衡、并驾齐驱的话，我国的儒教哲学仅偏向于一方，结果则会偏执迷妄，活气尽失，最终成为死学。随着朱子学的勃兴，与之相反的古学也无法扬其气焰，唯有与紫阳异轨而行的阳明学从意外之处闪现光彩，打破了单调一趣之弊。

然阳明学却因此遭受灾厄。因德川氏聘用了崇奉朱子学的林罗山，朱子学成为三百年间官府的教育主义。是故，阳明学一开始便受到林家的猜疑，到了宽政以后愈发被打压。在官府的统治之下，无法公然倡导姚江之说，甚至以阳明学为谋叛之学，视其为蛇蝎。且阳明学也未能辩白自己非谋叛之学。由于朱子学称为官府的教育主义，阳明学则为民间学者倡导，二者自成官民之别，阳明学犹如平民主义。朱王二氏之学，其主张不同，又有官民之别，岂非螳臂当车否？事实证明其结果的确如此。阳明学被官府权势所排斥，郁屈无法伸张。如今我们进入了自由的思想界，此时研究阳明学的发展史，解其郁屈，岂不是学术界一大快事！

然在此之前，应当先了解什么是阳明学。阳明学是明代伟人王阳明

---

①　藤原惺窝（1561—1619），兵库人。早年出家，在寺院学习儒学，江户时期最早的儒学家，井上《日本朱子学派之哲学》称之为朱子学鼻祖。

②　林罗山（1583—1657）京都人。藤原惺窝之后最重要的朱子学派儒学家，本名信胜，号罗山，字子信，出家后法号道春。藤原惺窝的学生，被推荐为德川家的儒学侍讲、儒官，为幕府的文教政策做出贡献。宽永九年（1632）在上野国忍冈一地兴建林氏家塾后来的昌平阪学问所（昌平簧），后子孙世代为塾长。

(1472—1528) 主张的学说，与朱子学有难以相容之处。今举其显著的差异如下：

第一，朱子学博通学问，期得德行之法。阳明与其先驱者陆子看法相同，以德行在先，学问在后。不，其以德行为自身的唯一学问！朱子之学堪比归纳法，阳明之学堪比演绎法。

第二，朱子以理与气为世界的根本原理，以此来解释世界。故他的世界观为二元性，可称为理气二元论。阳明与之相反，主张理与气同体不离，不应一分为二。故阳明的世界观为一元性，可称为理气合一论或理一元论。

第三，朱子认为心分为理气两个方面。阳明认为此心即是理，唯明此心，理自明也。是故阳明认为不需要通过研究外界事物来明理。总的来说，只需明此心。

第四，朱子学认为要明此理的话，需要累积非常多的经验。故其倾向于经验论。反之，阳明学认为真正的知识唯在此心，故其倾向唯理论。

第五，朱子学提倡先知而后行。阳明学不言知行之先后，主张知行合一。故有朱子重学理，阳明重实践之异同。

由此观之，朱子学与阳明学，孰长孰短，难以定论。然朱子学派虽然出现了许多博学多识之士，却有固陋迂腐之弊。反之阳明学派往往不免于浅薄，然学者们单刀直入，得其正鹄。在这一点上阳明学确实比朱子学优秀。让我们试举德川时代的儒教史，朱子学派中并非没有伟人，但固陋迂腐之人也不少。反观阳明学派，比起朱子学派来说人数虽少，但在这些人物中，几乎没有固陋迂腐之人。如中江藤树、三轮执斋、中根东里、春日潜庵之类，其行为可观者不少。又如熊泽蕃山、大盐中斋、佐久间象山、吉田松阴、西乡南洲等，可观其事功。姚江学派的优秀人物众多是不争的事实，可见阳明学有陶冶人物之功。所以叙述其发展历史，探究其所存脉络，寻找其精神真相是非常必要的。在道义拂地，世人误入歧途的今天，若以先辈们的行为、心术等为鉴，岂不得以立志哉！

第
一
篇

中江藤树及藤树学派

第一章　中江藤树

第一　事迹

藤树姓中江，名原，字唯命，通称与右卫门，藤树为其号，又号默轩或顾轩。庆长十三年即公元 1608 年，生于近江国①高岛郡小川村。

小川村为江州大沟分部侯②的领地。祖父吉长仕米子③侯（即加藤侯）。父吉次在小川村务农。藤树虽生于农家，但幼时聪颖，崭然头角。九岁之时，祖父来到小川村，欲抚养藤树以作为子嗣。其父母以家中仅有一男为由拒绝。然藤树自请跟随祖父，遂从祖父来到伯耆④，开始学习文字。其祖父不精通文字，每每因此后悔不已。故让藤树开始学习，代自己写书柬，人们皆惊叹藤树虽幼却善文字。不久之后，米子侯转任至豫州大洲⑤，藤树祖父任风早郡之宰。藤树跟随祖父先至大洲，然后来到风早郡，跟随老师开始修学。其读到《大学》中的"自天子以至于庶人，一是皆以为修身为本"，感叹道"幸哉此经之存，圣人岂不可学而至焉乎"，不禁泪落沾衣。又在一次进食时思考到："此是谁所赐也？一则父母，二则祖父，三则君。三者之恩，不可以须臾忘。"

005

---

① 这里的"国"指日本旧律令时代的藩国，相当于现在的都道府县。以下同。近江国即今天的滋贺县。
② 江州即近江国的别称，大沟是近江国的一个小藩，藩主是分部氏。
③ 米子国，在今鸟取县西部。
④ 伯耆国，在今鸟取县西部，和米子接壤。
⑤ 豫州即伊豫国，今爱媛县。大洲为伊豫国下面的一个小藩，在今大洲市。

藤树十三岁时，跟随祖父回到大洲。然一年之后祖母去世，又过一年祖父也去世，藤树的不幸可以想象。藤树在祖父去世之后，仍留在大洲。至宽永元年（1624）夏天，一个禅师应聘医师来到大洲，讲学《论语》。此时大洲的风气还尚武贱文，无人听禅师讲学，藤树独自跟着禅师学习。未过多久，禅师回京。藤树无人为师，即求购四书大全读之。然又恐遭非议，白昼与诸士讲武，夜晚则独自读书，有所造诣。翌年正月，藤树父亲吉次去世。藤树时年十八，闻父亲去世之噩耗恸哭不已，欲返乡葬父，然因故未果。藤树留在大洲，学习日益勤奋，专崇朱子学，严以礼法自持，颇为拘于形式，有显露圭角之迹。藤树曾拜访儿玉某时，在座的荒木某因其学从孔子，语带嘲笑，藤树怫然曰："孔子卒二千有余载于此，今汝目我以孔子者，岂以我学文而嘲之乎。学文士之常耳，士而无文，与奴仆何异。"某自羞愧而去。藤树又曾与某人谈兵。某人言世间防箭法，藤树曰："余亦有防箭法，只在其直进无避而已。夫中吾身，是命分之箭。千万中唯有一枝耳。若有避之心，则非命之箭亦中者也。"云云，其言如此锋芒毕露，直击人心。藤树志学日渐笃定，深从自己的信仰，注重操行，可知其精神犹如秋霜烈日。

藤树至二十七岁之时仍留在大洲。其间两次归乡探望其母，藤树想尽孝道的意欲日益强烈，欲带母亲一同返回大洲。然母亲年老，不愿离乡远行，藤树遂一人返回豫州。在返程的船上，藤树患上哮喘，非常严重。哮喘俗称喘息，是一种神经疾病。藤树是如何患上此疾的，其原因难究。然从藤树日常的举动以礼法自律，甚为偏向克己主义，陷入了并不宽裕的处境来看，二竖之灾，或许是因此而起。此时藤树母亲年迈，独居江西①，身边无子孙侍奉左右，无疑引人深感同情。藤树心中挂念母亲，又如何能久

---

① 这里的"江"指琵琶湖。藤树故乡小川村在琵琶湖以西，故称江西。以后又将藤树学派称为江西学派。

久忍耐。此时大洲侯分封其弟为新谷侯①，藤树在新谷侯手下供事，因此藤树无法归乡侍奉母亲。癸酉之旦，藤树偶读皋鱼传，读到"树欲静而风不止，子欲养而亲不待"想到了自己的母亲，乃赋诗云：

羁旅春逢远耐哀，缗蛮黄鸟止斯梅。

树欲静兮风不止，来者可追归去来。

他屡屡请辞不得准许，遂弃官回到小川村。此宽永十一年（1634）事，藤树时年二十七岁。其乙亥岁旦之诗叙述了其在乡里的真情，诗云：

乡党元旦会九族，和气油然相亲睦。

昔日虽知非真知，舟可行水车则陆。

此后藤树尽孝道侍奉母亲左右，又发奋学习，致力学业。藤树自二十岁以来，攻读四书，特别信奉《大学》《论语》两书，将其视为金科玉条，实践躬行圣人的模式及态度，犹如桎梏，要求自己极为严格。然其间有诸多不合时宜之处，不禁渐生疑惑，认为如此圣人之道果，今世吾辈所不能及。于是取五经熟读，颇有感触，乃作《持敬图说》与《原人说》，此时藤树年三十一岁。藤树不专取先圣之精神，痛感过于拘泥表面形式，乃至对自身的行为渐生疑惑。然《持敬图说》与《原人说》也并不适合于实践。深感此两种学说甚归人情，有逆物理。自身又再次攻读，融会贯通，颇有感触。乃祭太乙神（即皇上帝）。不久之后又尊信《孝经》，认定此乃孔子遗书，每朝拜诵。《孝经》可谓藤树家学的福音书，其所著的《翁问答》则为叙述其思想之书。

①　新谷为大洲侯分封的小藩，在大洲市内。

宽永十七年（1640）之冬，藤树三十三岁之时，藤树得《王龙溪语录》研读，开始接触姚江学派。王龙溪为阳明门人，其见解颇为近似禅道，语录往往与佛语交融，是故藤树虽颇有感触，乐于研读，却惊讶其语录佛语间杂，类似禅道。后至藤树三十七岁之时，购求《阳明全书》① 研读，乃释然曰："圣人一贯之学，以太虚为体，异端外道，皆在吾范围中。吾安忌言语之相同哉。"可见至此有与一切教义贯穿融合之势。无论如何，藤树至三十三岁之前尊崇朱子学，坚守其格法。其间或有疑惑，但仍困苦于紫阳的圈套之中。然自接触姚江流派之后，渐悟拘泥之非。乃与诸生曰：

余尝信朱学，命汝辈以小学为准则。今始知其拘泥之甚矣。恪守格法之与求名利，虽不可同日而论，至其害真性活泼之体则一也。汝辈读圣贤书，宜师其意，勿泥其迹。

又在《与池田子书》中曰：

吾深信朱子，久用功夫，不觉入德之效，甚疑学术，愤而难起。不料天道恩惠，购得阳明全集而读之。发拙子之疑，得入德之柄，乃一生之大幸。若未得此助，此生可谓空也。

三轮执斋也在《藤树先生全书》中云：

其最初尊信朱子，集注与心学，背诵朱子大全。然未得心，未能解惑。得阳明全书传入我邦，广读其书肆，解其数年之疑惑。由此得

---

① 著者原注：此书在《与池田子书》中为《阳明全集》，实为《阳明全书》。此书一直放在江西书院，大盐中斋强请村民，将之带回专研精读，并在栏外加以朱字评语。后来京都宇田栗园曾珍藏此书。

圣门阶梯之路的阳明夫子致良知之学，于是从其教，数年超然，暗自领会，其心传在本邦百年流传。

此为藤树之学问急转直下之处。然其余生苦短，实为可惜。

大木月峰在行状中写道藤树"四体丰肥"。又见藤树书院所藏藤树画像，颇有肥满之态。从此点来看，藤树应该比常人更为健康。然藤树却多病，特别是在三十岁以后屡屡患病，或许是因为他过于励精刻苦吧。庆安元年（1648）八月二十五日，藤树端坐，驱远妇女，召集门人曰："吾去矣，谁能任斯文者也？"言毕，永眠。或云[1]藤树常患痰咳，病发时卧床不起，不能愈。其病重之时，母亲问其如何，藤树恐母亲担忧，强行撑起身体说道："稍愈。"其母喜道："然，不日必起。"然藤树病逝，果然是因一度患上哮喘，随引起胸部疾病。今日虽有专业名医，亦无法确定原因，然无疑是因为某种呼吸器疾病而逝。其门人以文公之家礼，将藤树葬于小川村东北玉林寺中。邻里乡亲，皆涕泣送之，其状如丧亲之痛。后乡民将其家修筑为祠堂，谓"德本堂"，至今祭祀不绝。此即世间所谓的藤树书院。

藤树逝世时，年仅四十一，可谓早逝。然其为后人之模范，留下的赫赫成绩，是我辈所不能及的。藤井懒斋撰《本朝孝子传》卷下称赞藤树云：

> 淡海吹起，陆王儒风。
>
> 岂翅善身，诲人有忠。
>
> 为母颤禄，旋乡色愉。
>
> 于嗟笃孝，性乎学乎。

藤树为人朴质诚实、温恭谦退，其一举一动，皆无不在规矩之中，感

---

① 原注：参见《续近世丛语》卷一开头。

化世人之力并非寻常。是以村民尊信藤树如神，称其为近江圣人。今读其所著，可想其人的确如此，绝非虚褒滥赏。门人西川季格在所著的《集义和书显非》中评论藤树曰：

> 观其日用行住坐卧之体，乃常人所不能及。其为尊德容者，实乃扶桑古今一君子也。

此为西川季格亲眼所见之述，藤树此人的性行可想而知。

藤树常感光阴如梭，致力于学问思辨，孜孜不怠。每夜与诸生会谈过夜半，直到五更（即凌晨四时）。藤树曾学习围棋，后因专注学习完全荒废。藤树虽从孔圣人之学，但对儒教之外也有所涉及。其母深信佛教，藤树自身虽不喜佛教，却为了母亲屡屡讲学佛书。盂兰盆之时，与母亲共同在家庙祭祀，甚为勤恳。其不欲逆母亲之意，以余力讲学佛书也不足为奇。藤树亦讲医术，教授医学，著有医书数部，此事实为意外。

藤树在大洲之时，与大野某交好，其子了佐生性愚钝，不能为士继承父业。其父欲让了佐以贱业营生，了佐心中以此为耻，自请跟随藤树学医。藤树悯其志，乃以《大成论》授之。起初三句便教了不下两百遍，从上午十点至下午四点，了佐渐渐记住。饭后又复读，使自己不忘。如此过了数年，仍不能学成。藤树回到小川村之后，了佐又来跟随藤树学医。藤树忧其不能掌握医术，特为了佐作《医筌》而授之，又讲解其意直至了佐通晓，了佐遂学成从医。藤树一夕对诸生说道："余于了佐，竭吾精力了矣。然非彼勉励之功，吾亦未如之何也。二三子天资非了佐之比，苟有志焉，何患不成，特缺一勉字耳。"其后，山田权从伊豫而来学医。在此前后又有森村某来学医。藤树为他们二人著《小医南针》和《神器方术》。随后仲条太亦来学医。世人将藤树视为医师，藤树自身亦有医师之思维，讲解医书，自著医书，授予多人医术，堪称神奇。然从原坦山①曾讲授过解剖学的事迹来看，并非古今没有类例。

藤树的感化力甚为强大。虽出于天性，亦是德性所致。或训诚盗贼变成良民，或使大小神祇组顿折节。然村民们深受藤树感化，尊信藤树如神一般。时至今日，此风尚存。前面提到的"德本堂"，即所谓的藤树书院，在藤树死后被村民长久保留。明治十三年九月遭遇火灾，一旦化为乌有，后又经有志之士相谋，重新修筑，称为藤树书院。世间学者经常来访，追思藤树之学问德行。伊藤东涯②为藤树书院题诗云：

江西书院闻名久，五十年前训义方。

今日始来弦诵地，古藤影掩旧茅堂。

大盐中斋吊藤树先生遗迹诗云：

院畔古藤花尽时，泛湖来拜昔贤碑。

余风有似比良雪，流灭无人致此知。

见其人其论著，藤树可谓真圣人。藤树蛰居在近江一小村之中，直接受他感化的区域甚为狭小，得到"近江圣人"之名。若藤树出至大都会，与群儒角逐，又岂止被称为"近江圣人"乎？杉浦重刚所作的《祭藤树先生文》云：

---

① 原坦山（1819—1892），俗名新井良作。幕末、明治时期的佛学者、曹洞宗僧侣。1879 年任东京大学印度哲学科最初的讲师。著有《坦山和尚全集》。
② 伊藤东涯（1670—1736），江户中期的古学派，伊藤仁斋长子，继承发扬古义学派。学问广博，精通儒学、汉语学和中国政治制度。著书甚多。

> 近江圣人欤？日本圣人欤？东洋圣人欤？抑亦宇内圣人欤？圣之
> 所以为圣，古今东西，盖一其揆。已为近江圣人，所以为宇内之圣人。

诚然，藤树确已到达圣人之境，又岂止局限于近江！

室鸠巢①曰：

> 然百年来人之间，唯有藤树一人。其学术虽有谬处，但明辨毫无
> 隐处。

三轮执斋以藤树为我国先学之中姚江之后的头号人物。古贺精里②曰：

> 偃武以来，儒先辈出，而惺窝藤树为其选。其学所至，皆以陆王
> 为宗。然其天资粹美、践履纯笃，海内之学者无人能出其右。

可谓受诸家推崇。藤树不乏门人，然并未出多少大儒，但出了一个人
杰，即熊泽蕃山是也。有蕃山在，藤树之门不寂寥也。蕃山之外，尚有间
接受藤树启发的硕学之士，此人为谁？乃新井白石③是也。《折焚柴记》卷
上云：

> 至十七岁时，吾到侍从（名叫长谷川）那里去。桌子上有本书，

---

① 室鸠巢（1658—1734），名直清，字师礼，通称新助（也作信助），号鸠巢，又号沧浪。江
户时代中期的儒学者（朱子学派）。曾将《六谕衍义》翻译成日语。著作有《六谕衍义大意》《五常
名义》《五伦名义》《骏台杂话》《赤穗义人录》等。

② 古贺精里（1750—1817），江户时代中期儒学者（朱子学派）。名朴、字淳风、通称弥助。
著有《十事解》。

③ 新井白石（1657—1725）群马县人。江户时代中期的政治家、儒学者（朱子学派）。曾任
六代将军德川家宣的侍讲。著书甚多。

一看是《翁问答》，不知何书。带回家一看，初讲圣人之道。再讲从此入道，但没有为师之人。

由此观之，白石立志全凭年少时读藤树的《翁问答》。徂徕门下的太宰春台①也受藤树的影响。春台之父言辰，虽为武人，好闻圣人之道，也特别喜爱藤树之学。是以春台自小受家庭的影响，闻藤树之学，深深钦慕江西派之风，所以不同于徂徕门下的其他人。《复备前汤浅之祥书》云：

纯君子尝好中江氏学。亟为纯等称熊泽子之贤。纯自龆乱习闻其语。云云。

此为白石的特征。其他三轮执斋、川田雄琴、佐藤一斋、大盐中斋等皆受藤树影响。果如其然，藤树对世道人心的影响岂鲜少乎！

第二　善行及德化

中江藤树之善行，无暇一一列举。又因其与德化相关的美谈颇多，不易悉数网罗。且本书的目的本在叙述其哲学的变迁，故善行虽多，不宜赘述。然而对藤树的学问与行为不该完全分开。其行为即为学问的实践，其学问即为其行为的研究。其行为是学问之本，其学问与行为相关，于所谓知行合一相合。是故，藤树的善行及德化是学问的结果，除此之外不得知其学问的价值。是故，现记载藤树的善行及德化，可知并不是多余的。

《藤树全书》卷一中记载逸事十八件，现列举其两件。

---

① 太宰春台（1680—1747）江户中期的儒学者，经世家。信浓（岐阜县）人。本姓平手，后为太宰氏的养子。名纯，字德夫，号春台。事见井上哲次郎著《日本古学派之哲学》（1902 年冨山房）。

　　大沟侯之臣别府某被任命为小川村令，一日来到小川村问事，村民因触犯法律被捕。村民等人请求藤树为其人请求赦免。藤树其夜去往别府某之舍，谈话至半夜，不谈罪人之事而归。村民为之大惊。藤树曰："我已知别府某之意，尔等无须忧虑。"翌日，村民果真被赦免。有人问别府某其故。别府某曰："前夜先生至此，为其谢罪。然一言未及其事，令我钦佩。先生重礼仪如斯，安能因此谢罪。故赦免。"

　　藤树门人有一个叫中川的，喜欢庄子的大简飞扬论。藤树忧其走向狂见，便向门人中西某表示忧虑中川子之走狂见之事，说此忧虑难以释怀。中川子听闻后大惊，来见师，怨言曰："愚拙是从幼年开始相信先生的，委身于先生，怎敢有求名利之意。只愿求正心修身。先生如果有意见的话，希望迅速加以斧正，不使陷入此过。"藤树闻之正色曰："然，君子不忍说人之非，我虽不肖，亦学君子，故不能妄言。今言之，这实在是不得已之良知。吾子应思之。"中川氏悚然，反省其过。

　　《闲散余录》有下面的记事：

　　　　藤树为近江人。在京都葭屋町一条边有其宅地。有一次乘竹轿来到京都。路途中一边乘轿一边对轿夫讲性善、良知、良能之事，轿夫不觉掉下泪来。其感动实德至如此，甚为感叹。

　　言语出自至诚，车夫马丁亦不得不感动，可谓藤树事迹之证。

　　藤树德化的影响在小川村及附近流传。三轮执斋曰：

　　　　其没八十年，其乡民仰慕如父母。汲其流者，其忠孝之德，敬信之实，莫不试于一念感通之良知。先生治绩可想而知。（《拔本塞源论私抄序》）

又曰：

江州小川为藤树先生隐居之处，今书院尚存。方圆五六里之间，慕其化者如思父母。先生离世七十余年，已经没有见过先生之人，然乃至愚夫愚妇亦思慕如故。忧虑校舍废弃，修理而守之。

橘南谿①的《东游记》卷四有记事如下：

尾州一士人有事路过这里（江州大沟），听说先生坟墓在小川村，便向一农夫问道，如果知道的话，请带一下路。和农夫一起来到一间茅屋，农夫进入屋内，换上干净的棉布衣服出来。士人惊讶，觉得这是一个很讲理的农夫，能得到他的指教找到墓地的话，便很满足了。但走了半天也没有到墓地。他跟着农夫走到一个竹篱笆门前，农夫让他参拜。士人问他，你换衣服，不是为了我而是为了敬仰先生呀。你和藤树是不是沾亲带故？农夫曰，全村的人都是这么敬仰先生的。父老每每对其子弟曰：吾里父子有礼，兄弟有恩，室无怨疾之声，面有和煦之色者，都因为受恩于藤树先生之遗教。此无人不戴其恩之处。士人面容当初也只是抱着参观的心情来的，看到农夫如此恭敬，不得不改心参拜而归。

此事见《先哲丛谈》。南谿又从村井氏处听闻藤树事迹，叙述道：

其后，我和村井氏亲密交往起来。有一天他从村外归来，说今天

---

① 橘南谿（1753—1805），江户时代后期的医者。善文，著有《东游记》《西游记》和随笔《北窗琐谈》。

015

见到一处珍贵的墨迹。最近从江州来了一个养女婿来拜见此国家老某。客偶然问起中江藤树是子之里人，闻其学，举世敬仰，子必审其行谊，请为吾语。某老改容曰：藤树先生是吾父祖以来尊敬的人物。我来此家之前，老父将世代承袭的墨迹一张赐予我。今如想看的话，可得观之。乃起而着礼服，从柜中拿出一轴条幅，捧置案头，顶礼膜拜。其尊敬如此，我也不得不洗手漱口后才得以拜见。云云。

南豁出自藤树百年余后。今从其记事可推断藤树是如何受后人尊重。在藤树之乡，虽为商贾却知义，不为利。如旅舍茶铺，客人若有失物，必定置于阁上，等待失主领回。即使历年之久的烟管烟袋之类的东西，被灰尘覆盖，亦不敢自用。此事亦被藤树百余年之后的原念斋记录在《先哲丛谈》之中。明治三十二年（1899 年，即藤树殁后二百五十二年），本人访问了小川村的江西书院，亲自寻找藤树之遗迹，尚能感其教化之存在。由此可见藤树功德之伟大。

第三　著书

《翁问答》五卷

此书原分上下两卷，各卷又分为本末两卷，故合为四卷。然现在流传的多分为五卷。此书称为"问答"，是因藤树被邻里称为天君，拜访逸民，与之问答，由藤树门人旁听记载。然此书完全是虚构的，其内容不外乎叙述自家之说。此书完成于藤树转为王学之前，主要说的是孝之大道，以及排斥佛教之说。后有一些修正，末卷道破良知之说。此书由平假名记述而成，很好理解。《世事百谈》卷三中写道："心学之书中未有能及此《翁问答》者。"然藤树在完成此书之后，学识进阶，认为此书不合心意，又有修改之志。此时京师的书肆，得其稿本，将其发行于世。藤树闻之大惊，即毁其版。然书肆叹诉损失，藤树将其曾经所著《鉴草》授之，以补偿其损失。

《鉴草》六卷

此书为《迪吉录》的拔萃增加了批评而成。也以平假名书写，行文平易。《迪吉录》为颜茂猷所著，于明代崇祯年间刊行，凡八卷。此书所载女子训诫，在女子教育方面有裨补。

《孝经启蒙》一卷

此书收录于《甘雨亭丛书》第五集。藤树真迹的原稿今仍存于藤树书院。

《孝经藤树先生语闻书》一卷　写本

此书为中村伯常所传。卷末有伯常的跋文。据此该书为其祖先所传。

《论语乡党翼传》三卷

此书之首云："乡党一篇。画出夫子德光之影迹。以开示所以后学求得圣心之筌蹄。"藤树以此乡党篇作为提倡学圣人之行状之倔强文字。将其加上了仔细亲切的注解。然此书藤树生前没有出版。宽保二年（1742）由京师的石川唯之开始出版，后剞劂氏附之，将其传播。伴蒿蹊著《奇人传》，开头第一论藤树之传曰："《论语》从乡党篇向前进二三章，其作未完，今流传不多。我年少时在古董铺见乡党之解的刻本，但书林所知之人甚少，未能购入实为遗憾。"然此书单行本尚存与世。现收入《藤树全书》。

《大学解》一卷

《中庸解》一卷

《首经考》一卷　写本

收录于冈田季诚的《藤树全书》中。

017

《春风》一卷

此书由春风、辨惑立志、阴骘之解、亲亲仁民爱物四篇构成。后至宽政四年（1792）浪花（大阪）的书肆私自将标题改成《劝善录后》复刻。

《日用要方》一卷

《小医南针》三卷

《神方奇术》一卷

松下伯季家中存有真迹。

《捷径医筌》六卷

以上四种皆为医术，故与藤树之道德说无关。

《藤树先生家集》一卷　写本

《藤树文集》一卷　写本

《藤树余稿》一卷　写本

卷末附载藤树先生年谱。

《藤树文录》一卷　写本

卷末载有《安昌弑玄同论》及《林氏剃发受位辩》两篇。其他与藤树先生家集无异。

《藤树遗稿》两卷

此书刊行于宽政七年（1795），起首载有西希颜之序，末附有橘春晖之跋。

《藤树别集》一卷　写本

《江西文集》一卷　写本

以上七种书大同小异。

《藤树先生教化状》一卷　写本

《论语讲说》一卷　写本

先进篇的讲义笔记，卷末有《大沟侯儒臣中江藤树讲说》。然其非藤树的讲说。

《语园》二卷

卷末写道："此书之作者，不著名氏，然世传近中江藤树先生之所述。曾为童蒙用国字，藏之于塾。故今希于世也云。于时宽正十二年九月得焉。林保又。"然此为一条兼良公所作，并非藤树所作。语园之事，见《国书解题》。

《先哲像传》虽列举了近代名家著述目录等二十多个书目，但未有书籍记叙其思想。例如《原人说》，仅有一篇文章。又如《藤树先生行状》《藤树先生学术旨趣大略》《知止行歌小解》《心学文集》等，皆非藤树所著。

《藤树先生全书》三十五卷　写本

此书为冈田季诚最初编纂，最为正确。有三轮执斋的序。其中言曰：

先生在江西小川村讲学之时，季诚之父仲实从藤树为师。季诚出生之时，先生已经逝世，其父仲实也在季诚年幼之时离世。然季诚受藤树先生三子江西常省子教导，闻藤树之道，笃信藤树其道，深从其道。云云。先生著书送文虽多，但被诸家收藏，在世间流传者无人集辑。如《翁问答》《大学中庸之解》《孝经启蒙》《医筌》《春风》等书，虽已由书肆印刷发行，或有未成之书或有不成之编，亦不见全集。其余残篇遗文散落在各处，季诚若有闻，必然求之，不无所获。若有疑问之处，则向江西常省子请教。又向在备州的先生门人泉仲爱、加世季弘、中村叔贯送书请求改正，将其家所藏合录，名为《藤树全书》。此书完成之时，先生长子宜伯及次子仲树已经离世，三子常省轩季重独在江府。季诚将此书送去，请以改正并写序文。正当此时江府遭遇大火，其书亦在火中化为灰烬，实为心痛。季诚又再次收集草稿，再次编著。此时常省轩也已经逝世，此书藏于无人的家中历经岁月。

云云。

由此可知此书来历。冈田季诚功劳实多。后由松下季伯的见闻录所见，虽大阪的津川某欲将藤树全集编纂，其书完成与否，尚未可知。

《藤树先生》全集十五卷　写本

此书由镰田柳泓门人篠原元博编纂。处处加以编者的意见及说明，又考证了文字的异同，方便读者。附录于十五卷的中二卷，以资参考。中江氏谱系载与附录第二卷。可惜第一卷遗失。元博字以礼，摄津人氏。

《藤树全书》十卷　志村巳之助、斋藤耕三编纂

此书刊行于明治二十六年（1893）。世间学者欲知藤树之学说，多据此书。然此书不仅文字校正粗陋，还混入了蕃山的书类，反而脱离了藤树的书籍。例如《鉴草》已有刊行本，众所周知，不知为何收录于此。又《孝经全图》非藤树所作。《孝经大全》卷一末尾揭载的"孝字从老者"云云之孝说非藤树之说。皆为编者一言之说。然未加注些许批评，错杂混乱地印行，甚至有些是杜撰的。虽然近顷又再版，但这些错误依旧，误人良多。如此，对藤树对世间，其粗陋罪责难逃。现有其他的藤树先生全集编纂及发行的计划。此书一度出世的话，将比从前的更加正确且完整，故对于学者裨益颇大。

第四　文藻

藤树专心修习道德，故诗文也用意颇深。其气象非常正大，思想颇为高尚，以此雕琢诗文，佳作颇多。晚年送熊泽蕃山诗曰：

旧年无几日，何意上旗亭。

送汝云霄器，羞吾犬马龄。

梅花鬓边白，杨柳眼中青。

惆怅沧江上，西风教客醒。

实为佳作。羽仓简堂的《非诗人诗》（《小四海堂丛书》卷十）的丁亥正月十五戏作曰：

灵府无尘物我融，温光和气四时同。

春来心上更无别，堂有蓬莱门有松。

实为有道君子胸中之意。其他全书虽所载数十首有余，然多为道学之诗，且不拘于平仄押韵。摩岛松南在《娱语》卷二云：

偶读藤树集，每篇片言只语，亦必归道德，其气象纯粹可想也。然当时文运未开，行文之间，未免疏谬。诗亦直述其志，殊乏风致。余唯爱其明德首位吟一绝。

所以读其诗云：

原是太虚月一团，怒雷阴雨甚无端。

阵阵西风云霁后，原是太虚月一团。

可惜转句平仄有误。改为"西风阵阵云晴后"则更加妥帖。此诗曾是为赤穗义士所作。松南论曰："此篇或传为赤穗义士作者误矣。"今列举短文二三，《立志论》曰：

其一

志者致知之始，跻圣之基本也。故曰志真立前则驴鸣亦为师。苟不立其志，则孔圣亦不为师。故学问之道无他，在立必为圣人之志而已矣。

其二

志者气之帅也。故克立其志。千不过来，万欲忽消。人云：虽立其志，未能克己。此未体察者也。子曰：三军可夺帅，匹夫不可夺志。宜自省。

其三

志有真假。志名志利志色，种种愿于外，皆灭生入死之假志也。只志于道一念，养生出死之真志也。人之所欲，无甚于生。其所恶，无甚于死。而安于假志，而不知真志者，可怜可怜。

藤树亦作和歌。多为叙述心法，缺乏诗情。然亦偶有佳作。例如：

以"明明德"为题

我心明月何时现，普照阴暗缠身人。①

以"勿纵染指之欲"② 为题

见势不对早回头，顺风松枝不折梢。

题偶成

学成之后再比心，惊叹此身已脱险。

不觉此身只剩梦，醒来仍在忧世间。

---

① 本书中的和歌一律翻译成七言诗，特此申明。
② "纵染指之欲"为明人洪应明著《菜根谭·应酬》中的一句。

高呼如何成圣人，声音嘶哑世间梦。

向外求乐梦中人，水里捞月一场空。

由此可见，藤树绝非文藻匮乏之人，但多为写意而已。触情之述，则成好文。其曾云："心法明则文理自通。"盖为夫子的自我写照。

藤树是被称为"近江圣人"的德行家，其论著似乎应该没有什么活气。然藤树的文辞，意外的充满活气，论锋锐利之作亦不少。例如在《林子剃发受位辨》中，痛诉林罗山为儒者之身却忠于佛法，将其比为穿窬之盗。又如《翁问答》中非议佛教之处，单刀直入，荟萃精锐直逼敌垒。世间子弟若读藤树之书，绝不枯燥而会津津乐道。

第五　学说

第一　叙论

藤树直到三十三岁一直尊信朱子学，三十三岁以后变为尊信王学，可谓我国王学派之鼻祖。只可惜藤树早逝，倡导王学仅有八年。若藤树再有十年寿命，其王学造诣必定深不可测。但从其过不惑之年仅一年，其论著就达到十多种来看，可谓成功。况且其学问见识已经非常深远。藤树虽尊信王学，但绝不排斥朱子学。其评价朱王二氏云：

朱子为大儒，亦为贤者。王子为文武之士，亦为贤者。可以说朱子精于文，近理学而远心法。王子于仁甚约，类似异学悟道之流。然二子共贤之处在于以天理为心，去人欲。杀一人无罪者而不为得天下者一也。

由上可见，藤树不单崇尚阳明，也崇敬朱子。且藤树服膺阳明，以古本《大学》为是，在经传方面则遵从朱子，有所分别，没有一篇文字。其言曰：

今所以古书为是，从阳明学。从经传差别来看，服从朱子，可知吾非党同。吾仅希望得其所适。若非其真是，则我愚钝也。

其对二学看法公平，丝毫无党同伐异之念。足可见藤树心胸之宽广。

藤树之学问专攻伦理与实践。也并非没有宇宙或神灵方面的学说，然毕竟只是想由此阐明伦理而已。伦理虽存在于人类互助之间，但为了确定其根底所在，则要论及宇宙或者神灵之说。总的来说，藤树的学问范围限于伦理，伦理是其唯一的学问。然藤树对在天之神灵的信仰最为坚固，又重心法与操行，更偏向实践躬行。故其学问以知识性的考察为主，与其说是哲学不如说是以既定性概念为基础之宗教。然其以慎重的态度考察，值得注目之处不少。

第二　宇宙论

藤树在宇宙论方面为一元论世界观（monistische weltanschauung）。然其一元世界观确实有唯心主义（idealistisch）倾向，达到了极度高尚的哲理境界。其要领是以无极为太极，以至诚为至神。[①] 以之为上帝，也即万有精神之世界实在。然世界由理、气二元构成。理为其心，气为其形。其心分成万物之性，其形分生万物之形。形分有异，心虽分，无所异。故用他语而言，差别受其形者即气，平等受其心者即理。如此认定世界为理气二元，其世界观可谓二元世界观。若要论理与气之差异的话，理为气之柁轮，造

① 原注：请参照《原人说》。

由上可见，藤树不单崇尚阳明，也崇敬朱子。且藤树服膺阳明，以古本《大学》为是，在经传方面则遵从朱子，有所分别，没有一篇文字。其言曰：

今所以古书为是，从阳明学。从经传差别来看，服从朱子，可知吾非党同。吾仅希望得其所适。若非其真是，则我愚钝也。

其对二学看法公平，丝毫无党同伐异之念。足可见藤树心胸之宽广。

藤树之学问专攻伦理与实践。也并非没有宇宙或神灵方面的学说，然毕竟只是想由此阐明伦理而已。伦理虽存在于人类互助之间，但为了确定其根底所在，则要论及宇宙或者神灵之说。总的来说，藤树的学问范围限于伦理，伦理是其唯一的学问。然藤树对在天之神灵的信仰最为坚固，又重心法与操行，更偏向实践躬行。故其学问以知识性的考察为主，与其说是哲学不如说是以既定性概念为基础之宗教。然其以慎重的态度考察，值得注目之处不少。

化之主宰。① 气为理之舟车，造化之具。理虽为无体无方，实则定体之方。气流行发生无定止之处，理尊，为气之帅。气贱，为理之卒徒。然仔细究此二元的话，还是可归为一元。理为气之柁梲，是故气不得不为理取而用之。如同舟车与其柁梲的关系。气为理之舟车，若有理无气，也无法发挥其作用，如同只有柁梲而没有舟车，理气结合方有造化。以此点来说理与气的话，不可分为二。也即理气妙合无间，本非二物。有理则有气，有气便有理。彼此之间相互依存，须臾不可分。

由此论述来看，藤树是根据理气来解释世界的二元论，即与朱子的世界观无异。然藤树的理气妙合之说，更接近于理气共为上帝所具有的两种属性，这多少与斯宾诺莎的心意与物质为万有本体的属性一说有奇异的暗合之处。然藤树绝不认为上帝除理气之外还有别物。分则理气，合则上帝。同一世界有两方面，见其差别则为理气，见其平等则为上帝。是故藤树将其一元世界观一言道破，曰："太虚天地人物一贯分殊，如一树分根、干、花、实、枝叶。"又曰："太虚三才总为一贯，此中自有大上之真乐，此教可谓真教，此学可谓真学。"由此可见藤树无疑有纯然的一元论观念。

更近一步推究藤树的一元世界观到底为何物的话，总的来说其有着唯心论倾向。《明德图说》中有：

> 心为统体之总号，太极之异名。合理气，统性情。虽为一身之主，其实通天地有形之外，其大无外，其小无内。即造化之天，得在我者也。

由此可见，藤树如朱子那样，不以心有理气两个方面，而是以心为两者之统合。故在《与土肥子书》中断言："心者统理气立名。"世界由理气

---

① 原注：请参照《明德图说》。

构成，然心若统合理气，则心统合世界。藤树在《与户田氏书》中叙述此意曰："人者小体之天，天者大体之人。人之一身合天地无违。"云云。"形虽异，其神一贯流通无隔。理无大小，故方寸太虚本同。"云云。"我心则太虚，天地四海皆在我心中。"在论《论语》中的"为己为人"时曰："太虚寥廓为吾人本体，故天地万物无不在我。是以为己者为天地神明，修心立万物，一贯之谓也。"由此等言论来看，藤树与阳明有着同样的唯心论思想，道破万物唯心。

天地三才有一定之法则而不乱，万物生生不息。此为道。以宇宙来说，为天地之道。以人类来说，为人道。《神道大义》中云："天地开，有人道，人之道则为天地之道。"又有《天理之条》云："人心从天理可谓道。则与一阴一阳之谓道一致。"若从三才一贯之道而言，生、死、有、无并无差别，若生、死、有、无有差别，则是因为未开悟。若彻底开悟，唯见长在不灭之道。那么何来生、死、有、无呢？《或问八条》最后一条云："人心为形气之心，无此形则无此心。吾人本心为理，理无始无终，生生不息，则性即心也。君子明此理，不以存亡生死为二。人以天理而动之时，形色同为天性，踏性者也。以生死言有无者，不知其道也。"其理即为道。《翁问答》卷一也云："本来太虚之道一贯，无生死有无之差别。圣人之儒道为生死有无无差别，三才一贯之道，以此为其教，为其学。"可见藤树由此将生死有无同一看待，如同老佛诸氏，超越了现象，达到了无差别平等之实在。然没有陷入舍去现象的虚无见解。

第三 神灵论

藤树以造天地生万物者为上帝，或单称为天，或称为皇上帝，或称为太一尊神，或称为太上天尊大一神。上帝实在于世界，远在天地之外，近在一身之中，久于古今之间，暂于一息之时，微于一尘之内，幽于隐独之中，无处不在。一念之善恶，一事之善恶，上帝皆知。以此惩戒，以之祸福。是故应极度尊崇上帝，极度敬畏上帝。然世人出于此，不知其由而已。但止于知者，应求之尊畏之本然。云："止于至善。"云："顾諟天之明命。"云："诚意。"云："正心。"云："修齐治平。"云："戒惧慎独。"皆为恭敬奉持上帝之命。此为持敬之所以。所以持敬为圣学之始，成圣学之终。

藤树有着通我与别我的思想。如之前已引用，其云："人为小体之天，天为大体之人。"其云，天即上帝。故其认为，上帝为通我，天为别我。在我之中的天为何物？为我心，即为良知，即为明德，即为conscience，即为gewissen，即为συνειδησιν。《明德图说》云："天与心一理。"又云："盖明德者，上帝之在人者，而纯粹至善者也。"《与户田氏书》中云："天地人称为三极。形虽有异，其神一贯流通无隔。理无大小，故方寸太虚同。"又《人道图说》言良知之神灵，曰："知为天理之贞德，心之神明"。由此可见，我方寸之中的那一点明亮良知即上帝，故上帝在我方寸里。由此可见，藤树的思想与吠檀多派的本体论近似。吠檀多派中的"梵天"（Brahman）即世界之本体，同时又为个人之精神。梵天为最高之实在，天地万物皆在梵天之中。然梵天同时又有我之存在。我精神即梵天。换言之，我在梵天之中，梵天亦在我之中。故云："我即梵天（aham brahama asmi）。"又云："即是汝（tat tvam asi）。"而《约翰传》第十章第三十节云："我与我父一也。"第三十八节也说："父在我，我在父焉。"又第十四章第二十节也有类似之言。此世界之实在为上帝，故我在上帝之中。然良知即上帝，故上帝在我之中。是故，若自反慎独则可在我方寸之里发现上帝。将其扩充合一的话，其无大外，其无小内，遂得充实于天地之间。

藤树之所谓上帝行赏罚，故有人格（Persönlichkeit）无疑，然绝无具体性。姑且言之，可谓人感式的（anthropopatisch），或可称为拟人式的（anthropomorphisch）。盖其本体充满太虚。否，不如说太虚即上帝之本体。其论易曰："太虚寥廓，神化之全体也。"其又在《大上太乙天尊经序》云："其体充塞太虚。而无声无臭。其妙用流行太虚。而至神至灵。"上帝

027

可谓无声无息，无色无味，不可不谓虚无。冥冥之中行其妙用。是故藤树的上帝堪称世界精神（Wetseele）。其为世界之主，犹如个人之心，为其身体之主。然其道破世界之主，上帝与个体之主与心同太虚一体。这使我们想到了大盐中斋。中斋认为："方寸之虚者，便是太虚之虚。而太虚之虚，便是方寸之虚也。"即一贯通我与别我，立太虚之说，姚江流派大放异彩。其实全由藤树之学而来。无论如何，藤树已先道破中斋之主张。上帝为太虚，由前引用二句可知。现又证我心之太虚。藤树论为人为己曰："太虚寥廓。吾人之本体也。"又论明德曰："本与太虚同体也，故天地万物，尽包在明德里面。"我心与世界之本体皆为同一体，即不在太虚之外。其又论慎独曰："厥为神也，于太虚寥廓之中，只有一个，而无对行。其实体具于方寸之中，而塞于天地，无所不通，无所不利，千变万化，无非此独之神道妙通。"即我身容于太虚，我方寸之虚直通太虚。故若积慎独之功，我即与太虚合一。其又论慎独曰："太虚寥廓之皇上帝太一元神之一，厥灵光，禀受人心之月窟，而妙用一贯。"云云。可见此意愈加明了。又在论中曰："无所不在，无所在。大本在太虚，降在人心。"此为天人合一之妙处。总而言之，藤树无疑认为我方寸与太虚相通。是故在太虚之说方面，藤树为中斋之先驱。只是中斋不以太虚为上帝之本体。

第四　人类论

人类之位置

世界由理气之二元构成。天即此二元之实在，以气为其形，以理为其心。命分其气为人物之形，分其理为人物之性。万物之中唯有人得其理之全体而明明德，得其气之真而动静顺。是故人为万物理之大者，制强者。其德配天地，得造化之助。其他生灵之类精神浑浊，无理之灵觉，无知暗昧，仅有生理之欲，此为造化生人之糟粕。然理气为世界之根本原理，故虽为禽兽，仍不离理气。然禽兽理气浑浊，故不见理之灵觉，故可谓无。

其仅有气质之灵觉。人则是灵觉完整。故知生，知死，虽死不亡。兽不知生，不知死，死则亡。唯有气质厚，故能哀死。鸟为兽，知觉薄。虽痛而哀鸣，无恐死之心。大鸟为近兽之者，鱼仅有感而无知觉，草木唯质之生，无感。如此，知觉由阶级而降，直至无。然占知觉阶级最上层为人。人又有圣凡之别，圣人为人之神明者，凡人为未开化之圣人。

人类同根

人类为同根所出，互为兄弟，互为姐妹。藤树在《与中川氏序》曰："万物皆为大本所生，四海之人同气连枝。"又《翁问答》卷一曰："若视天地为万民之大父母，我与有人间之形者，皆兄弟，故圣人号召四海一家，中国为一人。"由此可见，藤树由一元世界观得来人类同根之思想。无论如何，他视彼此无差别，对所有人类一视同仁，有绝大之人生观。《论语·颜渊篇》有云："四海之内，皆兄弟也。"虽出自子夏之口，实则讲述孔子之意。释迦亦有一视同仁之意曰："尔时四大河入海已，刹利婆罗门长者居士种。于如来所，剃除须发，着三法衣，出家学道，无复本姓，但言沙门释迦子。所以然者，如来众者，其尤大海，四谛其如四大河，除其结使，入于无畏涅槃城。"① 此亦不外乎于四海兄弟之意。耶稣也讲一切人类皆在天父之下，互为兄弟，互为姐妹。

人类同性

藤树主张与孟荀二人相同的万人同性说。孟子主张性本善，荀子主张性本恶。虽两说完全相反，但在万人同性这一点上一致。藤树同孟子一样主张性本善说。在《大学》十五条中曰："人率其性而行，其迹皆为善。"又在《凡心图说》中云"圣人凡夫与生俱来之天性不变"由此可证。各自之性本善，为何生君子小人之别？其歧路实在于方寸之中。但凡人处于世②，

---

① 原注：见《释迦谱》卷六第七页右。
② 原注：参见《凡心图说》和立敬条。

不敬则破身。唯以见闻所到之处自欺与慎独之别，自欺者谓小人，慎独者谓君子。换言之，敬为小人与君子共有之物。唯主意之向有别，一谓君子，一谓小人。行内心之耻，此为小人。君子主意之处在其内。以天地神明为友，人之见闻所及，即在一念独知之处谨慎，此为慎独。慎独为入君子之域之门。是故，君子小人共有一敬，根据其向内向外之差而其品位有异、性格有别。故可知其歧路实在于方寸之中。

人类同等

藤树已有万人同性之见解，必然得出人类同等的结论。总之，人皆为圣人君子，在本性上不应有差异。藤树还尚德性，非世间名利。故认为不应以贫富贵贱之类来定人之品位。《翁问答》卷二中云"贫富贵贱只是外表的装饰，然养之正味同一"，即是此意。他又在《明德图说》中云："以性言之，则万物一原。固无人物贵贱之殊。"又在《大学》十五条中云："古字人和民通。有位者谓人，无位者谓民。位为人之天命。出生之处，贵贱皆为天民。故限谓人，不限谓民。"又《大学解》中同述此意，曰："天子、诸侯、卿、大夫、庶人五等之位，虽尊卑大小有别，其身毫发无差。"这里已经明确地有了横目竖鼻之民皆平等（gleichheit）的思想了。其旨意与卢梭的人类悉皆平等的思维无异，然藤树没有自由（Freiheit）的思想。

第五　心理论

藤树认为人类皆有良知，良知为人生来具有，也即天命所赐。然良知不仅为天命之所赐，良知即为天，为神明，为上帝。《明德图说》云："天与心一理。"《人道图说》云："知为天理之贞德，心之神明。"《明德图说》又云："明德者，上帝之在人者。"也即明德即良知，故良知即为上帝。《与中村子书》云："一念独知之内，昭昭止之神常在。"亦为良知即神明之言。这些详细地论述了其神灵论，认为上帝为世界之主人，良知为个体之主人。个体之主人与上帝之主人同为一体，即为最上之神灵。藤树的良知与佛教如来所说 Tathagata 可谓同一，是故藤树将良知称之为"如来"。其《与牛原氏之老母书》中云："良知明德之本体，佛法所谓如来，所谓此心。"若如来为世界之本体，得以打破人之迷妄，由内界直到如来，得以与如来合一。可见藤树以良知为如来。

此外，藤树还从各个方面考察了良知，加以了各种各样的名称。下面详细叙述之。

第一，性之本然为天之所赐，为善者。《大学》十四条云："人率其性而行时，其迹皆为善。未率其性而行，其迹不善。"即可知藤树主性善说。然所谓良知不外乎于此性。故性即天性，可谓良知。《大学》十四条云："心之灵觉，时自显性理，性为本心。"本心即良知者。

第二，良知为理，即为天理。若问为何，天理为反人欲心之本能。《或问》八条中云："天理为主时，人欲亡。此谓放舍。"可知天理即良知。

第三，藤树又将良知称为机。《天命性道合一图说》中曰："天人合一，理气合一，谓之机。机者，心之天理，而人间是非之鉴也。"云云。"然则机良知乎"，此为以良知天人合一之关键。

第四，藤树将良知单称为心。人类之心是本和灵照，没有任何污点。然人心道心并非无别，故又以道心为良知之异名。其论惑悟曰："解惑则人心疑惑悉消化，而无我之吾立，而道心常明。吾与心合同而为悟，心即道心也。"道心为良知之异名，本出自《尚书·大禹谟》及《荀子·解蔽篇》。与藤树的良知同谓 conscience。藤树又屡屡用本心真心等语，可知此皆良知之异名。

第五，良知是吾人自身之本体，故藤树称为真吾 (das wahre ich)。吾分真我与假我。吾人现有妄念杂念，由孩提之后习染而来，我非真我。然世人将此误认为真我，世间种种颠倒迷乱皆由此误而生。然何为真吾？真吾即不在良知之外。其断言："真吾者，虚灵不昧，良知是也。去假求真，学者之先务也。"

031

第六，我意之诚到达真实无妄之地位，即为良知。是故，诚可谓良知。有良知可谓为诚。《大学考》中云："诚，纯一无杂，真实无妄之本体，即为良知。"又论诚意云："诚者本心之实德。所谓赤子之心，孩提之爱敬，当下不昧良知是也。"又《答清水子书》中曰："诚，良知之本体，格意必固我，良知之诚则意诚。"可知他将诚与良知视为一物。

第七，良知在自反慎独之际，炳然而发者，是故藤树将独与良知视为一物，独为良知之异名。《大学考》云："独即良知之别名。"其论慎独曰："独者，一念独知之灵明，天性之殊称。云云。孟子所谓良知也。"又《心学文集》卷上云："独者，良知之殊称，千圣之学脉也。"列举了其十五种意义。独本来与"独在"（alleinsein）意义相同，又是世界之一元，所谓不在"绝对"（das absolute）之外。

第八，良知为明德。其在《大学》之初云："明德者，本心之殊称也。"本心即良知，故此将明德与良知视为一物。《大学》第十四条中云："明德之全体，充塞与太虚，是以虽具于方寸，光于四海，通于神明。"又云："本与太虚同体也，故天地万物，尽包含在明德里面。"诸如此类，皆形容良知。又在《答中村子书》中云："明德之本体，无动处，无变处，寂然不动，神明昭昭。"由此说明良知的状态。

第九，中庸之"中"为良知之异名。中为喜怒哀乐之未发的状态，即为混沌，为心之本体。已发则必有其现象，在未发之间，无差别平等之实在。《中庸解》之初曰："中庸为明德之别名。明德内主不倚所，有中央之义，故中字为明德之别名。"也即明德为良知，故由此可知中为良知。又解释"中也者，天下之大本也"，曰："中虽具于方寸，与太虚之太极为一体一理。故不仅为吾身之根本，也为天地万物之根本，故为天下之大本。"此可谓对良知的形容。

第十，藤树将孝之意义以广义解释，以为世界之实在。《孝经心法》云："孝在天地未画之前，为太虚之神道，天地人万物者皆由孝而生。"其以孝合理气为一，作为天地之本体，神明之所在。不得不由此而知孝即良知。藤树在《孝经启蒙》中断言道："孝者，天性之殊称也。"天性即良知，故由此可推断孝不外乎良知。

第十一，藤树将天君称为良知之异名。《答冈村氏书》曰："见世之心里面常驻不易之天君泰然也。"云云。"登本心，可见天君。"将天君之称直指良知。

第十二，道与良知同为一物。阳明已云："道既是良知。"藤树亦将道作为良知，于《中庸解》阐述其意云："道为本体，所谓大学良知也。"虽不将大学称为良知，但将格物致知中的知解释为良知，故有此言。道为天道，虽其由来之处为先天，但其应用为经验。何出此言，遵从道，谓行为，即为人道。亦可由此知，道为天人合一之机。

第十三，良知为善，否，为至善。《答一尾氏书》云："良知即善也，致良知，则善为心之主。"又《大学抄》中云："至善为无极之理。止于无极，为太虚之义。专言明德有至善，至善则谓明德。分而言之，明德为性之体，至善为性之用。至善为性之主宰。"云云。至善为良知的作用之称。

第十四，良知为悦乐。为大安乐，即妙乐（wonne）。《送中西子文》曰："说者，心之本体也。"又《论语抄解》云："说乐为心之本体。"云云。悦乐为人们具足者，根据意必固我之惑而失去之。又在《大学》十四条云："心之本体，元有大安乐。"云云。即悦乐为良知本有之物。此亦与吠檀多派思想相似。《吠檀多经》第一卷第一章第十二节云："由妙乐成立之处之自己，为最上之自己。"此根据优婆尼沙土中所求。《吠陀奥义（Taittiriyaka-Upanishad）》（25）曰："他之内面性的自己由妙乐而成，与由此悟性所成之自己有异。"此他之内面性的自己，即为梵天。此我与梵天，非同为一体。然其妙乐，唯有梵天。非由此悟性而成的自己。然，吾人最深之内面亦是妙乐之具，与最上之自己无异。《吠陀奥义（Taittiriyaka-Upanishad）》

033

(27) 云："何人能呼吸，何人由呼吸而来?① 因其妙乐精气中，即在心胸中。何出此言，唯其得福祉而生。"藤树与吠檀多派同将悦乐作为由世界真实而来的良知之本体，真可谓奇异之暗合。

第十五，良知为光明。《依丸药示功夫文》云："良知自克和乐光明。故不求明快，而自然明快。"称其为良知与明德之别名，所以其光明。此光明充满太虚，光耀四海。其光明与日月相合，无所不至，无所不在。藤树此点与吠檀多派暗合，左右逢源，如符节相合。吠檀多派以梵天为光明。②商蝎罗阿阇梨（sankara Acharya）《吠檀多经》的注（一、三、二二）中云："凡得知觉者，唯由梵天之光明而得。可谓日月同辉。梵天为自然性的，不待他之光明，也非知觉。梵天为一切他物之表现，然他物非梵天之表现。"在佛教中，如来为光明。如来有三身，一谓法身（Dharmakaya），二谓报身（Vairochana），三谓应身（Nirmanakaya）。其法身即为毗卢遮那佛 Vairochana，为光明普照之义。耶稣教中，亦有类似之说。《马太传》第十七章第二节中耶稣登高山相貌变化："面耀如日，衣皎有光。"又《约翰传》第八章第十二节云："我乃世之光，从我者乃不行于暗，而获生之光。"藤树主张以良知为一切世界之光之本源，其为光明，又与吠檀多派的梵天相同，与佛教徒以如来为光明也有些类似。

第十六，良知为仁。《论语抄解》云："孔门之学，以仁为宗，以一贯为准则。仁乃一贯之本体，一贯为仁之体段。"又云："德爱名仁，为万物一体之本心。"又云："仁之本体，不在凡心之外。克除私欲，呈现本体，则凡心即仁之本体。"言明烦恼即菩提之意。其谓仁，即不外乎于良知。

第十七，良知为礼。《论语抄解》解释"克己复礼"云："礼与仁，同体异名。指至浑然全体，以仁为名。指其条理，以礼为名。非难私欲，以

---

① 原注：精气在于空间，类似于藤树所说"虚"，心胸即藤树所说方寸。如此看来二者也暗合。

② 原注：见《吠檀多经注》第一卷第三章第二十二节乃至二十三节以及四十节。

良知为仁之灵昭条理而复礼。"又云："明德之条理名礼，明德之仁爱名仁。虽与名义所指之处不同，其实体同为明德。"藤树将良知加以种种之称，由此考察良知的各方面。然其归所皆为良知。

第十八，良知为全知（omniseient），也即为一切智（sarvajna）。《大学解》云："良知之所知非智谋机巧。"又云："明德之独知如隐微，则通天地鬼神，为不能欺人，比十人指视之处，甚为严格。"又《中庸解》云："知独之处，通天，通地，通鬼神。纵得欺人间，又岂可欺天地鬼神。"皆谓良知分毫不可欺。若良知在我方寸之中，如何可欺？

第十九，良知为广大无边，即一切所在。《大学解》云："良知虽为方寸之具，通天地有形之外，合鬼神与吉凶者。"云云。又《大学解》论良知的别名明德曰："明德虽具方寸中，为太虚寥廓与一贯，包含天地万物，无边无际。"又云："明德上通天道，下通人道，通生，通死，通顺，通逆，通昼，通夜，无所不通。"可知良知贯彻万象，通达十方，即 omnipresent，即 allgegenwartig。

第二十，良知为常在不灭。《大学解》云："良知不灭不昧。"又《中庸解》云："独知之灵明虽为至恶之人，不昧不灭，何况其余。"即良知即使为私欲所蒙蔽，也不会完全消灭。又《中庸解》断言明德为："万古不易，常住不灭。"

第二十一，良知为圣人。《天命性道合一图说》以良知为爱敬无欲无知①，云："呜呼，爱敬无欲无知者，夫圣人乎。心之圣人，此之谓良知。故致其良知，则圣兹得焉。"良知为心中圣人，故人之方寸中皆有圣人。若能培养良知，扩大良知，即可为圣人。所谓圣人，即将良知扩大合一者。

由此可见，藤树所谓的良知虽与今日伦理学者所谓的良心无疑同为一物，其所含旨趣并不一定可谓一物，否，有大不同。良心分先天性的（en-

---

① 原注：阳明曰："人胸中各有个圣人，只自信不及，都自埋倒了。"

tales Gewissen) 与经验性的（empirisches Gewissen）两种。伦理学者认为良心为经验性的。然藤树认为两者皆有，故其主张良知在我方寸之中。我们从此良知规定日常行为，则其迹唯善，若逆其行，则必陷入不善。此为经验方面而言。然此良知为向上性，如此考察的话，通世界之实在，与世界之实在同为一体，则是先天性者。此已超越了伦理学者所谓良心之范围，为入缥缈之境者。是故，藤树的良知即绝对，如基督教之神、婆罗门教之梵天、佛教之如来。总而言之，藤树认为上帝的内容性与良知合一，从而超越了以往的经验范畴，为良知加上了神秘性的意义。

良知于我方寸之中，为纯一无杂之本心。有先天性与经验性的两面，故良知实可谓为天人合一之枢纽，圣凡之分之关键。任何人都具有良知。若想存良知，应以小我合大我，直接和世界之本体合为一体，即能即身成佛。君子和小人之别无他，由其良知是否存在而定。

若我心中仅存良知，可谓不应产生任何的恶。这是为何？因良知为善。《答一尾氏书》曰："良知则善也。致良知则心之主为常善。"然从严格意义上来说，此点还未能将其义尽数。将良知说为善，仅仅是由现象界的成就而言。若从良知自身而言，良知既是心之本体，又是世界之本体为一体，故无善亦无恶。即没有绝对性的善与恶。将良知说为善，仅仅是相对的。其在《孟子》三条云："心之本体，为虚灵不昧者，不仅是无恶而已，亦无善。然性为本然，见性之感通之迹，皆善无恶。"此是由绝对与相对两方面考量而来，其所说的体用一源、显微无见融合了有无死生，大多与现象即实在论的世界观类似，故此为从两方面考察同一之良知。此观点绝不是从藤树开始的，阳明早已有此思想。《传习录》上卷云："人性皆善。"又云："至善者，性也。性元无一毫之恶。"曾又云："无善无恶，是谓至善。"其以人性为善，又无善无恶。此点必然不是与自家学说冲撞，是将相对善与绝对善合一之说。藤树如此的相对善与绝对善之思想是从阳明之处得来的。尽管如此，藤树还是认为恶之元素不在良知之中。

那么恶又是如何产生的，恶之本源又在何处，我们不得不究明恶之出处。藤树以意即意念为一切恶的起因。《大学考》云："蔽明德，虽病症多端，但其病根在于意。"又云："意为万欲百恶之渊源。故有意之时，明德昏昧，五事颠倒错乱也。无意之时，从五官令，万事中正通利也。"又在《大学解》云："学问之功，无外乎于辨惑立本。惑之根，为意之一病之极。"诸如此类之言，人生全部的恶，都是由意产生的。藤树所谓的意，为意欲。若有少许的意念，必有执着之处，有执着之处，必偏向一方，生离隔拘泥之弊，全部陷入有差别的偏见，不免产生百般的恶。此点无疑是经验性的事实，藤树有此见解，故以意为恶之本源。朱子以"意者心之所发也"，藤树以"意者心之所依也"。以朱子之解说明意必向恶倾向，并不明了。然以藤树之解，意为未尽其本心①，若尽其本心，存善无恶，未尽其本心，则倚一方。即有任何执着之处，必有恶之倾向。若有意，则蔽良知为昏昧，则明良知而为神明。

是故君子小人之别，应谓有意与无意。《大学抄》云："夫意者，分圣凡之处，明暗之境也。圣人已无意，无意则无惑，无惑则无教，无教则无圣贤之名。此谓太古神圣之至治之代。心中始生生意者，以意生惑，有惑则后人有病有疾，世间混乱，不能无教无政。"又云："意为不常往来之念也，无事之时为闲思，有事之时为杂虑。无法成为赤子之心，无法成为圣人之心，凡心如有此意念而已则无至诚无息之性。"可知良知与意为正反相对而立。因此我们又不得不推究意从何处而起。意当然不在本心之中，这是为何？本心本无善恶，严格来说，本心不外乎于至善。然，我们从何处得知意的存在呢？《大学考》云："凡心之所起，有善有恶，是因意伏藏于心之内面，恶念由意之伏藏而发起，未能发现本心。"由此可得意伏藏于心

037

---

① 原注：《大学》十四条云："人率其性而行时，其迹皆为善。未率其性而行，其迹不善。"由此可知其意。

之内面，原不在本心之中，故其起源尚不明了。又考虑到藤树以世界为理气二元所构成，且心为理气之统合。然理气并非皆为良知，良知为理，即天理。付天理者，此为良知，此为本心。意非理，亦非气，但由气之结果而起。然良知为世界之本体为一体者，故气亦不在良知之外，否则良知不应为理气融合而来的本体。《中庸解》云："太极为造化之根本，阴阳为造化之具，太极阴阳，合二为一，自然无法分离。"太极即理，阴阳即气，故此谓理气合一。又《中庸十一条》云："道为理气。言理，残气。言气，残理。将理气分而言之，有残缺之处。唯言道之时，无残缺之处，道为理气一体之名。"又《赠土肥子书》云："性心气本为一体，所指之处不同时名称有变，指灵觉名为心，指灵觉之主体名为性，指灵觉之流通充体之处名为气。就气之中，性专指理。心为理气之统而立。将理气分别来看时，理有灵觉，气无灵觉。理为主宰，气为附庸。"藤树的概念稍缺精致，不免有混乱之处，然无疑亦有明了之处。据藤树所言，理气应分而言之，又是不能分离的一体。换言之，理气一分为二，合二为一。以理气融合为一体而言之，即为世界之本体，即有人性个体良知亦不在此之外，良知为世界之本体为一体者。然又可将理气分而言之。若分而言之，良知为理，非气。然气为意之渊源者。是故从理气总而言之，分而言之可得知藤树自己的良知观念有不同之处。

既然意以气为渊源，一切人生的恶皆以意为本源，那么气即为恶之本源吗？理为善者，甚至可以说为至善。现在气是否反而成为恶之本源呢？这样的疑问不得不浮现在心中。然藤树绝不以气为恶。《明德图说》云："形气者，为理之配。本有善而无恶者也。"气虽本为善而无恶，唯因其有形态（即身体），不免有偏倚之处。换言之，不免有好恶之处。如此好恶之处，是以谓意。然而为何有如此好恶之处呢？此好恶之处，在执念于我身之欲处产生出来。他在《孟子》三条云："所谓恶，由人欲之私而起，不随性之感通而成。随本性，而不受人欲所害，其事皆善也。"又在《大学抄》

云："因身之欲有滞留之处，失心之鉴空平衡之本然，不得其正。此为心之主为物所役，物反而成为心之主，此谓放心。"由此观之，人类因为有此身，执着于我态、我想（ichheit）而生私欲，由物成好恶，此即意，即意欲，即人心也。意难与良知两立，若明良知，意则退，其迹灭。若起意，良知则隐去，为其所蔽。若起意而其势力得逞，其弊害实不可测。藤树论天君曰："吾人灵台如无此主人，则终作虎狼狗彘蛇蝎蜘蛛之栖噫。"又《大学解》论良知与意曰："心之邪正，在意知之两路。若心有意念之杂，本体昏昧，不得修身。致良知时，可正心修身。"此处已明了意与良知难以两立，那么作为人类，是否可得无意呢？虽为至良知的君子，可否成为无意之人呢？就此点，藤树的辩论虽稍显匮乏，但其实绝非如此。如不拘泥于其言句，唯取其旨意，反而能贯彻其处吧。想来虽为圣人却也无法无意。但其意并非拘泥于我态之意，并非充实私欲之意。故此处所说的意应与他所说的小人意欲之意区别开来。藤树论一贯曰："欲明明德于天下者，性之欲也。名欲高，位欲贵，财欲积，色欲美，形气欲便利，器欲好格者，人之欲也。"此谓与人之欲相对的性之欲，即可知圣人亦有意。然并非他所谓的意，他所谓的欲是人之欲，为邪僻之物。性之欲仅是人之欲的相对用语，而非实欲。《大学考》中叙述此意曰："一心之倚处，由良知之诚所率之时，虽有偏倚，但无邪僻。由倚至无倚之时，倚与无倚，皆理也。"若由良知之诚所率，其所为，皆不以私利私欲为目的。但若皆不在归良知之外，可谓无意无欲。是故，若由良知所率，恶无萌生之处，虽有喜怒哀乐，亦不失节，可得中庸之道，善也。然若有所计较，有所企图，此为意，此所谓人心。这是人生一切之恶的起源。意本不在良知之中。若尽良知，必为善，离此正路，则亡其本然。故以善为正统，恶为傍出。君子尽良知，故其所为不可谓不善。小人有意欲，良知为其所蔽，故百般的恶，不免由此而生，然良知并非完全灭绝。故由自反慎独欲为君子，并非不可能。成为禽兽者，仅有意，仅有欲。彼之小人，自甘堕落，近乎禽兽也。

接下来考察藤树对于知识有何见解，这是从藤树的良知说推测而得知的。不论何人本来都具有良知，故知识存于自我。是故知识不应由外界所求而来，而应该从自我发展而来。如《人道图说》云："知为天理之贞德而心之神明也。空空如也，妙知众理，以感天下之事鉴是非善恶。"辨别所有是非善恶的知识是自然存于人类的，即真正的知识是先天性的（transscendental）。夫由经验而得来的外界知识反而会蒙蔽真正的知识，不免有所弊害。《人道图说》亦叙述此意云：

> 知之本体与所谓的是非善恶者不可分。无一物而为虚明神灵，故分万事万物之形，分万事万物之情也。镜之虚明而无一物，故显现物之形。镜为虚，为神灵，故显现物。知为神明，故能将天下之事显现。云云。将镜折为扇子，不置一物之时，不会显现他物。知为空空无一物时，能感应万事。多知识之时，无法照出真实自然。

由此观之，藤树无疑是将吾人真正的知识作为先天性的。其思想与斯宾诺莎的人类先天具备知识，唯因为有情欲，所以被蒙蔽，故若将情欲扫荡一空，则可明自我的观点甚为相似。如同康德的以理性为世界解释的根本原理，由先天知识说明心性发展，不必与其哲学组织相比较，其先天知识的立足点可谓相似。然如吠檀多哲学，与藤树的思想最为接近。吠檀多派认为知识是先天性的，存于自我，因为被迷妄所蔽，故打破此迷妄，寻求解脱，欲将向外界的思想转为向内界的思想。《Muṇḍaka-Upaniṣad》（3·2·9）云："知其最上之梵天者为梵天。"有（2·2·9）云："观其最高最深者时，打破心中枷锁，解开一切疑团，灭绝一切作法。"吠檀多派以知自我为最上等的知识。然藤树也以自我之本体知良知而为知识。其曾有偶成之作。其中云："知愚者不愚，知己者明也。"此即与空海所云的"即此如实知自心，名为菩提"相同，又与苏格拉底道破"认识你自己"有同一旨趣。

第六 伦理论

第一 理论方面

在讨论和伦理问题相关事项之前，首先要确定问题的所在是什么。那就是善恶之标准问题。关于善恶之标准，古来有种种不一样的说法。然藤树以什么来定善恶之标准呢？藤树将良知作为解释世界的根本原理，以率良知者为善，逆良知者为恶，以良知作为判断善恶的标准。他在《答一尾氏书中》云："良知为善之本体，逆良知者为恶之本色，精其义则可辨善恶也。"即以良知辨善恶。由此可推断藤树是动机论者。今天的伦理说颇多，其大致可分为以动机确定善恶者与以结果确定善恶者两派。功利派（utilitarian）以行为的有益与否辨善恶之别，故为结果论者。与之相反，不论行为结果如何，单从先天的判断力（即直觉）辨善恶之别，此为动机论者。藤树属于后者。在《答田边氏书》中云："善恶之实体在心之上，而不在事迹。以一念致良知为善，一念离道为恶。"功利派以事迹为善恶之实体，而藤树则认为善恶在我心中。

藤树关于伦理的思想，不管是什么枝叶问题，根底全在良知。如古人云："良知为生前随身之规矩，死后随身之资粮。"藤树也将良知作为人之行为的唯一准则。然良知的观念由下三种事迹得其结果。

（一）神人合一

吾人虽皆为人类，各自无不具有良知。然良知为神灵，为世界之本体。故若能将良知扩充壮大，即为神灵。神人合一之机，实存在于此。那种以为神灵在幽远之境，不能知道我心胸中之隐秘的想法，非常肤浅。神灵现我心中。我良知即使欲欺神灵，也不能欺之。假使想欺之，心中也会发出咎非之声。《神道大义》云：

君子应在独知所思上谨慎。平生所思，订天地神明，不思畏惧之事。平生所作之事，不作人不知之事。即使误生恶念作非事，心明神知故无不悟。知则改之，不思不为，回归本来清净神明之常。凡夫思知妄念，知道是恶事也为。然心之神明既知，故为匿事。人之心在天神一体神明，善恶不能藏，如向镜。

此与天国在心中之意相同。《路加传》第十七章第二十一节云："视哉神之国在尔衷也。"藤树之意不外乎于此。藤树《答中西氏书》又云："君子安乐之本体在吾人方寸之内。"这与基督之言何其相似。总而言之，知善恶之神明在我，故一切行为皆由此规定。总之，藤树与基督一样，由内在（immanent）思考神明。其解"忘"之字曰："心者，天人合一之神明。"一言道破此意。然不仅只有君子的方寸之中才具有神明。任何人都皆有，唯小人被意念所蒙蔽。若不为此意所蔽，心即圣人之心，我即为圣人。《翁问答》卷二中云："意诚心正则为圣贤之心，即为我心，我心即无异于圣贤之心。"云云。又《慎独之赞》云："心之良知，斯之谓圣。当下自在，圣凡一性。"此与空海所谓："一切众生身中，皆有佛性。具如来藏。一切众生，无非无上菩提法器。"（《法华仪轨经》）相同，亦与吠檀多派的"我即梵天"（aham brahma asmmi）的旨意无异。总而言之，知善恶之神明在我，故一切行为皆由此规定。

（二）物我一体

藤树有一元论世界观，认为万物与我绝不分离，同为一体。其在《送中川氏文》中云："万物皆由大本所生，四海之人悉为连枝。"即认为世界之人悉为同胞，论及伦理上的一元性世界观。由此一元性世界观，可推论藤树已经达到人类相互交际时的一视同仁观念。此为必然的结果。《论语抄解》中云："以意必固我之私欲为间隔，故天下与我格格不入，此为昏迷颠倒。除却意必固我之私欲归于礼，上为当下，即我与天下融通无间，呈露万物一体之本心，天下尽归吾仁。"此谓君子博爱之情，无限无际，无彼我之隔。又《论语十八条》云："天其心遍万物，故无心。仁以万物为一体，故无欲。"此谓君子之心如天之无偏倚。从此可知藤树由一元性世界观推论而建立的四海兄弟万国一家之博爱人生观。

（三）内外莹澈

任何人都无不具有良知，故善恶不由外界之事实所定，但应直观我方寸之中，即善恶之本质在于我。《论语十八条》云："虽明师，难知一念之微。唯我知善恶，奉持神明之时，师在我，无幽冥之隔。"然世人动辄不尊信在我之师，遂成自欺之意，即为小人。《凡心图说》云："人生来天性不变与圣人相同。知善知恶不可不谓神明。人人恶不义，以恶为耻，故为良知。唯独慎与自欺为千里之误，有君子小人之名。然一念之反，辨惑慎独，改过迁善之时，凡夫可为君子。"小人虽一旦改过自新，可为君子。但多数为非所蒙蔽，内积不善，唯以外貌掩饰为君子。此非内外莹澈。为弊所昏迷颠倒，实可谓非常可怜。《大学解》云："虽小人欲心太甚，利害之心太重，故见外人之时，有所忌惮，不能行不善之举。然独知所惧，不辨与人之见闻不异，间居时无所忌惮。"云云。"虽为小人，但良知不灭不昧，故其心行之善与不善，不能明辨。是以见君子之时有所忌惮，掩盖其之不善，伪装为善人。"云云。有所忌惮之时为真切戒慎之心。以戒慎退欲心，明朗良知，故人之己恐知见不善心甚。盖藏失图方。其意如看透肺腑。虽类似隐蔽独知，天下之显见，较之不大，遂人之见知，亦如见肺肝。盖小人私为不善，若能隐匿，心想别人亦不知晓，愚之甚者，可知其事自然完全显露在外。《大学抄》云："善与恶共内在诚，不外显。如一旦将善与恶共同隐藏，其实终不知所云无事。"云云。耶稣亦有此意曰："盖藏者无有不露，隐者无有不显也。"（马太傅第十章第二十六节）虽可自欺欺人，但心之神明即良知不可欺。良知之知常在我心中。由此可见，诚无耻，君子不以人知或不知，恐一念独知之神明，不敢违之。是以得内外莹澈。

意为百恶之渊源。若无意，内心清朗，不留荫翳，良知之光，煌煌明亮。若有意，则蔽良知，生百恶。《大学解》云："无意之时，则不被功名利害，毁誉得丧，生死福祸，一切之俗习顺逆所污染。有意，则有功名等众心魔作祟。所谓生万欲之意也。"其意如佛教所谓魔罗（Mara），导人之不善者。其意不外乎将人陷入地狱者。其谓魔鬼、波旬，皆自我方寸中生。是以藤树教去除此意之法。至此藤树之见解与叔本华相接近。叔本华将意视为生命，又视为实在，与藤树不同。其实并非如此，与其说完全相反，不如说其与一切苦恼皆是意志的结果，故否定意志，欲归虚无寂灭之处的思想甚为相似，然又不应与其混同。藤树不主张灭其意，唯主张诚意。此是与叔本华的不同之处，而又与婆罗门教的不同之处。《大学抄》云："此意不会突然灭绝。徒劳地想要灭绝意，意则不会灭绝。若诚意，意则灭绝。"此言颇有意味。为什么这么说呢？人的生命中，意是不可灭绝的。故欲灭意，不在诚意之外。叔本华说："意志存在于此的话，则生亦应存在于此，世界亦应存在于此。"（Wenn Wille da ist, wird auch Leben, Welt da seyn. （Sämmtliche Werke, Bd. H, S. 324）其以意志为生命及世界的本体，故虽出此言，只要生命还存在，世界还存在的话，便不应该说意志也会消失。是故藤树的要诚意之教诲，道破了佛教的谬见。《大学抄》云："异学中将此意视为轮回。见诚无受用，以为绝亡也。援误毫厘而成千里之差。此意不绝，自欺者以为习性，真知罢也。"藤树此言不太明了。然因佛教想要灭绝意，反而无法灭绝意。但以此说明其方法的错误，足矣。将意视为轮回，是根本性的错误。藤树自身不仅说明了因果报应，又清楚地道破了轮回。《论语抄解》说："毕竟唯一病矣。意始心遂，固留我成，我又生意循环不已。"这不是轮回又是什么呢？

但藤树所说的重点是诚意。此为修身正行的根本性条件，可以说是人心万机的发起点。然而又用怎样的方法能诚意呢？诚意的方法，唯有致知格物。致知格物又是什么呢？致知格物是指至知正事。①所谓至知，是指克服私欲，达到当下不昧之良知。所谓正事，是指正确的貌言视听思五事。《大学抄》云："致知格物之外别无工夫。所谓天下第一等，人间第一义之事，尤别路可走，无别事可做，简易直截分晓也。"云云。是故其所期之处是至良知。然至良知要正五事。五事的作用表露在外，其如善恶是非，以心之正邪为根本。如心之邪恶，是由意念作祟，五事之非主要也是由意念而起。一切的烦恼，皆由意念而起。然在意念之外，有煌煌不灭的良知。良知能之五事之善恶邪正。良知之知，主要是正五事之非，即格物之工夫，修身正心诚意致知之功，皆在其中。换言之，格物是伦理的目的，是实践躬行的发起点。

藤树的良知之说，与佛教的止观与三昧颇为相似。《大学》开头有："止于至善"，于是其解释"止"为到达良知之本体而寂然不动之境界。止在现象界中与世界的本体合一，此可谓寂然不动的状态。是故，止为即身成佛之意。烦恼即为菩提之意。由此可见，止不仅仅只有经验性的旨意，还有超绝性的旨意。即入冲漠无朕先天未画之境界，神明之地位安住之处。是故与佛教的止观和三昧非常相似。《起信论》（《义记》下末第二十二页以下）云："云何修行止观门。所言止者，谓止一切境界相，随顺奢摩他观义故。所言观者，谓分别因缘生灭相。随顺毗钵舍那观义故。"又《大智度论》卷七（第十页右）云："何等为三昧。善心一处住不动。是为三昧。"由此可知其何等相似。然止非终止之意。止，为其根底所定。即作地盘。换言之，为建立一切伦理的行为之起点，决不可说其远离世间。故不应与涅槃解脱之教混同。特别与以灰身灭智为目的者，大有不同。藤树又恐世人对止产生消极性的理解，《大学解》云："至善之德，止而能虑。止为体

045

---

① 原注：三宅石庵就藤树将"致"解释为"至"，此观点为错误之论，见《藤树先生书翰杂著》的凡例。

虑为用。体用一源，止外无虑。虑即止，止即虑。无虑止止为枯寂之止，不止于本体。止外之虑为意念之虑，非天性之虑。止在定静安虑其中。"也即止并非枯木死灰之意。

藤树《止至善》之歌中云：

倘若止于至善处，苦海水变欢乐国。

果真如此的话，极乐世界（sukhavati）应由止而得以到达。藤树又将"止"的境界与中庸之"中"视为相同。中为喜怒哀乐、种种情绪未发，为先天未画，冲漠无朕之状态。《中庸解》云："中虽为方寸之具。与太虚之太极为二体一理。故不仅为吾身之根本，也为天地万物之根本。故为天下之大本。"中与止亦相同，并非消极性之理。若为消极性之理，则不免陷入顽空，异端一样之惑。《中庸》十一条解"中"曰："这是神明不测之灵性。"又云"至诚无息之殊称"，即可知此为积极性之理会。

藤树将此作为先天未画、冲漠无朕之境界，将其作为伦理行为之本源，故可认为同于康德和叔本华等人所说的先天性自由（transsscendentale Freiheit）。《慎独之赞》云："心之良知，斯之谓圣。当下自在，圣凡一性。"此处谓"当下自在"，即为当下不昧之良知为自由自在之意。又《中庸解》如下说道：

道如水。若人如鱼，道与人本为一贯，不分离。只因人受意念之惑，自离其中。故惑而不学则离，学而有悟之际，吾心即为道。鱼得水，则自由自在，若离水，则苦不堪言。人与道，亦如是。

由此可见，人道合一如鱼得水，可得自由自在。藤树道破了经验界的必然性，承认先天性的自由自在。

藤树又以因果报应作为伦理性行为的制裁，苦乐不外乎自业自得。他曾对诸生曰："余深信善恶之报应。故一举一动，无不敬畏。汝辈虽小事，决不可轻轻处理焉。"又著《阴骘之解》，将因果报应列举其中。又在《辨惑立志》中论曰："与夺之权在于天，得失之机在人之一心。是以自反慎独之功，新不违仁之际，天则与是，人则得是。自欺欺人远仁之际，天则夺其与，人则失。"是故认定苦乐之所得，皆为各自之所为。故发起行为的初念动机如何，决定苦乐所得。藤树述此意作一和歌曰：

苦乐不在吾身外，地狱极乐一念中。

藤树又在《翁问答》卷二详细论述了福善祸淫之理。然因其对于因果报应相关的理解，陷入了迷信。本是尺璧之微瑕，亦无疑是一缺点。

第二　实际方面

（一）立志

在实际性方面，以立志为先。志无其他，为修习道德成圣人。藤树的立志论曰：

志者致知之始，跻圣之基本也。故曰：志真立前则驴鸣亦为师，苟不立其志，则孔圣亦不为师。故学问之道无他，在立必为圣人之志而已矣。

志者，气之帅也。故克立其志，千不过来，万欲忽消。人云：虽立其志，未能克己，此未体察者也。子曰：三军可夺帅，匹夫不可夺志。宜自省。

志有真假。志名志利志色，种种愿于外，皆灭生入死之假志也。只志于道一念，养生出死之真志也。人之所欲，无甚于生。其所恶，无甚于死。而安于假志，而不知真志者，可怜可怜。

又论志曰：

> 所谓志，志道也。初学之人，虽不知其道，但心志所向为正，故
> 邪伪之惑鲜也。
> 学而立志，志在义理。人以不知不能破义，此为学之始。
> 应思天地之间己一人有生。以天为师，以神明为友，则无依赖外
> 人之心。

最后一语，于学者最为贴切。先有自我独立的自主性精神，任何事业
与成就也不难。

（二）惑悟

既然已经立志，应如何成事呢？必先打破其惑障。人为私欲，为惑障
所蔽，故不见良知之光明。若将其惑障打破，则良知重见天日。《与国领大
书》曰：

> 意欲魔障重时，失良知之主翁权，故无提撕力而坠落。其体与佛
> 相违。然气机动静不常，故魔障也有退散时。其时又良知惺惺悔过心
> 切。于此好时期立志，则有进修之益。

藤树又论惑悟曰：

> 解惑则人心疑惑悉消化，而无我之吾立，而道心常明。故吾与心
> 合同而为悟。心即道心也。

《翁问答》卷四又有更加贴切之论。其言云：

夫人有迷与悟两种极端。迷时，为凡夫。悟时，为圣贤、君子、菩萨。其迷与悟皆在一心。人欲之深，无明之云厚，心月之光幽，如迷暗夜之心。积学问修行之功，人欲清尽，无明之云晴，心月之灵光明照悟心。

此谓打破惑障，我即真我，可谓得与当下不昧之良知为一体。

（三）自反慎独

打破惑障必须自反慎独。一切伦理性行为以自反慎独为第一。自反慎独可谓入圣人之境的关键。藤树论自反慎独曰：

自反慎独，通治万病之圣药。有换骨颐神之良能。汤散丸之所不治。针石灸治之所不及。非此药不及。非此药不能愈。虽然而服食者鲜，噫。

又《与国领大书》云：

心里面常住不息的良知主人公。对此君勤下工夫，任何时候都能除却浮气。工夫不间断，则主人公出现。主人公出现则万事颠倒易出。

《答佃叔书》云：

为外物所引，其咎在我心不在外物。世俗即使变化，其咎不在世俗，在我心。能自反除却心上意魔，天下无祟。

静心水住月，波浪人定时。

以自反慎独为始，与当下不昧之良知合一，则与世界之本体为一体。

即入先天未画，冲漠无朕之境界，得安住神明之地位，这是一切伦理性行为的始发点。

（四）修德及积善

假如以自反慎独得与当下不昧之良知合一，忽又被私欲所蔽，长久止于此境不能规范其行为，则不能修德。藤树即论修德之法曰：

> 吾人思修德之道，唯日日行善而已。行一善，则损一恶。日日行善，则日日退恶。此为长阳消阴之理。若久不怠慢，岂不为善人。名为实之声，又善人应有名，有名有实，可谓德。人，入利则无义，尊义则卑利。天理人欲，无法并存。

是故欲修德，则需积善。藤树论积善之法曰：

> 人皆憎恶名，好令名。不积小善，则令名不显。小人以在人前行善为善，不将小善放在眼中。君子日日行善，一处小善亦不舍弃。若有大善，亦行之。行善而无所求。夫大善稀少，小善日日皆多。大善近名，小善近德。故人争大善，是为求其名，为名之时，则分大小。君子积小善是为德，为德之时，无分大小。德为善之渊源。

实为有德者之心境，为学者最应学习之处。《易·系辞》曰："善不积不足以成名，恶不积不足以灭身，小人以小善为无益，而弗为也。以小恶为无伤，而弗去也。故恶积而不可掩，罪大而不可解。"此为更加贴切之言。

（五）毁誉

世间毁誉褒贬易动摇人心，虽有志于道者，动则被其左右。故藤树就毁誉深有戒备。其言曰：

即使不能物事实义，当世之人亦誉为是。即使能实义，毁人事止之。求眼前名者，利也。名利之人，可谓小人。从形欲而不知道。

闻人誉己，即使小事亦过实悦夸。闻诽己，有则怨，无则怒。饰过遂非，不知改正。人皆知其品，知其心邪，己独克隐，思不为知。所欲必防谏不入。

见人之非，思己有智，不能不自满。道违求誉，背义求利，士媚思以手立得禄，庶人暗人眼欲得利。以之为不义则富贵如浮云一点。终至亡子孙而不察。

知有己而不知人。于己有利而不顾害人。尽则亡身，远则亡家。自满思有才是也。愚之甚不过此。

藤树又在《欲佃子书》中论及所交之人的善恶是非，反使己自然处曰：

万事之支，无他人之非。皆有使我心竦然之非。云云。世间之人根据我心而为魔或为师友。

是等名言，真乃千古不磨。思藤树所教，和《法句经》《义足经》或《福音书》中所说不相伯仲。

（六）悔

人非圣贤，孰能无过。故有一次过失，忽绝望而放纵，无法再次回到原本地位，世间则无完人。是故古来圣贤就悔悟之教颇多。然藤树的悔悟之说，最为恰当。其言曰：

悔比凶趣吉之道。强悔反有先非之病，不拔之根。昔有过失，今无痕迹，心气替换，记忆无悔，唯如他事。回忆起来搔首出汗，其过之根伏藏，又显其境故。

如此说悔悟之心法，实际有效。孔子曰："过则勿惮改。"此言过于简单，难窥其详。子贡曰："君子之过也，如日月之食焉。过也人皆见之，更也人皆仰之。"此亦未言及悟悔工夫如何。又《普贤观经》，言及忏悔之说，虽涉屡屡数百言，亦不及藤树之言简明扼要。

（七）孝

藤树所谓的孝，有广大无边之意义，绝非凡人思维中狭义之孝。若狭义来解释孝，孝即敬爱父母。然藤树认为孝存在于先天性世界，由人类的行为发展而来，为伦理性的秩序。《孝经·援神契》①云："元气混沌。孝在其中。"这是说孝并非以人类为始，孝先于人类存在于世。后有人敷衍此意，作《全孝图说》，载入《孝经大全》卷一。藤树根据此说，对孝做了广义的解释了。藤树自作《孝经心法》②云："孝者天地未画前，为太虚之神道。天地人万物皆由孝生。"由此可见，孝不仅存在于人类之前，更是世界万物产生的根本原理。即孝为促进世界万物发展进化的根本原理。《翁问答》卷一云："原来孝以太虚为全貌，历经万劫，无终无始。孝无时不在，无物不孝。"如此来看，孝为世界最大理法，具有普遍性（omnipresent）。藤树还有其他关乎孝的解释，如："其全体充塞于太虚，通彻于无限。"又云："太虚之神明，是其本体。圣人之妙用，是其感通。"藤树认为孝存于广大无边世界性实在，即与良知为一者。《孝经心法》云："孝为神理之含蓄，不应以言语名之，强取其像云孝。"是故，孝不止有经验性的旨趣，又有先天性的旨趣，恰如佛教的真如实相，非言语所能说尽。藤树认为，孝存在于世界，乃世界万物之大道，唯由此可得发展进化。就人类而言，孝先天伏藏于我身，长从我生得以发育。即为我德性，即为我良知。谓我德

①　原注：此为纬书，在古征书二十七乃至二十九。
②　原注：《藤树全书》卷二所载《全孝图》及卷六所载《孝之第一说》即《孝经大全》的《全孝图》。又卷二所说"人在气中"云云一文，亦在《孝经大全》所载《全孝心法》。总之，并非藤树的著作，读者应有所注意。

性，谓我良知之物，此不外乎父母遗留之天真，将此养成，将此尊重，以此率由，即为敬爱父母。藤树述此意曰：

> 自己德性乃父母遗体之天真也。是以养吾性，所以养亲也。尊吾性，所以尊吾亲也。此乃大孝之精髓，不论在膝下与否。

父母又受祖先之遗留，追溯其本源而思，归于天地神明。故藤树引用的《全孝心法》中云："可见此身不但父母遗体也，是天地的遗体。人是太虚的遗体。"又引用《孝经·援神契》曰：

> 孝在混沌之中，太虚本体之神灵，在方寸者为孝。所谓未发之中是也。故曰孝者在混沌中。

又在《孝经启蒙》中注解大雅之诗"无念尔祖，聿修厥德"曰：

> 父母之本，推之至始祖。始祖之本，天地也。天地之本太虚也，举一祖而包父母先祖天地太虚。

由此可见，孝虽始于敬爱父母，但绝不止于此。敬爱父母即敬爱天地神明。藤树至此可谓开拓了一种深远的先祖教。然藤树所谓的孝，不仅是上下的关系，又有纵横的关系。如博爱性的人道，如万物一体的达观，如仁义礼智信的五常，皆为孝之结果。《孝经心法》云：

> 其爱父母之心，无憎于天下。其敬父母之心，无傲慢于天下。一日亡私欲，存天理之时，寻其大不在外，见其小不在内。仅谓仁。义为勇之孝，礼为孝之品节，智为孝之神明，信为孝之实。

若行孝道，是为率天理之自然，故合伦理秩序，能得发展进化。若不行孝道，不免迟早灭亡。此为逆自卫自进之理法。藤树论不孝而得自灭的原因曰：

> 这个是人根，若灭却此心，则其生如无株之草木。虽不死者，苟幸免而已。

孝在伦理纲常上如此重大，故学者应学的不外乎孝。藤树以孝为唯一应学者。其言曰：

> 此是三才之至德要道。生天生地生人生万物，只是此孝，学者学此而已。孝于何在？在吾此身。离身无孝，离孝无身。立身行道，光于四海，通于神明。

我身存在于此，是由于祖先之孝。若祖先无孝，我身不得存在于此。我血族即灭亡，即谓"离孝无身"。然我孝在我身，为良知，伏藏于我身。故曰"离身无孝"。唯行孝道，我身之德遂得绽放光辉，照耀世界。

（八）忠

藤树关于忠的学说并不多。藤树将忠视为孝的一部分，其孝之说涵盖了忠。《翁问答》三卷云：

> 君之恩等同于父母之恩，为大恩德。忠臣必出自孝子之门，明孝德，则必勤习武，为立武功者。

由此可见，藤树认为若有孝德，忠随之而来。《孝经启蒙》云：

忠本孝中之一端，故所以事家人严君敬之，所以教臣也。经曰：以孝事君则忠，此意也。

此为忠孝一本之意。藤树以孝经有"资于事父，以事君，而敬同"，以孝为重中之重，为原本性的。其次才是忠。《孝经启蒙》云：

君臣夫妇长幼朋友四伦之中。君臣之义最重。

藤树曾仕新谷侯，为侍奉故乡的老母，放弃官职，返回家乡。由此可证藤树以孝为第一位。

（九）谦

古来圣贤关于谦德之教不少。如《书·大禹谟》有"满招损，谦受益"。《易》关于谦有"天道亏盈而益谦"。《老子》说："天之道其犹张弓欤。高者抑之，下者举之。"耶稣也说："且自高者，必降为卑。自卑者，必升为高也。"这些都是千古格言。藤树关于就谦德的教诲亦不少，其中很多适宜于学者。《送佃子序》云：

夫人心之病，莫大于满心。人之浮气躁念，千状万态，如狂如醉。知病悉是满心为祟。是以心术之要，莫先于降满致虚。

又《论老子之三宝文》曰：

谦为尊之光，卑而不可逾。人之下者，人常爱敬，吉祥集门。

《大学抄》中也有同样论说。虽以易之谦"谦尊而光，卑而不可逾"之言为本，亦不失名言。藤树又论谦意曰：

谦者虚也，心虚则好恶出于自然，是非见于心体。廓然大公，而物来顺应。意者心之所倚也。谦与意相对，心有所倚则好恶私作。是非逆措，万欲千殃，于是乎生，终丧其本心。故大学诚意之传，以自谦揭示本心自然之好恶，以为诚意之准的旨哉。

藤树认为有谦则无意，有意则无谦，谦与意两者为对立。又论谦曰：

天德由此明。五福由此得。子曰：如有周公之才之美。使骄且吝。其余不足观也已。学者克去满心。而不求谦德。则虽博学多才。未足为出下愚之凡窟。可猛戒。

熟读是等言说，藤树论谦德之切，不输古之圣贤。

（十）忍

忍和谦为相辅相成之美德。藤树就忍也有所论，其言值得倾听。其论忍曰：

善用字，克私欲，则世间无穷之苦痛忽消。而心安气和，百祸福因此而已矣。

又曰：

此字从刀从心。以羞恶之心，为裁割人欲之利刃。能用此忍，则四方八面来之心，名利之妖魔，情欲之盗贼，无一不断尽者。故曰：忍字众妙之门。

此文将忍字说得十分有趣，而又无不贴切实际之处。藤树又曰：

这个是以道制之勇心也，初学炼形化气之良方，入道积德之门也。

又以忍字为题，赋诗曰：

一忍七情皆中和，再忍五福皆骈臻。

忍到百忍满腔春，熙熙宇宙都真境。

虽不押韵，不整平仄，但仍为良作，有其价值。

第七　政治论

藤树一直以来以伦理为主，故政治之事并无多言。然并不是没有与政治相关的言论。藤树如孔孟一般，不将伦理与政治分离，认为政治是以伦理为基础而成的。也即藤树为政教一致论者。《翁问答》卷二云：

政以明明德为本，以学问治天下国家为政。本应得一分为二，合二为一之心。云云。天子以诸侯之身所行一事，诸侯之口所说一言，为惩罚之根据。应该明白政与学问本来同一理。

在西洋，古来的哲学者往往以伦理为政治的基本。特别如柏拉图、亚里士多德等，以育成民族的道德为国家的目的。法国的芬乃伦所著的《武勒马科斯历险记》(les aventures de telemapque) 亦为叙述政治伦理思想的作品。然而现今政治极为错杂，其目的本不在伦理之外，但仅有伦理却不能成。是故藤树关于政治的见解，从今而论，并不算完全。然藤树关于法律制度要根据时处位来加以斟酌的理论，颇具慧眼。《翁问答》卷二中云："善法度为活法，不定指事。定一偏之死法无用。"可见其并不迂阔。又《翁问答》卷五中说："频说权，虽圣人所定礼法，如果只有服从没有变通活泼。故即使违礼法，只要不背道，知晓变通之妙用。遂权外无道，道外无权，权外无学，学外无权。"可知藤树主张采取临机应变。

藤树提倡文武合一之论。文武本为一德，绝不应分离。无武，文非真实之文。无文，武非真实之武。又认为文是行孝悌忠信之正确之路，武是打破孝悌忠信之障之法，所以文武有相互关系，此论颇为巧妙。藤树认为文为仁，武为义，同为人性的一德。曰：

> 文为仁道之别名，仁与义同为人性的一德。故文武同为一德，不可分别。背仁之文，实为无文。背义之武，实为无武。文武合一，则为真正的文武，为真正的儒者。犹如没有根草木不能结实一样。

藤树此论可谓当时之卓见。上毛的岩井任重抄录了《翁问答》中有关文武之文，另作书一本，将其说深入推论。

第八　学问论

藤树以伦理为唯一学问，所谓学问，即为伦理。所谓伦理，也不以学理为主，而是以实践为主。藤树论圣人曰：

> 学去后天之人欲，存先天之天理，为学者也。此心为天理，无人欲之私时，即为圣人之心。

又论曰：

> 夫学，为在人之下学之。欲为人父，则先学为人子。欲为人师，则先学为人之弟子。善为人之弟子者，则能善为人师。善为人子者，则能善为人父。

又在《翁问答》卷三曰：

夫学问，以清心之污，正身之行为本实。

如此，藤树认为学问是伦理之实践。然藤树认为学问的根本原理是良知，故认定良知是学问之要，为将两者合一。《答田中氏书》曰：

学不在致良知之外，在立志之先。

又在《答佃叔一书》曰：

学问之工夫在于以认知本体为第一义。

此本体即为良知。现思考其旨意，与僧法派的哲学思想类似。若说僧法派的思想，即神我若能察觉自性的污秽，脱离其污秽，则为自存性实在。藤树所谓良知如神我，如能自我察觉自我为私欲所污，再回归本体，则为自存性实在。藤树以实践伦理为真实学问，故无须博学多识，无须精通诗赋文章，只需专注于经学致用。如经书中，最重要的是《易》。《灵符义解》曰：

盖儒者之道，以易为主本。四书六经所说，诸儒发明之语录，虽广皆本于易理，一毫有差则异端也。

又《翁问答》卷三云：

本来教易经本一部，若广到十三经，则能学易经为善。

059

藤树虽如此重视《易》，但可惜没有关于《易》的著书。除了《易》之外，还重视《孝经》《大学》《中庸》《论语》。藤树虽习经书，但专注取其精神，并不拘泥其中训诂。换言之，其目的在于融会贯通古圣人之心。其为学问，不为讲论经书。最戒只读经书，不思其意。《答古川寅书》云：

> 读书本来为吾人心性的注解。读注解是为了领悟本经。自身不识良知，仅仅攻读经书，就如同不知读本经之文字，单单注重注解与训诂。

又《答小川子书》云：

> 盖经有心，有迹，有训诂。而讲明其迹者，初学未知文字之所务也，已晓文义，则专于正经上体察玩索，须求心心融汇之妙。云云。

此与陆象山的"我不注六经，六经皆我注脚"的意思相同，可知其颇具慧眼。《翁问答》卷三云：

> 文字过目，虽不牢记，能得圣人之本意如我心之镜于心中，以心读之，此为真正的读书。文字过目，虽牢记，不得圣人之要，仅用眼读之，此非真正的读书。

又在《翁问答》卷二中论心、迹、训诂三者之差别云：

> 学其训诂，能辨其迹，能取其心而用，为我心之师范。意诚心正，以圣贤之心作为我心。我心即与圣贤之心无异。得我心与圣贤之心无异之时，自身言行止于至善，如此谓真正之学问。

若脱离于被私欲束缚的现象界，得到达冲漠无朕，先天未画之境，得与本体合一，则可脱离空间时间及因果关系，故我心即先圣之心，先圣之心即我心。藤树曾作《藤树规》，将其揭与楣上，以资力行强践。其文如下：

大学之道在明明德，在亲民，在止于至善。

朱子曰尧舜使契为司徒，敬敷五教。五教者，父子有亲，君臣有义，夫妇有别，长幼有序，朋友有信是也。学者学之而已。愚按三纲领之宗旨，一是皆以五教为定本，而其所以学之术，存养以持敬为主。进修以致知力行而日新，其别如左。

畏天命，尊德性。

右持敬之要，进修之本也。

博学之，审问之，慎思之，明辨之，笃行之。

右进修之有序，学问思辨四者，所以致知也。若夫笃行之事，则自修身以至于处事接物，亦各有要，其别如左。

言忠信，行笃敬，懲忿窒欲，迁善改过。

右修身之要。

正其意，不谋其利；明其道，不计其功。

右处事之要。

己所不欲，勿施于人。行有不得，反求诸己。

右接物之要。

原穷唯，今之人为学者，唯记诵辞章而已。是以吾道之所寄，不越乎言语文字之间，愚曾忧之深也。故推本圣人立教之宗旨，而参以白鹿洞规，条例如右。而揭之楣间，庶几与一二同志，固守力行之也。

此为拟朱子的白鹿洞书院揭示所作。特别是进修之序完全与白鹿洞书院揭示相同。又有《学舍座右戒》，云：

一、可明辨长幼之序，而笃行惠顺之义也。尊幼辈行凡三等。曰：尊者，谓长于己二十岁以上在父行者。曰：长者，为长于己十岁以上在兄行也。曰：敌者，谓年上下不满十岁者，长者为稍长者，少者谓稍小者。曰：少者，谓少于己十岁以下者。曰：幼者，谓少于己二十岁以下者。

记曰：行一物，而三喜皆得者，唯世子而已。其齿于学之谓也。故世子齿于学。国人观之曰：将君我，而与我齿让。何也？曰：有父在则礼然。然而众知父子之道矣。其二曰：将君我，而与我齿让。何也？曰：有君在则礼然。然而众著于君臣之义也。其三曰：将君我，而与我齿让。何也？曰：长长也。然而众知长幼之节矣。又曰：天子之元子士也。天下无生而贵者也。此乃可观长幼之序不可不敬也。

二、同志之交际，可以恭敬为主，以和睦行之，一毫不可自择便利。狼母求胜，而不可淫媟戏慢。评论女色，不可动作无仪。不可里巷之歌谣，俚近之语出诸口。宜德业相劝，过失相规。

三、每日清晨拜诵孝经。可以养平旦之气。而后或受读，或受讲，或温习，或誊写。不可一时放慢。晚炊后可以游艺，若及志倦体疲，则可少逍遥自适。

第九　教育论

藤树之学以实践伦理为目的，故其教导弟子，为归道德。即藤树将知育体育等置之度外，专于德教。《大学》十四条云：

圣贤教人，千言万语，总归于诚意一路。舍此更无别事可做，无别路可走，所谓一贯宗是也。

藤树与其说将言论注入，还不如说以自身为模范，躬行实践，主张以此自然地教化人。《翁问答》卷一云：

> 根本真实之教化，为德教。不以口教，以我身而立，行其道，使人自发改变，此谓德教。

《熊泽子饯行文》曰：

> 夫师范之官，立本于隐微，而生道于讲论。

此为教育以自反慎独而进步之论。

施德教，以幼年之时最为合适。人在幼年之时最易改变。是故，藤树在《翁问答》卷一中提到幼年时的教育最不应忽视。

藤树认为音乐上的教育也甚为重要。《论语》十八条云：

> 正乐以游，而后心安。游乐而正，而后易入德。乐有五声十二律，或以歌发之，或以丝竹奏之。养人性，荡涤邪秽，和顺得道德。故移风易俗，以乐为善。即学学问，又习正乐，而后知成就道德之乐。

此为以音乐裨益德教。藤树又主张女子教育的必要性。在当时，世人言及一般教育，大多限于男子，藤树主张女子教育的必要性可谓卓见。现按"春风"来说，藤树认为作诗读书，不适合女子。唯修心之学问是必需的。其言云：

> 作诗读歌之学问，虽然不合妇人之业，女人多为之，见惯不惊。修心为女人第一义，说不合适是很大的错误。总之女人以阴气为本，

其气骚小险恶，易于偏僻。且长期生活于闺门，其习任性，所见狭窄。故女人慈悲正直诚实者鲜。所以对于佛教女人感觉罪深不以成佛。让妻子诚实孝顺，慈悲正直，延及亲子兄弟，便会满门和睦家齐，卑贱奴婢也能润其恩泽。其家福厚，子孙昌盛。

藤树专为训诫女子，著《鉴草》六卷。后来虽有贝原益轩注重女子教育，然藤树先于他提出这样的见解。

第十 异端论

藤树的学问，如上述可知，种种观点与佛教相类似。其良知如真如，其知止如三昧，其惑悟如无明与解脱，可两相对照。是故藤树将佛教的旨意，全部容纳于自家的学问中。他对诸生曰：

> 顷日余看佛书，其奥旨亦悉包含于吾儒教中。若彼教别有好意思，学之亦可也。彼亦不过明其心，则何舍吾儒全体之教，而别求之哉？学者所宜知也。

然比较考察藤树的学问与佛教的话，其间多少有别。其区别在于实行伦理的重要性。是以藤树痛斥佛教，指出与其异同，不希望与自家学问混同。如有关伦理方面的见解，差异甚多。藤树异学论曰：

> 人道之无欲则知义而不知利。从公义无私心为无欲。该取之义则取之，该与之义则与之，该蓄之则蓄之，该施之欲则施之。只以心之义为无欲，以利为欲也。

由此可见，所谓无欲，佛教与藤树的学问相同。

然藤树的无欲之意又有所不同，其无欲之意并非消灭意念，而是正意念，从义之道。是故藤树的无欲，为灵活的无欲。并非枯木死灰之无欲，行世间的任何事都可得无欲。心不从利，即为无欲。是故以藤树之见，释迦与达摩皆为滑稽。藤树将释迦与达摩一概而论，称其为狂者。《翁问答》卷四云：

释尊十九弃天子位，入山，三十成道之后，不营人间本分生理。或时乞讨，放弃人伦，厌恶人事，讲说各种权教方便说，诳诱愚民，将各种无欲无为自然清净之位定于极端，任灵觉。从毫发之差所起无欲妄行误也。

藤树如此指出释迦的行为与教义之误。《翁问答》卷五云：

欲有位而以弃位为无欲，以欲储财宝而放弃财宝为无欲，还昧于明德，残留有好位贪财之心根。凝滞于外物，有便利拣择之私。圣人之心，艮背敌应，无意必固我之私。富贵贫贱死生祸福，其天下万事，于大小高下清浊美恶，从没有好恶拣择之情，只满腔满目，一贯皇极神理而已。所以不欲登高位，储财富。弃高位，弃财宝也不是无欲，也不是欲，只是欲违背天道之神理，妄矣。顺天道之神理为无欲无妄。顺神理，即使登天子之位，储财宝，或弃位弃财宝，皆无欲，无妄。背神理则登天子之位，储财宝，或弃位弃财宝，皆欲也妄也。所谓欲与无欲，妄与无妄，不在行事之品位，只要在心根，什么是无欲，什么是欲，事定都在迷惘凡夫之心得，或者异端偏僻之法。释尊若悟得此心，定把王宫作檀特灵山，作寂光净土，以天子之位作摩尼轮之位，以衮衣玉殿作麻衣草座，以礼乐刑政为说法，济度众生。险恶偏僻，厌王宫入深山，厌衮衣玉殿，好麻衣草座，何其心也。艮背敌应，不

065

相与时，王官帝位，于我何污。山中静坐，于我何益。衮衣玉殿，于我何损。麻衣草座，于我何洁。

此为藤树眼中的释迦。毕竟欲与无欲，妄与无妄，若皆由我心之状态如何而定，而不拘于外界的形状境遇。藤树称此为天道之神理，将其看作与利对立之义。藤树又评达摩，将其比作禽兽。《达摩之赞》云：

九年摸象，戕贼本心。
弃绝人事，乃兽乃禽。

又论坐禅曰：

瞿昙迷而入山，又迷而出山。达摩惑而面壁，又惑而背壁。譬如蚁旋磨。

儒教因现实社会中人伦之关系而立教，故以日常之事与道合一。所以无须弃家入山，无须面壁背壁。藤树非议释迦与达摩，又言佛教虽有害，但也不是分毫无益。《大学抄》云：

释迦弃帝位而出家，欲居下而教。终不遂，废其国。入中国而害中国。来日本亡神道而衰国。释迦弃帝位之心甚随意，陷好仁不知圣学之愚。弃生而有之帝位，放弃五伦之始也。佛教开始后，于天下何益，其害难数，无一益。

此论失于严酷。不应断言佛教毫无益处。如美术，源于佛教。如文学，为佛教所装饰。加之，佛教使我邦思想界丰富。如儒教也受佛教深远影响。

即使如藤树所倡导的王学，也不免受佛教的影响。可见佛教确实有益。然在藤树眼中，唯有实践伦理而已，而佛教在实践伦理方面无益。但佛教在实践伦理的方面有无裨益，还是疑问。是故藤树之论也并非没有一点道理。

藤树又论异学曰：

> 佛教浅愚之道也，故好愚者。佛者非心根不愚者，不能成就。

藤树将释迦达摩皆称为狂者，故藤树眼中，不管如何硕德的高僧都是痴人。

藤树其论极端，排斥佛学，是为何故？王学与佛学甚为类似乃是事实。王学是以儒佛两教融合而来的产物。因此，古来所谓的王学，被称为儒中之禅。总的来说，王学与佛学极为容易被混同，正因如此藤树才痛斥佛教，使世人不被其迷惑。正所谓失之毫厘谬以千里，辨明佛学与王学之异是十分必要的。然所谓同于佛教的王学更接近于禅。是以不得不责骂达摩，所以有了《达摩之赞》。"赞"本为赞赏人物的德性之意，然"达摩之赞"并非真的赞赏，实为冷嘲热讽。故说成"达摩之骂"更为恰当。

藤树无论对佛教，还是对佛教之外的老庄管商之教，以及记诵辞章之教，统统视作禽兽教，加以排斥，述其理由曰：

> 人与禽兽之辨，其机在一心之敬不敬，五伦之逊不逊，天事之修不修而已。虽曰读人之书，然其所以求书者，不在书之所以为书，而却以为求温饱之术。是以其读愈多，而其德愈昏，其所存者，只是禽心，唯岂可不曰禽兽之教乎？

然藤树对于神道的态度却大有不同。藤树曾远离一切鬼神之说，除了其先祖之外，任何的寺庙都不曾参拜。其言曰："贱之于贵，不可以相亲。

在人且然。况鬼神幽明，殊途者乎。"然后又领悟到这是不正确的，曰："他神姑置之。若太庙则天地开辟之祖，凡生于此间者，安有远焉而不祭之理哉。"乃去太庙参拜。是年三十四岁时，有作祝词之诗，曰：

光华孝德绩无穷，正与犠皇业亦同。

默祷圣人神道教，照临六合太神宫。

有曾在菅公之庙诣谒，深推服其德。《题菅庙诗》曰：

七字灵光光日东，照临赫赫在儒宗。

斯文兴起翼神助，千里飞梅一夜松。

藤树非常崇信神道的教义。在丝毫不违背唐土古圣人之道的思维下，著作《神道大义》，主张神儒调和说。虽有人怀疑《神道大义》是蕃山所撰，但因《藤树全书》中有其说，现姑且认为是藤树所作。现列举其要领：夫神道以正直为体，以爱敬为心，以无事为行。然正直爱敬无事三者，与中庸所谓的知仁勇三者相同。正直为知，爱敬为仁，无事为勇。

（一）正直之德如知明之镜，照其美恶。无惑，无隐。一念之微虽不外显，神明知之，我亦知之。故君子慎独，平生所思，应敬畏神明正其所思。平生所为事，订天地神明，不思畏惧之事。平生所为之事，不为人之不耻之事。误生恶念，作非事，心中因有神知，故不云不悟。人之心有天神一体之神明，善恶无隐。如面向镜。是故神道不以内外明暗为二心，以正直为本。如此则心宽体胖，无所畏惧，无可耻事。

（二）爱敬之德，天地同根，万物一体。人欲清尽，天理流行。空空如也。其大无外，其小无内。天地万物皆在心中。无不在我。故无我，无欲，静也。富贵时教育人，贫贱时退而养德。得生行，得死休。君子一不云自得。

（三）勇尊堪忍。能堪忍无事。凡心之人不屈振武而已。夫咎则不及云他人，虽不怨怒不足绝。不孝不第之本也。皆堪忍看过，以其人见其人，凡心如此。凡夫，和醉酒无正体者同，应观许凡心之谜。偶尔装作心善，此是此人的本心显现，喜亲，制止前日之非，君子之心也。总之，昔日大勇之人不咎物，不常怒。温和有节，是谓沉勇。有沉勇则无大勇。大勇必有微，所以不胁而民恐，不用刑法而少罪人，不战伐而敌国服，此不勇而为仁之勇也。智仁勇三德有时共在，不勇之人非君子之仁，不勇之知非真知，不仁不知之勇非德之勇。

藤树更有知仁勇三德与三种神器相配之论，其大意如下：

> 天地开有人道。人道则天地之道也。天地不言，给予人教。神圣翼之以言。但神之代没有文字，以物象人之德。盖此心中有三德。能照万事万物，喻而不辨，溥博渊泉，时出之以德，铸镜以象之。神明不测无私，宽裕温柔慈爱之德，磨玉以象之。堪忍之力强，不破物，神武不杀之德，打剑以象之。唐土圣人名之为知仁勇。天地之神道，和汉同事。我朝神皇之象，如和唐土圣人之言合符节。是不谓奇特。心同道一故也。故神道深者，不借儒道，心法亦明，政教亦备。况异端乎。神道可谓易简明白至尽。

藤树立足于王学解释神道，值得首肯。其以神明为我良知本体，考察了神明的内容。

第六　批判

从藤树的学问全体来看，其学说与佛教类似的点颇多。但是有很多的点不应与佛教相混同。佛教是厌世性的，最终希冀解脱涅槃。而藤树的学问是现世性的，其学说即使论世界之本体，也期待于人伦秩序。而不是要破坏人伦的秩序，建立理想世界。故藤树对佛教学问的排斥，可谓严厉。

然藤树的学问又与耶稣教相似的点不少。首先是将天父比作上帝。中国古代人民信奉人格性的上帝，这可由诗经书经等证明。到宋儒时，加上了哲理性的解释。虽其名相同，但却有颇多变化。藤树崇信人格性的上帝，将之作为自己的本体，期待二者合一。然藤树认为上帝应在自己的心里。即良知为一切行为的指导者，上帝以良知降临自心。故从良知者，即从上帝之命。一切祸福，皆在于此。《答中西书》云："君子安乐之本体，在吾人方寸之内。"这和"天国在胸"的旨意符节相合。藤树以上帝为无限的慈爱。《阴骘之解》云："上帝以真实无妄之慈爱造化万物，定人极。"由此可知藤树认定上帝之慈爱。然尚有比慈爱更重要之物，为何？藤树认为天地万物皆由孝而生，孝为人伦之大本。由此说法推论，孝为上帝之德，为慈爱的发现。《孝经心法》云："神理所含蓄者为孝。"《翁问答》卷一云："此宝在天，为天之道。在地，为地之道。本无名，为示教众生，取象昔之圣人光景，名其为孝。"又曰："观其原本，若我身受之父母，父母之身受之天地之气，天地受之太虚之气，则我身本为太虚神明之分身变化，故可谓太虚神明不失其本体以立我身。"由此可见，孝充盈于世界，为天地万物之本源。然孝为慈爱，是故可知上帝之慈爱是无限的。此为藤树的思想与耶稣教接近之处。然藤树又确信上帝的赏罚。这从《原人说》及《太上大尊太乙神经序》可以得知。其论天道曰："钦崇则与五福，不钦崇则降六极，唯影响，可畏可畏。"藤树关于上帝的看法，与耶稣教类似。耶稣教徒说道："未闻基督之福音，已如耶稣教会之长老。"

然绝不应将藤树的学问与耶稣教混同。藤树之学问得洙泗之精神，其主要在于正人伦之秩序。即使主张人类同等，也并不蔑视君臣父子关系。不，其思想正是为教导世人正确看待君臣父子等关系。总的来说，藤树的学问是世间性的，现实性的。时而即使是超绝性的观念，也仅是为了确定实践伦理的根本，并不希求出世间性的解脱。耶稣教的观念是以建设人伦关系以外的天国，无视君臣父子等关系，唯以尊重人类与天父的关系为主。为此，无论是一家之中，还是一国之中，其关系都会带来不和。即为了出世间上的关系，牺牲世间上的关系。如此差之毫厘，却谬以千里，不免给民族的命运带来巨大的变动。即使在现今看来，藤树没有像排斥佛教一般排斥耶稣教。藤树排斥佛教的主要原因是佛教学说与自家学问极为相似。耶稣教亦与藤树的学说类似，使得藤树知之而排斥之，以使人不将之混同。耶稣教徒认为藤树的学说与耶稣的教义相合，可谓只知其一不知其二。

藤树辨别了道与法，认为道是普遍性的，法根据时间地位有所不同。其论道法之异云：

> 道与法不为一物。理解错误而将道与法视为一物之误颇多。法虽中国圣人，也代代更替。况且移至我邦，行难处甚多。

《翁问答》卷五中辨别儒道与儒书的礼义作法，曰：

> 儒书所载礼义作法因时处人而异。儒书所载礼义作法，大多为周代制作。这些礼义作法不错，只是现今的日本无位，所以难行。即使有位，人行稍微有变也很难执行。

由此可见，藤树认为道是普遍性的，主张应用时应根据时间处境地位而行。即引进中国的法律制度和礼仪作法输入进来就这样加以应用，并不适宜于我邦。奉劝应斟酌我邦事宜，适度应用。虽孔子之言，于我邦亦不宜尽用。《逸事》云：

> 《论语》记载了圣贤之言行，其与现今相合之处很多，与诸子讲授时，应只取必要处讲。

藤树如先哲所说"和魂洋才"一样，以日本精神讲究汉学，不要为汉学吞并，而应以我邦为立脚点，俨然有所树立。总的来说，其辨识了彼此的差别。就此点来看，藤树与耶稣教徒大为不同。耶稣教徒漠然倡导世界主义，欲将西洋的耶稣教教义尽数传播，应用我邦。从以上藤树对汉学应用的观点来看，其与耶稣教徒的观念确实不同。可见，以藤树等同于基督教会的长老，只是皮相而已。

藤树在各种德性中最为重孝。此为吾人应考虑之处。孝为祖先教（Ahnenkultus）的纲常。最重视孝之处，必有祖先教的存在。祖先教颓败之后，便没有重视孝的理由。孝为先祖与子孙之间的连接，所以血族命运如何取决于孝的强弱如何。日本民族从同一古老传说中延续遥远的传说，建国以来没有被其他民族所扰乱，同一的语言、风俗、习惯、历史等构成了一大血族，国家成于一个家族制。日本民族不像其他的民族，在历史中没有被其他民族搅乱，有古今一贯的系统。现国民继承祖先，未来子孙又继承现国民，日益发展。是故孝之教于日本民族的命运有重大关系。由此可见，藤树重孝，并不是毫无道理。忠为孝的拓展。尤其在日本，言孝，忠必自在其中。日本为一家族制国家，故在家对父，犹如在国对君。国是家的扩充，家为国的缩小。是故得立"忠孝一本"之教。藤树以忠为孝的一端，又主论孝道，所以忠也不外乎于此。

藤树的良知之说，是所谓的动机论，取决于主观性的是非差别。所以与现今的功利论正反对立，不免有怠于比较考察经验性的事实的倾向，可谓必然的结果。然因藤树是动机论者，所以有自得于内，确然不动的态度。换言之，即不为外界因素所动。是故藤树教导人，虽有千言万语，但都是贯彻一个主义。比起现今的伦理学者，凑合并列各种伦理之说，有如此坚定的主义，乃天壤之别。足以见藤树对实践伦理的重视。

藤树的良知之说与婆罗门教的梵天，佛教的如来有相似之处，颇为有趣。然而个体性良知与世界性良知之间的关系并不明了。人皆有良知。个人的良知，即为世界之本体，作为世界的本体，良知是一体的。个人的良知，为良知的多数。一体的良知如何成为多数的良知？反推多数的良知又如何成为一体？就两者相互间的关系，藤树并未做出解释。藤树有许多迷信之处，像一个宗教家。回顾当时的时势，藤树的观点虽然没有严重的错误，但亦有瑕疵，我们不得不看清此点。藤树深信因果报应之说。自然界有因果关系，此为事实。道德上亦有因果关系，不可否认。然将两者混为一谈，却是很严重的错误。然藤树往往将两者混同，甚至陷入了迷信。例如藤树论孝说道"不孝之人变狗头"云云。然藤树迷信的体现在《春风》及《阴骘之解》中最甚。根据《春风》中的说法，若修明德，则众人爱敬之，天道助之，神明加护之，故任何天灾地妖，都不得伤之。藤树列举了很多说法来证明此点。然而道德只限于人类相互之间的关系，与自然界毫无关联。藤树将两者混为一谈，认为得修道德，自然界则对其人与他人不同。此为根本性的谬误。又根据《阴骘之解》中的说法，以真实无妄之心行慈善之为，其子孙必承其德。藤树也用很多话语证明此点。此亦是道德与自然界有必然联系的观点，以现在的角度来看，难以认同。特别是从尧舜之子何等的不肖来看，此观点可谓畸形。藤树信奉人格性的上帝，其根据不免薄弱。藤树对人格性的上帝不仅是信奉而已，又造灵像，行祭祀的仪式。

王学本以明心法为主要目的，故不需要博学多识。甚至可以说博学多识于心法有害。陆象山曾说"我不注六经，六经皆我注脚"，开始了记诵训诂之外的一种心学系统。王阳明以此为祖训，大力倡导心学，斥责自家学问之外的学问，曰："只存得此心常见在，便是学。过去未来事，思之何益，徒放心耳。"藤树亦痛斥记诵训诂之学，单单以修身一事为学问。《翁问答》卷三云：

> 古代无文字，没有可读书物，只以圣人言论为标准。到了世末，忧虑失去学问的本质，才记录于书本，以定学鉴。自此才以读书来入门。然而思量纯洁其心行为端正之人，即使不读书，不通一文，也能做学问。不思量明其心修其身之人，昼夜手不离书，也不能做学问。

此说法多少有弊害。学问不仅只有伦理一种，还有其他种种学问。若不读书籍，得不到学问，世间子弟的学问难免荒废。书籍固然是学问的舟筏，若不读书籍，难得学问。如藤树所说的伦理，虽重于实践，若完全不借助书籍，也不得其要，况且其他学问。《订正翁问答》中云：

> 能修心学之贱男贱女，不读书物亦为读。今时流行之学问，读其书物，等同于未读。

此言为子夏所谓的有德性，与"虽曰未学，吾谓之学矣"之言相同，单单以伦理为唯一的学问而得到的结论。《订正翁问答》又云：

> 十三经不听讲则不懂。十三经的入门书，除名儒的七书以外，读了无益。然如果非要去读的话，目倦心劳。读史书考古今事变，印证善福祸淫，读之可赏心悦目。

若如此，学问的范围甚为狭隘，实为孤陋寡闻。特别是将史书视为小说，可谓偏颇之见。总的来说，藤树的学问主要以主观性考察为主，作为一种哲学，摈斥一切自我价值之外的有关客观性事实的一切探究精神，弊害不少。藤树又过度排斥才智。认为才智往往对德性有损。是故藤树不取才智。《或问》八条云：

　　学为己明明德。才智害德者多，为德之助者稀也。

又云：

　　拙者德也。巧者贼也。故不才而拙者近德，为自然之幸。有才知而巧者近伪，为一不祥事也。

此为有德者之言。然而此言，未免过于片面。才智之不详者，是为猾才。以才智皆为猾才，未免言之过早。藤树又进一步断言：

　　才智隐，人民拙时，无恶。不治为平。才智为生恶之源。至治之世，何须用才智？

此为藤树之见解的大谬。藤树以才智为恶之源，痛斥摈斥，希望国民愚拙。其理想与老子酷似。在优胜劣汰日益激烈的今日，人民愚拙，则会自取灭亡。才智不仅是恶之渊源，也是善之渊源。区别只在于如何应用。然一概以才智为恶，恰如恐庖丁伤人则不用庖丁，未免被世人嗤笑。
　　藤树对诗文也过于轻蔑。《订正翁问答》云：

　　文艺为求道之筌。得鱼，筌则为无用之物。

作为文艺，在道德之外自成一体，论其精粹，其光辉足以与道德相争。藤树的观点，偏向道德一方，未能考虑文艺的真实价值如何，实在遗憾。藤树又论程子与东坡曰：

> 程子与东坡，如君子与小人，人品黑白分明。当时程子派东坡派，天下学术二分相争。在后世，东坡为一诗人而已，而仰程子为万岁道德之师。

藤树专于道德之说，故藤树眼中的程子比东坡伟大很多。然而公平而论，东坡并非只是当时杰出的一代文豪，其著作有永久流传的价值。绝不是"一个诗人而已"的轻侮之言可以评价的，"一个诗人"能歌天地之奥义，语人生之美妙。藤树虽注目善的一方，却不知美为何物。

最后，藤树关于经书的解释值得注意。藤树的解释非常巧妙，有精神，有气象，实谓有眼光。然藤树解释经书，只是为了说明自家的哲学，并非为了解释经书其物。例如，藤树以《大学》中的明德为良知。然良知之言，以孟子为始，孟子亦未对良知进行详细的说明。良知之说，到了王阳明才开始精细起来。《大学》成时岂有良知之说？《大学》中所谓的明德，到底是否为良知，此点最为可疑。然而藤树以经书为自家的哲学，又以此哲学解释经书。是故不得不否认此为主观性的价值，并非容易被认同的客观性价值。

第七　藤树门人

（1）熊泽伯继，字了介，小字次郎八，后改为右卫门。号蕃山，又号息游轩。平安人士。为备前芳烈公所用，大有治绩。本书后有提及。

（2）中川谦叔，称权右卫门。仕备前芳烈公。芳烈公曾在和气郡大田村赐二百石。其为藤树门下第一流弟子，明敏豪杰，其德行世。所著《全人论》。

（3）泉仲爱，称八右门卫。

（4）山胁佐右卫门

（5）中村叔贯，又称之丞。仕备前侯。别称中村兵。是否为同一人尚且未知。

（6）加世季弘，号默轩。通称八兵卫，豫州人。笃学行修，兼通音律。仕备前侯。

（7）谷川寅，称仪左卫门，仕备前侯。

（8）渊宗诚，通称源右卫门，号冈山。会津人。在京都的茛屋町讲学王学。所著《书简》三卷。后有提及。

（9）中西常庆

（10）吉田新

（11）森村长

（12）森村小

（13）清水季格，后改姓西川。晚年著《集义和书显非》二卷，反驳蕃山之说。

（14）清水十

（15）国领大

（16）佃叔一

（17）赤羽子

（18）小川仙

（19）冈村子

（20）田边子

（21）早藤子

（22）一尾子

（23）山田权

（24）浅野子

（25）横山子

（26）垂井子

（27）户田子

（28）土肥子

（29）田凫子。疑为田边子。

（30）木下子

（31）田中子

（32）中山子

（33）池田子

（34）土桥子

（35）冈田仲实，其子名为敬，字季诚。从学常省。贞享年间开始编纂《藤树先生全书》。

（36）林中助

涉井太室在《儒林传》中称其参程朱之义，以教世人，兼学神道。

（37）小川茂助

涉井太室在《儒林传》中称其醇乎纯矣。

第八　有关藤树的书籍

《心学文集》二卷

此书初版于元禄年间，后宽政年间再版。此书主要集录了藤树的文章，又收录了蕃山的文章，如《二程全书》那样将姓名一一记载，便于分别。将《先哲像传》与《近代名家著述目录》归为藤树著书，为极大的错误。

《儒生杂记》五卷

此书为何人所著尚且不明。元禄二年出版，有兵无射所写的序。主要收录藤树蕃山的文章或书翰之类。

《藤树先生书翰杂著》一卷　写本　三宅石庵辑录

此书收录书简杂著凡五十五篇。为大阪的三宅石庵校订编成。首为石庵以汉文所写的序。以国文写凡例。石河定源为其写跋文云："藤树先生书简一卷。浪华硕庵老人之所辑录而编次。不与吾党之所传书同。间亦附己意。所论许多也。故与二三之同志相共缮写，而备校考云。元文乙未年秋七月望日。"

《藤树先生尘坑集》三卷

此书藏帝国图书馆。世人以为藤树之书，然此书绝非藤树之书。著者自己写道："予个人之事，男，六十九岁，荣子皆得三乐。"然藤树殁于四十一岁，故著者所论并非藤树。

《中江藤树书置》一卷

此书编入《史籍集览》，收录于《介寿笔丛》卷末。为伪作。

《藤树先生学术定论》一卷　写本　石河定源述

此书封面以《孤琴论》为题，内为藤树先生学术定论。石河定源为享保年间人士，尊信藤树之学。其自称受以休子所教。以休子师从木村子，木村子师从冈山先生。冈山先生昔日在洛阳（即京都）葭屋町一条旁修筑藤树先生祠堂。冈山先生即渊冈山。

《藤树先生精言》一卷　橘明编次

此书摘选了有关《翁问答》中关于学问的精华部分而成书。文化十年刊行。编者橘明，讚岐人士，号五老。

《藤树先生文武问答》一卷　岩井任重抄录

此书抄录了《翁问答》学问中文武相关的部分，为单行本。嘉永四年刊行。岩井任重，上州安中人士。

《藤树先生知止歌小解》一卷

此书为藤树学派之人所著，卷末写道："于时享保八年癸卯岁冬月洛下诸生某敬书之。"作者名氏不详。又从"于时享保八年"看来，此书为藤树殁后七十余年所成。最近内藤耻叟氏将此书收录于《日本文库第七编》。

《藤树先生行状》一卷　写本　作者名阙

《藤树先生行状》一卷

出自《家传史料》卷四。

《藤树先生年谱》一卷　作者名阙　《南畝丛书》所收

收录了藤树余稿的年谱。

《藤树先生年谱抄录》一卷　一技堂抄录

此书抄录《南畝丛书》所收藤树年谱。

《藤树年谱》一卷　二宫玄仲著

此书为藤树门人江州志贺郡草医二宫玄仲于万治三年（1660）藤树十三年忌辰时撰述。

《藤树先生年谱》一卷　中野义都撰

《藤树行状》一卷

此书为庆安三年（1650）著，非前面所列举的《藤树先生行状》。

《藤树先生行状》一卷

此书传为佐藤一斋所著，为假名汉文交叉文写成。后在《阳明学》杂志第九十五号以后连载。

《中江藤树熊泽蕃山传》一卷　写本　片山重范所藏

此书主要叙述了蕃山的事迹。然关于藤树的子孙及藤树门人的内容亦不少。

《藤树先生年谱》一卷　川田瓮江著

此书以大沟分部侯为依托编纂。

《藤树中江先生传》　板仓胜明撰

此传收录于《甘雨亭丛书》第五集。

《藤树先生年谱》　《藤树全书》所收

《藤树先生行状》　大木鹿之助撰《藤树全书》所收

《藤树先生逸事》　《藤树全书》所收

《藤树先生行状闻传》　志村仲昌著

《近江圣人》一卷　马场森之助编

《近江圣人》，堀江乐浪撰，刊载于《阳明学》杂志第四十七号、第四十九号、第五十号。

《藤树先生闻见录》一卷　写本

此书精选了松下季伯对藤树相关事迹的叙述及评论。

《藤树先生年忌说》一卷　川田雄琴著

《余姚学苑》（卷上）　伊东潜龙著

《先哲丛谈》（卷一）　原念斋著

《日本儒林谈》（卷上）　原念斋著

《日本古今人物史》（卷五）　宇都宫遯庵著

《本朝孝子传》（卷下）　藤井懒斋著

《近世丛语》　角田九华著

《先哲像传》（卷二）　原德斋著

《斯文源流》　河口静斋著

《近世畸人传》（卷一）　伴蒿蹊著

《事实文编》（卷之十六）

《东游记》（卷四）　橘南谿著

《翁草》（卷三及卷九）　神泽其蜩著

《近世名家书画谈》（二编三卷）　安西于菟编次

《闲田次笔》（卷四）　伴蒿蹊著

《喻草》（卷上）　儿岛颐斋著

《世事百谈》（卷三）　山崎美成著

《野史》（卷二百五十六）　饭田忠彦著

《柳荟随笔》（第七）　栗原信充手录

《日本教育史资料》（卷五）　文部省编撰

《史料原稿》中江藤树之部　文科大学所藏

《近世大儒列传》（卷上）　内藤灿聚著

《中江藤树之教育说》　足立栗园稿　载《教育时论》第四百四十五号。

《藤树与蕃山》　　　　足立栗园稿　载《教育时论》第五百零七号。

《日本名家名人详传》（卷之下）

《名家全书》（卷一）

《陆象山》　建部遯吾著

《日本之阳明学》　高濑武次郎著

《艺苑丛话》（卷上）　山县笃藏编著

《尚友小史》（第一辑）　中村鼎五著

《鉴定便览》（卷一）

《近世名家著述目录》（卷之三）

《古今诸家人物志》　释万庵著

《日本诸家人物志》（卷上）　南山道人撰述

《中江藤树之伦理思想》　井上哲次郎演说笔记　载《教育公论》第六号

《中江藤树之宗教思想》　海老名弹正　载《六合杂志》第二百十七号

《中江藤树》一卷　塚越芳太郎著

此书虽有出版预告，但未出版。甚为可惜。

《中江藤树》一卷　得能机堂新海正行合著

《熊泽蕃山》　塚越芳太郎著

《藤树蕃山书目考》一卷　藤原成粲著

《名儒传》写本　著者未详

《阳明学》杂志　吉本襄发行

《中江藤树之精神性教育》　金子马治　载《教育实验界》第四卷第三号。

《近江圣人墓参日记》　高濑武次郎　载《阳明学》第六十五号乃至第六十七号。

《近世教育史传》　足立栗园著

《大日本人名辞书》

其他如村井弦斋的《近江圣人》、国府犀东的《中江藤树》等书，皆是为了少年所著，故不为学者所参考。小学修身书之类散见亦然，故此不提。

《日本哲学思想之发达》（德文）　井上哲次郎著

《日本之哲学者》（英文）　诺克斯著

《近江圣人中江藤树之传及教》（英文）　佛希塞尔　著

第九　藤树学派

藤树曾在京都葭屋町一条为弟子讲学，后退隐小川村，与世无争。然有不少人听闻其德，向他问道。通过和藤树的答赠书函而受到教导的有三十余人。其中最为杰出的是熊泽蕃山，为世人所熟知。除蕃山之外，渊冈山、中川谦叔、泉八右卫门、中村又之丞、加世八兵卫、谷川仪左卫门等也颇有名声。

中川谦叔，又称权右卫门（或被误称为权左卫门）。为加藤羽州①侯家士中川善兵卫的次男，在伊豫的大洲居住。曾受教于藤树，非常尊信其学。后随藤树一同回到江州，师事于藤树。娶藤树的侄女岛氏为妻。谦叔是藤树门下第一高徒。世人称其明敏豪杰，其德行世。所著《全人论》。又作《翁问答》跋文。其与蕃山一样，虽同为藤树门下第一批弟子，但稍逊于蕃山。谦叔在和气郡大田村仕备前芳烈公，赐二百石。鞠躬尽瘁，后病逝。有一子，名来助。后改名为权太夫。为曹源公所用，赐百五十石。

泉八右门卫，名仲爱，熊泽蕃山之弟。资质静明，心术早熟，与蕃山仕芳烈用。任国务总监，俸禄五百石。曾位列国政评定之席，政见不合之处虽多，不议是非。有人诋毁曰："君公何以此人出席，默然何益？"久后，元老某老答曰："君公之智过人。夫仲爱在席，人能谨戏言妄作，有自省之心。此为教人之大化，使政刑之纪要无过。其不善哉。"由此可见，仲爱本不善政治经济之术，但善治心之术。

其余有中村又之丞、加世八兵卫、谷川仪左卫门三人皆仕备前侯。藤树有三子，皆仕备前侯。长子名宜伯（或作宣伯），幼名虎之助，后称太右卫门。其九岁之时已被备前侯招用，年长后赐六百石。宜伯承父之德，温厚笃实。凡闲暇之时，驰马、试剑、游艺，从不虚度光阴。宽文四年（1664）病逝。时年仅二十有三，未婚无嗣。藤树次子名仲树，幼名铠之助，后称为藤之亟。为备前侯所用，此百五十石，不久后患病在京都居住，宽文五年（1665）病逝。时年仅二十。藤树三子名季重，称弥三郎，后改姓江西氏，名文内，称常省。亦出仕为芳烈公所用，后暂在曹源公处。患病后辞官回到小川村，聚集弟子讲学。对州侯闻其贤，聘其至江户，赐食禄二百石。不久后回到京都讲学，后又因病回到乡下。宽永六年逝世，时年六十四。

藤树三子中常省最为长命，故多少继承了一些藤树之学。藤树书院中

① 羽州即出羽国，今日本东北地方。

有《常省先生会约》一卷。为其所著。今列举其全文：

夫以交会友，以友辅仁者，先贤之明训也。今一二之同志，孝弟之余暇，交会于此。其志以为从古训，讲习讨论，相俱切磋琢磨。而以除去气习之昏蔽，而复于本然性之，至于孝弟之极处焉。故笔会约数件，揭之于壁间，以为吾人之劝戒。自反慎独，入圣通神之大窍，换骨顾神之灵方也。苟自反则良知之明镜洞然，妍媸不得遁影。是以凝冰忽泮矣，焦火倏灭矣。凡情之象魔，不得为祟矣。慎独则外物不得役之，应事接物尽天理流行，而无事而不善，无入而不自得焉。当要拳拳服膺而无须臾离矣。

博学审问慎思明辨笃行者，道学之始终也。当要读诵圣经贤传，玩味其意味。浃洽涵泳，而已涤净琢磨凡习之污滞矣。审问于同志之中，而涣然释焉。倍慎思之，怡然理顺焉。以学问思之功，天理人欲，判然明辨之。笃行之其身焉。口能与我戒出好，吉凶荣辱，唯其所召也。当禁躁妄言，内不静，专发躁妄也。且勿辩论非议当世之政事矣。不在其位，不谋其政亦。勿诽谤之人过矣。自求厚，则何有暇于求人哉。勿俳优戏言，戏言出于思，勿谈无用之俗话。

容貌要从容端正焉，表正则影正，是自然之应效也。譬心如帅，四肢百骸如卒徒，帅正则卒徒随命严肃也。若以不正之帅，驱迴卒徒之不整，则遂至乖败之祸矣。忘正其心，徒求外貌之端正，是外本也，必失却其心理乎。且老者以筋骨不为礼，稍就易安。或讨论心术，或论辩书义，过失相质。或读诵经传，或学习礼容，或试射，或挥才，少者，习洒扫应对进退之节，是业学之一事也。当听从长者之命而服其劳矣。若交席移时，即餔时，啜吃白粥南都茶等之食。救其饥，不可求美味而事口腹矣。

085

其长子名藤内，幼名龟之助。后改回中江氏，称贞平。在对州①侯处任职，食禄四百石。子孙至今仍存。藤树的子孙在发扬家学的方面，并无显著贡献。然藤树死后其学问的影响在小川村及周围延续，至今未绝。藤树死后七八十年间，尊信其学者，在京都存续。因其曾在京都一条葭屋町寓居。至享保年间，京都之人著《知止歌小解》，唱道藤树之学。石川定源亦于享保年间著《孤琴论》，主张藤树之学。根据其言，渊冈山先生在京都的葭屋町一条修筑藤树祠堂，在此讲藤树之学。其门有木村某。木村传学以休子，以休子传于石川某。

据三轮执斋所言，渊冈山先生为藤树的门人。《治教论》中曰："藤树先生之门人冈山氏亦建学校，四十年尚未废。冈山已殁三十年，在其家讲学，信其道者仍不在少数。"文政六年（1823）逝世的太田南畝曾叙述藤树在葭屋町寓居一事曰："其地尚存。"由此可见，藤树之学在京都长久的延续了下来。大阪亦有藤树之徒在此讲学。《治教论》云："大阪天满有一名为素绩的盲人，是藤树之门人，在有马町建校舍，讲藤树之学。其迹亦五十年未绝。近年摄州原野之乡人，共谋建校舍，招名儒讲学。名曰含翠堂。其乡人孝悌实行之徒良多。乐善好施，为近乡之规。讲学之效实不空。"云云。可以证明藤树思想的影响逐渐扩大。其尊信藤树之学，正德三年（1713）著《藤树先生书简杂著》。石庵最初信奉朱子学，后归王学。而佐藤一斋也间接地继承了石庵的学问系统。三轮执斋虽承佐藤直方之学，却不取朱子学归阳明学，尊信藤树。如大盐中斋，是其中最为尊信藤树之学的。中斋读藤树之书信奉阳明学。其题《藤树先生致良知三大字真迹》文曰："余狂愚，而亦窃从事阳明学王子良知之学。而初开其学于东方者，乃先生也。微先生余安得与闻斯学，故受其赐亦厚矣。"即知其学出自藤树。中斋又唱道太虚之说，藤树已经道破其说。中斋唯尊其旨，仅听此一家之

---

① 对州即对马藩，今长崎县对马岛。

言。由此可见，藤树之学的影响绝非浅少。

藤树学派在藤树死后分为两派。或专注于自反慎独，以个人性的伦理实行为主。或得其学，应用于国家，以公共性的伦理实行为主。即为省察派与事功派。分此两派固然不够严谨，但此两派多少有所区别。藤树自身是隐君子之风，非政治家之流。故退以自反慎独为主，创始了省察派的系统。藤树死后省察派继承了其学。然又有蕃山出自藤树之门，蕃山英才深智，与藤树大为不同，非隐君子。蕃山作为政治家、经济家、谋略家，进而在社会有所作为。事功派以蕃山为代表，以蕃山为起始。蕃山亦不失为一个伟大的人物。

第二章 渊冈山

渊冈山，名宗诚。又名唯元。最初称四郎左卫门，后称源右卫门。也称源兵卫。冈山为其号。仙台人。据说其先祖出自日向①，后奉侍幕臣一尾伊织。一尾氏的采地在近江，所以经常被派遣至此地，因而闻知藤树之事，遂于正保元年（1644）冬去小川村，拜谒藤树，成为其门人。川田瓮江著《藤树先生年谱》云：

> 是年冬，渊冈山始来拜谒。屏退下人而语曰："不但尊崇先生之德，聪明才智亦不可企及。"先生闻之，叹曰："吾常恐加之聪明才智，务必韬藏之。而时有暴露。彼以之为吾美之处，即吾之自耻之处。"

是时藤树三十七岁。由此观之，冈山比蕃山晚三年师事藤树。大木月峰的《藤树先生行状》云：

> 昔有门人渊氏，从横江滨乘舟来到小川。日晚天寒船郎甚劳，于是加钱与之。先生闻之曰："好仁如不好学，某蔽愚也。人之所务各有职分。而其得所，亦有定分。是自然之天禄。不能以私减之，亦不能以私增。汝为何不为此思乎？"

冈山于延宝二年（1674）在京都莨屋町藤树遗址创设学舍，又建先师

———————————

① 日向国，即现在的宫崎县。

之祠堂，讲江西之学五十年，诸国来学者甚多，据说多达二十四国。冈山于贞享三年（1686）十二月二日去世，享年七十。葬于东山永观堂。其著作有《示教录》三卷同附一卷，为门人所编纂。

冈山去世后嗣子伯养继承其业。伯养名唯直，字半平，伯养为其号。元文元年（1736）十一月十三日去世，享年未详。伯养有二男一女。长男早去世，次男残疾。乃迎东条苴卿配其女，以继承家学。苴卿名唯传，子贞藏，苴卿为其号。东奥鲁津高额村人。天明二年（1782）二月四日去世。享年六十八。长男章甫继承家学。章甫名唯伦，字良岁，章甫为其故号。宽政十一年（1799）九月二日病殁。享年四十九。

冈山虽非立一家之学。然能祖述先师之学，传播阳明学。其传播地方除京都之外，还有江户及会津①。大阪人木村难波，通称总十郎，为冈山门下杰出之士。美作②人松本以休虽为冈山门人，亦学于木村难波。以休子的门人石何定源，通称文助，伊势津之人，藤堂侯的儒官。曾著《孤琴论》。

江户之阳明学起源于田中全立，二见直养二氏，皆为冈山门人。如三轮执斋等曾受田中全立之影响，才转学阳明学。特别是藤树之学在会津地区（小田付、小荒井、上高额、漆、盐川等）保持着宗教性的命脉，全赖冈山之力。

会津系统的阳明学派，称为藤树学派似乎更妥当一些，因为受藤树的影响最多。最初，会津的医师荒井真庵、大河原杏庵二氏去京都学医时，曾跟随冈山学过藤树之学，深崇信而归，在乡里倡导之。是以藤树之学在会津流传。小荒井人矢部四郎在荒井、大河原二氏的怂恿下去京都，拜见冈山闻道，归乡后向五十岚养庵、远藤谦庵、东条方秀三人传道。冈山评论矢部氏道："使四方不辱君命者，会津之宗四郎也。"惜其早逝。五十岚、

---

① 会津藩即今福岛县西部会津地区。
② 美作国即今冈山县北部。

远藤、东条三氏在矢部氏的支持下去京都，拜见冈山，修藤树学，归乡后传之弟子。被称为北方三子。三子门下游学者数百人。藤树之学逐渐兴于会津。

然其后经过一些岁月，藤树之学逐渐衰退而绝。当此时，井上国直、中野义都、矢部直言又共同专研藤树之学，斯道复兴。井上、中野、矢部三氏被称为北方后三子。中野义都通称理八郎，号惜我。笃信藤学，曾作《藤门像赞》。又学吉川流神道，成为见祢山之政司。宽政十年（1798）五月六日去世。享年七十一。著有九十余部书。盖会津学派之杰出人物。

保科正之为藩主时，会津系统藤学成为异学被禁止。是为天和三年（1683）十二月之事。到贞享二年（1685）十二月才解禁。以后，藩学中朱子学占有压倒优势，藤学一蹶不振。嘉永、安政以后学统断绝，但其影响至今不灭。

有关会津藤学的书籍

《冈山先生示教录》本末上中下共六册　北川恕三编

《冈山先生示教录》追加一册　加藤雄三著

《孝经藤树先生语闻书之写》一册

《藤树先生花简别录》一册

《藤树先生年谱》一册　中野义都著

《藤树像赞》一册　中野义都著

《北川恕三觉书》二册

《北川恕三觉书别录》一册

《宽政大里年中行事记》一册　中野奥义写

《养庵先生语录》二册　矢部湖岸编

《东条子十八条问记》一册

《二见直养芳简》一册　岛影文石编

《植木松平两先生示教录》一册　　　　编者不明

《会津之藤树学》一册　　　　　　　　柴田甚五郎编

《中野理八郎义都略传》一册　　　　　柴田甚五郎写

《会津藤树学道统谱》一册　　　　　　三浦亲馨等编

《藤树学道统传》一册　　　　　　　　三浦亲馨等编

第三章　熊泽蕃山

第一　事迹

　　藤树最优秀的门人是熊泽蕃山。蕃山姓熊泽，名伯继，字了介（又字良介、了芥或了海），小字次郎八，后又称助右卫门。[①] 蕃山原为其采地名，同时以此称呼他，原并不是他的号，但是由于后人的误会而成了他的号。现在已无法改变，所以仍旧以蕃山称呼他。

　　蕃山曾自号息游轩，本姓野尻氏。加藤左马助高时的臣子野尻藤兵卫一利之子。一利本是尾张[②]人，后寓居京都。元和五年（1619）蕃山在京都五条出生，比山崎闇斋[③]小一岁，比木下顺庵[④]大两岁，恰巧在藤原惺窝去世那一年。外祖父熊泽半右卫门守久（一说是助右卫门）收养蕃山，让他成为嗣子，从而继承了蕃山之姓。守久据说最初名喜三郎（一说为嘉三郎，但肯定是错误的）。喜三郎父亲叫平三郎，亦是尾张人。平三郎曾奉侍德川家康，后在箕形原之役中战死。从平三郎战死起，喜三郎即后来的守久四处漂泊，先奉侍柴田胜家，后又奉侍福岛正则，正则死后便成了浪人居住

----

　　① 原注：《中江藤树熊泽蕃山传》里先以蕃山的小字为左七郎，后改为次郎八。大概是和蕃山的次子左七郎搞混了。

　　② 尾张国在今爱知县的西部。

　　③ 山崎闇斋（1619—1682），京都人。以朱子学解释神道思想，创建垂加神道。井上哲次郎将之划为朱子学派，事见井上《日本朱子学派之哲学》（1906年冨山房）。著作有《辟异》《垂加文集》《文会笔录》等。儒学方面的弟子有佐藤直方、浅见纲斋、三宅尚斋等，称崎门学派。

　　④ 木下顺庵（1621—1699），儒学家。京都人，师从松永尺五学朱子学，后任德川纲吉侍讲。著作有《锦里先生文集》。事见井上《日本朱子学派之哲学》。

在京都，最后奉侍于水户①的威公（即赖房公）。亲生父亲野尻一利在之后的岛原之役②中，从属于锅岛氏，在攻城时中弹。后于延宝八年（1680）在备前③的冈山去世。

蕃山自幼聪颖，智慧超群，年仅十六岁便出仕于备前的芳烈公④。芳烈公是新太郎光政的谥号。烈公知他并非凡庸之才，逐渐重用他。而蕃山自己认为，侍君治民不能没有学问，于是在二十岁时，辞官前往近江国桐原家练武修文。

那时，中江藤树品德高尚，有君子之称，自四方来藤树处学习的人众多。蕃山也同样仰慕藤树，二十三岁时，金秋八月来到小川村，希望求见藤树，藤树谢绝了，蕃山失望而归。冬季十一月再次前往多次祈求，藤树方才会见蕃山。蕃山于是把自己有求学之志，以及把国内的父母托付给了弟弟之事告知了藤树，藤树曰："学问之渊源，莫先于孝。孝能为养之本。非为己。吾子不能得养。今托之于弟。子志高。子能奉养寄住，何居为学哉？"于是蕃山回到家中告知父母缘由，父母察其意说："如果你是为了我的原因而不去的话，我便为你而去吧"，于是举家迁往江州。第二年七月再次前往小川村，拜见藤树告知详细经过，藤树欣赏他的志向，与他一同言道，乃有所教。九月又前往小川村，滞留到第二年四月，学习《孝经》《大学》《中庸》等，学识日益精进。此时父亲一利因欲求仕而前往江户，于是蕃山弟妹五人一同定居江东孝养母亲，家计极为贫困，但没有丝毫屈服，致力于良知之学而不知倦。（参考《脱论》之三）

正保二年（1645）再次来到备前出仕，此时蕃山二十七岁，也就是说，

---

① 水户国即现在的茨城县。

② 即岛原之乱（1637—1638）发生在长崎县岛原地区的基督徒反抗德川幕府的叛乱。

③ 备前国即今冈山县东南部及兵库县赤穗市的一部分。

④ 芳烈公本名池田光政（1609—1682），名幸隆，通称新太郎，谥号芳烈公。1632—1672年任备前冈山藩主。在位时任用熊泽蕃山改革藩政，振兴产业，重视儒学。

离开备前到再次回到备前历经了七个春秋。芳烈公原本知道蕃山有王佐之才，对他非常信任，并与他探讨国事。蕃山忠心耿耿，所问之事无所不言，没有不如芳烈公意的事。于是得到采地三千石的赏赐。

和气郡八塔寺村是备前、美作、播磨的相接之处，这就是蕃山的领地。八塔寺是备前一国的要害之地，所以赐给了蕃山。于是蕃山在和气郡内开垦田地，让数十名士人长期居住于此，并整备边防。这时，蕃山改名为助右卫门，后来跟随芳烈公前往江户。蕃山时值三十一岁，名声大振，来蕃山处问道的侯伯大夫士人不少。承应三年（1654），备前备中发洪水，第二年即明历元年（1655）又有饥荒灾害，饿死九万人之多。于是蕃山禀报烈公说道："现在情况紧急，如果发展下去会死更多，应该开仓济民。"于是烈公开仓救济灾民，其恳切之情无处不至，全国民众无不对烈公之仁政报感激之情。然而若追问根本，还是蕃山机敏的政治谋略。大概芳烈公也是少有的贤明君主。然而蕃山以英迈之才奉侍芳烈公，几乎就如同威廉大帝任用俾斯麦一样。太宰春台在《复汤浅常山书》中写道："夫烈公者，不世出之英主。得熊泽子，而任以国政。明良之遇，实千载之一时也。"果其然也。蕃山也深得烈公信任。也是由于这样吧，蕃山满腔经纶才得以实际应用，在施行仁政上竭尽全力。

蕃山首先劝说烈公设置谏言箱，让臣民将自己想说的事投入其中，以此救时弊，开端绪，严格取缔佛教以及耶稣教。与之相对，大开儒教之道。又兴修水利，严厉管制武装警备等，这些事也惊动海内。蕃山日夜巡视国境，其竭尽心力让人想到"孔子无黔突，墨子无暖席"的情形。然而蕃山一家极为节俭，夙兴夜寐，不置婢女。衣服酒食皆泊然而不讲究。所属队伍的士人，无论朝夕常来蕃山家中相会，蕃山生性好客爱人。

明历二年，蕃山三十七岁。他跟随烈公前往和气郡木谷狩猎，从马上摔下，伤到了右边的手脚。（参考《削简》之二）此前，蕃山风云际会，应用满腹经纶，大大地振兴儒教，毁淫祠，灭佛寺，惩斥恶人，纠正邪风，依据时处位施政，行大道，将国家治理得极好。然至此，蕃山窃以为如此时运必遭小人怨恨，于是回顾进退之时，逐渐有了归隐之志，特别是伤到了右边手脚，骑马、拉弓、取枪都不能自由做到，武士生涯也到此为止了。于是第一次提交了辞呈，希望得以隐退，烈公自是不许。他日又再次请辞，公考虑到不应强求其志，说道："若你果真隐退的话，便答应你，俸禄全部交给嗣子继明。"蕃山认为把三千石赐给自己嗣子并不符合身份，所以只希望赏赐三百石。于是公答应了，赐给蕃山嗣子继明三百石，又让他的季子池田丹波守辉禄继承蕃山。丹波守原本称为主税殿下，据说蕃山曾经养育他。

蕃山此时的采邑改成了和气郡寺口邑，改名为"蕃山"。《新古今集》中，源重之有歌云："筑波山林叶蕃山，昂然无惧脚下踩。"蕃山之名便是从此歌中取得，也包括了王学治心之意。遁世之志也自存其中。蕃山引退后致仕住在京都时，以蕃山为姓。蕃山原本不是他的号，但人们从此以这个称号称呼他。

明历三年（1657），蕃山辞别备前到京都居住，修习国典，学习雅乐，每日微服吹笛。安部飞骅听到笛声后说道："此非常人，其心情正，乃发此声。"京都的公卿大夫羡慕蕃山，束脩前往蕃山门下者不少。蕃山又与深草的元政结交。元政是日莲宗的僧人，道心坚固，世间佛者无出其右。元政常称赞蕃山的德行，蕃山也说元政是真正的佛者。蕃山奉侍备前候而来往江户时，必定拜访元政与他谈话，引退后跟他的交情也愈发密切。蕃山原本并非佛教的保护者，但与元政意气相投，大概因为在得道方面有一致的地方吧。

蕃山虽说有如此亲交的好友，敌人也很多。这是在其势力鼎盛时在公卿之间形成的。有逸人密告诸司代牧野佐渡守亲成说："了介（蕃山的本名）器量世上无双，天下列侯仰慕久矣。如今作为浪人出入堂上，天下公卿也仰慕之而送迎不绝。恐非好事。"佐渡守相信这些话，事情终于波及蕃山。蕃山听闻这件事说道："彼暂得势，造谣惑众。我心别无他事，只是我有所不德，未能深入道，道理浅故难合世人，应该有所准备。然此非吾所志处。如果不想追求当世和百岁后的名利的话，当世之名近利，百岁后的名也毁誉参半。虚说造言消失，仁义忠信没有诚的话，也留不下来。即使遇谗罹难蒙恶名，也如浮云一般。一时的毁誉总是会得到澄清的。"于是离开京都，隐居在大和国芳野山中。这时是宽文七年（1667），蕃山四十九岁之时。此时有和歌一首曰：

> 吉野山色好如画，成为山林守护人，方知美妙花之心。

其后，蕃山移居山城国鹿背山，与外绝交，渐修德行。宽文九年（1669），搬至播州赤石①城，居住在大山寺的一侧。赤石侯松平日向守信之对他极为尊崇信奉。这一年芳烈公新开设学校，开始祭祀圣师，蕃山因此来到备前，定下礼仪法规后又回到赤石城，此时年岁五十有一，门人皆称呼他为息游先生，特地不叫名字。

蕃山最初住到大山寺旁时，僧徒虽然忌讳他，但信服他的德行，蕃山的儿子虽然在禁止杀生的寺边境内狩猎，也没有被拒绝。大概蕃山排斥佛教只是因为公义而没有办法吧，绝无妒猜争角之意。所以虽是僧徒，但识明志真之辈也有很多崇信蕃山的。延宝七年（1679），日向守信之的封地迁往大和国郡山，蕃山跟随一起迁居矢田山。贞享四年（1687）秋八月，松平日向守的封地又移至下总古河，蕃山因常宪公（即五代将军）的命令，跟随日向守前往古河。日向极为崇敬蕃山，那年冬天，蕃山就封地之事向幕府启奏，请求改革海内的政务。事情涉及机密，忤逆将军的旨意，所以遭到囚禁。幽囚大概四年之久，然而面无忧色，有人问起当世之事，亦默

---

① 即播磨国赤石，现在的兵库县赤石市。

然而不回答，取笙吹奏而已。蕃山蒙罪的第二年春天看到归雁时，写下了如下和歌：

难在故乡现老躯，只待春归雁鸣声。

元禄四年（1691）秋，八月十七日，蕃山病死，时七十有三。日向守乃会集亲戚门人，以儒礼将其埋葬在大堤村鲑延寺。之后池田丹波守政伦为他开设庙宇，让神官管理，春秋祭祀之，据说直到今天也没有停止。蕃山有两个弟弟、四个妹妹和四个儿子八个女儿。蕃山的弟弟据说叫泉八右卫门仲爱，在成为藤树门人之后，奉侍备前的芳烈公。（详见本书《藤树学派》一章）第二个弟弟叫野尻藤介一成，奉侍丰后国冈藩①的中川山城守久清，秩禄五百石。著有《王学辩答》《良知实记》等。蕃山的妻子矢部氏先于蕃山于元禄元年（1688）在古河去世。长男右七郎继明，称为蕃山氏，奉侍曹源公，领受秩禄三百石。无子，家族断绝。二男左七郎复姓野尻氏，奉侍松平日向守信之。三男武三郎，承袭了熊泽氏，奉侍本多下野守忠泰。四男左内同样奉侍日向守信之。

蕃山身体肥满，据说容貌如同妇女一般。在十六七岁时身体呈肥胖倾向。看到别的胖子进退不便，担忧自己的身体不能成为优秀的武士，想防止身体肥满的倾向，于是夜不解衣带睡觉，不吃美味的食物，不饮酒，断绝男女人道十年之久。夏日不厌恶炎暑，在太阳下持枪去野外打云猎。在寒冷季节，又踏着雪霜进入山中，而且不携带睡衣铺盖，只穿着少许衣服，夜晚宿泊在民家。江户在勤时，不能去往山野，便持枪、修炼太刀。即便是值宿处，也要在葛笼中放上木刀和草履，在人睡着安静时，来到没有人影的广庭，深夜一个人练习兵法。为了发生火灾时不难堪，在远离人家的房屋上来回奔跑，有少数人目击此事，谣传是受到天狗的邀请。（参考《削

① 丰后国即今大分县，冈藩为今大分县竹田市。

简》之二）如此这般，到蕃山三十七八岁为止，身体稍稍瘦削下来。

关于其容貌，汤浅常山所著《文会杂记》卷五中写道："了介面如女人，声音似老者。"《近世丛语》（卷二第十四右）中有说"容貌婀娜，如美妇人"，大概是以《文会杂记》为蓝本写成。又有《熊泽先生言行录》写道："二十岁后从事文学，说话时如唱儿歌一样，忘记人道，颜色湿润，声音动听。"也有人说："温裕宽柔，即使是家人奴婢，也没见过其发怒。"而《藤树蕃山二先生略传》中有："其人生平非常温润，颇受爱敬，十分谦逊。"由此可以看出，蕃山内刚外柔。说《先哲像传》刊载的蕃山肖像虽说是蕃山自笔而成，但其真实性值得怀疑。此书中的服装为武装，故不见其平生温柔之状。

蕃山多才多艺，在音乐上也很有才能。曾向小仓大纳言实起卿学习琵琶，向薮大纳言纲孝卿学习筝，他的笛子的巧妙在前面也叙述过了。另外蕃山能书能歌。

蕃山的家非常勤俭朴素，仅悬挂义经的画像一副，从未悬挂过其他的书画。有人或说蕃山喜欢判官，蕃山对此回答道：

> 君子有三恨。傲其功，恨受赏多者；恨富贵而骄者，恨居上不惠下者。判官义经其人品不知道。据勇气虽有失，有大功不受赏。人情有所怜。不限于赖朝判官。骄者天道所亏，地道所亡，人道所恶。谦者天道所益，地道所惠，人道所好。

此言可在《集义和书》卷三中看到。由此可以看出，蕃山悬挂义经的画像是存有深意的。

蕃山跟由井正雪①处于同一时代。不仅仅只是同一时代而已，蕃山还曾

① 由井正雪（1605—1651），骏河（今静冈县）人，江户时代前期的兵学者。于庆安四年（1651）主谋发动推翻幕府的"庆安之乱"，失败后自杀。

与他偶遇过，《先哲丛谈》卷三如下记载道：

> 尝至某侯，及入见一士人威仪特秀，骨体非常，相与张目注视良久，遂不交一言。见侯曰：余今见一士，不知仕臣乎？将处士耶？侯曰：渠为吾讲兵书，处士由井民部助者也。蕃山正色曰：余熟视其貌，以察其意，君勿复近如彼士。他日正雪亦来见侯。曰：前日比退朝，见某衣某形人，未知其为谁？侯曰：渠说吾以经书，冈山臣熊泽次郎八者也。正雪正色曰：余熟视其貌，以察其意，君勿复近如彼士。

《日本儒林谭》中把某侯写作芳烈公，然而他到底是否是芳烈公很难确定。蕃山和正雪在当时都是人杰，然而正雪作乱伏诛，于是幕府忌惮人杰的势力，如同山鹿素行一样，被幕府忌惮，被贬谪到播州赤穗。蕃山同样不免嫌疑，如同蕃山被京都的诸司代驱逐一样，消息会很快传到这边来。《中江藤树熊泽蕃山传》写道：

> 熊泽翁奉侍松平日向守殿下之事，一说在宽文中顷了介在京畿教授，门人与日俱增，不分贵贱。在过去的庆安年间，由井正雪、丸桥忠弥等人聚集恶党，扰乱关东之事记忆犹新，都是因为弟子太多之故，引起官府的忌讳。他们不了解熊泽的人品，认为应该疏远才好，于是派他到日州侯那里，移居明石。

这就是他出事的真相，蕃山之所以被幕府忌惮，皆是因为对其杰出才能的恐惧。

蕃山的杰出才能众所周知，即使是物徂徕那样睥睨天下、眼中无人之人，对熊泽氏这般人物也敬服不已，他曾说道："人才则熊泽，学问则仁斋，余子碌碌未足数也。"又云："伊藤仁斋道德，熊泽了介英才，与余之学术，合二为一，则可谓圣人矣。"也就是说在徂徕眼中，蕃山、仁斋和他自身成鼎足之势。永富独啸庵也说过："偃武以来，豪杰之士四人：山鹿素行、熊泽了介、伊藤仁斋、物徂徕。"① 服部南郭②也说道："予读熊泽了介经济说，足蹈其地，口论其政，事事确说，不似他人空言矣"。其他如太宰春台、汤浅常山、藤田幽谷皆称扬蕃山的才能，特别是如佐久间象山、藤田幽谷和东湖③、山田方谷、桥本左内、永山二水、横井小楠等，皆受到蕃山的影响。可见蕃山的不世之才，得到了当时硕儒们的肯定。

第二 文藻

如果从蕃山的文学事业方面看，他与其他儒者的兴趣有着极大的不同。其他儒者多使用汉文著书，而蕃山则不然，蕃山著书虽然并不多，但全部以日文记述。藤树的日语著书也很多，但像《孝经启蒙》《论语乡党翼传》这些书则全是以汉文著成，而蕃山则没有一本著作是以汉文写成的。因此，蕃山的著作只需要知道一点点文字就能很好地理解。这可以说是蕃山在文学方面的长处。蕃山的文章，畅达明了，然而并无特殊趣味，试与藤树对比论证的话，蕃山远不及藤树，大概是因为其学问的结果吧。藤树没有特意修饰文章，只是叙述其所思所想，然而他的思维清简透彻，直接叙述，便能得到精粹纯洁的字句，朗朗上口。蕃山的思想多由藤树处得来，文字

---

① 山鹿素行、伊藤仁斋、物徂徕和服部南郭皆为和熊泽蕃山同时代的儒者，但被井上哲次郎划为古学派。事迹均见井上哲次郎著《日本古学派之哲学》（1902 年冨山房）。

② 服部南郭（1683—1759），京都人。儒学家、汉诗人，物徂徕弟子。事迹均见井上哲次郎著《日本古学派之哲学》（1902 年冨山房）。

③ 藤田幽谷（1774—1826），水户藩儒学者。著有《正名论》《修史始末》《劝农或问》。主持彰考馆，致力于《大日本史》的编纂。被誉为水户学的创立者。其子藤田东湖（1806—1855），从小受其父尊王攘夷论的影响。辅佐水户藩主德川齐昭改革藩政，为尊重皇室和加强海防而尽力，成为水户学领袖。1844 年藩主德川齐昭受到幕府的禁闭处分，本人受到禁闭处分。1855 年死于地震火灾。

稍有些平板尤漫，虽时有光彩惊人之言，但文字多是干燥无味。简要来说，藤树主要是简明地叙述思想的精粹（Quintessence），而蕃山虽是传授于藤树，但却是其混化稀薄后的产物，从这一点来说，蕃山远不及藤树。但是，蕃山很擅长和歌，虽然藤树也创作和歌，但并不是因为文学方面的趣味而创作，单单只是假借和歌来言明志向，换句话来说，比起辞藻更主要的是意义，所以作为和歌来说，值得一看的比例并不高。蕃山的和歌传世的虽然不多，但流传至今的多是名作。在创作和歌的技巧上，蕃山大概优于藤树吧。《甘雨亭丛书》中收录的蕃山的和歌总共有十三首。

蕃山不常作诗，虽有很少的蕃山诗作流传，但并无值得一见的，唯有《名儒传》中收录的五绝，能得其体。其写道：

> 树密茅檐古，荒烟野水滨。
>
> 遥看济川者，应是此中人。

这大概是题画的诗吧。蕃山一生的事业都在政治经济中，主要着眼将其所学应用在实际，简而言之，蕃山尽心于事功，所以像文藻之类，大概并不是他的用心之处。即便是世间流传的诗歌，也应当说是消遣吧。

第三 著书

《集义和书》十六卷

《集义外书》十六卷

上述二书是蕃山的主要著作。其中《外书》是宽永七年（1630）由书肆小山知常刊行的，比起《和书》，奇特的理论反而较多。其在序里写道："至外书，涉及经世治教之事，颇有引起世间忌惮之处。所以其徒密而不传，世间少见。"云云。以此可以得知《外书》和《和书》的区别所在。虽然横井小楠在《给越藩冈田书》中主张《外书》为伪书，但我没有发现其为伪书的缘由。

《大学小解》一卷

《中庸小解》一卷

此书或可分为两卷。

《论语小解》八卷

此书为"学而第一"到"泰伯第八"的解释，未完本。

以上三部书皆刊登在杂志《阳明学》[①] 中。

《二十四孝评》一卷

《三轮物语》八卷

《别本三轮物语》有十五卷，然而内容没有相异。

《夜会记》四卷

《三神讬解》一卷

也有题作《三社讬宣》的。

《神道大义》一卷

也有题作《神道大意》的。虽然也有人认为该书为藤树的著书，但冈田季诚没有收入《藤树全书》中，而巨势直干、草加定环诸氏都将其归为蕃山的著作。果真这样的话，就应当将其看作蕃山的著作。但从其论旨和文体来看，几乎如同藤树所作，姑且存疑。

《系辞解》三卷

[《五伦书》一卷]

此书从古起被认为是蕃山的书，其实不然。《削简》之三中写道："诚

---

① 《阳明学》杂志为 1896 年吉本襄在东京创办的大众通俗杂志。

然《五伦书》等另有作者，在我等出生之前已出书，据说有七十多个人在五十年前便见过此书。而且为我等之书的极端，乃至出现了批判之书。此外还有一些不知名的书都算作拙著，还有一些书和拙著非常类似。"可知在蕃山活着的时候已是伪书了。

《大学或问》二卷

《孝经解或问》十卷

《女子训》五卷

《易经小解》五卷

此书首卷序论，第二卷解乾卦，第三卷解坤卦，第四卷为解屯蒙需卦，第五卷解讼师卦。讼师卦以后没有完成蕃山便去世了。

《蕃山实录》中列举了上述十六种的书目，其最后说道："以上先生所著也，其他假先生之名欲逞己说而镌梓之书多矣，勿用。"然而此说不值得丝毫相信，无论怎样，只是有其他与蕃山著作没有区别的东西而已，列举的蕃山著作中也有像《五伦书》一样混入的。

《易系辞小解》二卷

这大概跟前面举出的《系辞解》是同样的书。《集义和书》卷七里记载说是将《始物解》单独刊行的。

《孝经小解》二卷

此书是天明八年（1788）草加定环刊行的。定环字循仲，号昆山，是熊泽氏的姻戚。

《孝经或问》八卷

这恐怕跟蕃山实录记载的《孝经解或问》是同一本书，然而卷数不一样的，故在此列举。

《孟子小解》七卷

《宇佐问答》二卷

《紫女物语》

《葬祭辩论》一卷

《女子训或问》

《源氏外传》（五十四卷）二卷

《源氏物语》总共有五十四卷，这是因为每卷最后记入评价的原因，传说有五十四卷，其实只有二卷而已。

《二十四孝或问小解》一卷

与前面的《二十四孝评》是同一本书。

《息游先生初年文集》二卷

上卷收集了各种文章，下卷有古歌的注。卷末附载了《六品解》以及《质理利之解》二篇。

《蕃山先生和歌》一卷

此书收录在《甘雨亭丛书》，收集了被认为是蕃山所作和歌十三首作为一卷，最后附有蕃山曾在三轮神社奉纳的保侣服的图。

《熊泽翁游会实录》十卷

此书的真赝有疑。

《心学文集》二卷

此书是讲藤树的蕃山的文章混同编成之书。至今不知是否由蕃山之手作成。

《孝经外传或问》三卷

《别本孝经外传或问》四卷

此书与前本的内容不同。

《经济辩》

这是《大学或问》的异名，又被称为《经济拾遗》，刊登在《番外杂书解题》上，注释有："仅有题目不同，跟《大学或问》相同"。

《饯草》一卷

《易系辞和解》

这大概跟《易系辞小解》是同一本书。

《大和西铭》一卷

《雅乐解》一卷

这是将《集义外书》第十五卷的《雅乐解》的单行本。

《何物语》三卷

第四　学说

第一　藤树与蕃山的关系

蕃山曾从学于藤树，信奉致良知的学说。蕃山虽不拘泥于藤树之说，但受到藤树熏陶，得其熔铸，所以他的著述与江西有着极深厚的渊源。简要来说，蕃山是藤树精神之子。

蕃山对藤树往往用不满意的口吻，甚至不赞同江西派的弊害。《集义和书》卷十一中有论证江西之学对世间有大功的言论，写道：

> 犹有少益，其害也多。不辩经传，忽略道之大意。是管见，立异见，号称圣学，却不能引导愚人。江西以前便有此蔽。虽唤醒天下人目，却未见好德之人。粗学自满的弊病甚多。

其又有《削简》之一中写道：

> 古总不能说都是恶，今也不能说都有实功。即使有心学习，学起

来也只是提出异见，不知儒佛，号称儒佛悟道者却比比皆是。成为世间祸害者善恶相半。

藤树派的学者学识浅薄，自负地认为仅有我辈得圣学之正派，对其他学派构建城壁，陷入偏狭固陋的境地。在此蕃山用精妙的言论将其弊端道破。蕃山也并非非议藤树个人，在《集义和书》卷十三的文章如下写道：

心友问：先生不用先师中江氏的语言，有建立自是的高慢之处。

云：予受于先师而不违之处是实义也。学术言行未成熟，应根据时处位①反复熟练，随时变通。予或者后人弥补学问的不足之处，以改正我们的言行不能实现之处。在大道实义方面，先师与我没有丝毫不同。予与后人也是相同的。通其变，和诲人不倦之知相同。见言行之迹不同，争同异则不知道也。

问：何谓大道之实义？

云：五典十义是也。行一事之不义，杀一人之罪轻者，不得天下之实义。恶不义，固有远离罪之明德。养此明德日日明，是不为人欲所害之心法。又是心法之实义。先师与予不但不违，虽唐与日本亦不违。疏此实义，其所云虽不违先师之言，非先师之门人。予虽后人，亦非其言而不用之。有此实义之人，为予同志。先师固不爱凡情，尊君子之志。不应有用未熟之言，取悦先师之凡心。先师存在之时不变，只要有志，学术日新月进，不停滞。继其期至善之志，受每日进步之德业者，乃为真门人。古生民者三。曰父母生，君养，师教。恩同故有三年之丧。先师于予其恩同父母。子能起父之家，臣能广君之德，

---

① 时、处、位是藤树、蕃山等所谓日本阳明学者极为重视的观念，认为人们的行动，不应遵守僵死的教条，而应根据事情发生的时间、场所和个人所处的地位而灵活变化。

门人能先先生之学，共报恩也。

蕃山不拘泥于江西派的学说，是因为他知道变通。藤树已经说明了权之妙用，也论述了时处位的变通。蕃山乃从此处入悟，随境遇不同而采取不同的行动。至于他根本的主张，看不到与藤树不同之处。由此看来，蕃山不能不说是有卓识远见之人。《集义外书》卷二中写道：

　　来书略。有人说贵老得学于江西，却非江西之学，其故如何？答曰，诸子学有所极，愚学无极。其时即使互无大小，今取其大。所极者，其时之议论讲明也。所无极者，不停留于先生之志，德业升进。日新之学者，谓今日知昨日之非。愚见先生之志与德业，不以其时之学为常。以其时之学为常者，乃以先生之非为是也。不以先生之志为本。即使是先生，讲以朱子待后之君子语为卑下之辞者有之。非卑下则真实也。

蕃山绝不是有违背藤树的念头，但也不拘泥于其言语之中，仅仅是遵从他的精神，期望得到发展和进步，所以往往不免受到其他江西派的非难。如西川季格，专门著写了《集义和书显非》一书来攻击蕃山。但蕃山在《集义和书》以及《集义外书》中叙述的主张，皆是由藤树处得来的。他在《集义外书》卷六中追忆曾在江东之时的事说：

　　其顷中江氏见王子之书，喜良知之旨，予亦有悟。从此大得心法之力。

蕃山一生的学问可以说以此为根底。他从藤树处学到的东西怎能说鲜少呀！然而他并非把藤树作为完全理想的人格，如俳谐所谓"来到它跟前，也没有啥了不起，富士之高山"，亲近以后，多少有点和预想的不同吧。又有古歌"久住成良居，外地似故乡"，若想成就渴望之处，或许不能认同任何特异之物吧。他在《集义外书》卷六中批判藤树及藤树学派写道：

> 中江氏气质生来有君子风骨，德业具备。但学问未熟，参杂异学。如果再活命五年的话，学也会有所至。中江氏在世时，以我为首，只要是粗学者皆不可原谅。由于中江氏之名气，江西学者，名不副实千百倍，其蔽大也。

蕃山不使用任何装饰的言辞，直接道出江西派的真相，《近世名家书画谈二篇》卷三中写道：

> 在先生末孙中江久凤的故事中，熊泽氏最初见到藤树先生，入门时了介说："大家参拜的神社里，不一定有神。只有心里才有神。"藤树先生说："千早振神社之明月，参拜时会潜入心里。"

虽尚不知此事的真伪，但可以说蕃山从最初起便未能心服。固然他不以藤树作为完全理想化的人格，但他的论述、成就皆由藤树处习得，这是不容置疑的。

第二　阳明与蕃山的关系

蕃山的学问出自藤树，而藤树所学则基于阳明，所以蕃山无疑属于阳明学派。然而蕃山本身便是活眼达识之人，不拘泥于旧套，不固滞于古风，常能应时势而变通。所以从不模仿藤树的一言一行，也不主张专为阳明而立旗帜。由此可见，蕃山似乎不是阳明学派之人，是以甚至有论述称蕃山并非阳明学派的人。既然事情到了如此地步，就有必要论定蕃山是否是阳明学派之人了。

蕃山与其他阳明学派的人不同，不是独尊阳明，轻侮朱子的偏狭固陋之人，反而是对朱子阳明各取所长，知道宋之理学与明之心法，无论哪一个都有裨益自己的地方。《集义和书》卷一写道：

> 再书略。提到宋朝的理学和明朝的心术，程子朱子如不依托道统何如？返书略。周子之《通书》等，可见圣人气质。明道有颜子气象，后之贤者有所不能及。伊川之器量，朱子之志，皆有一体。无凡心处同，如无圣门传授心法，焉能如此？我等唯论其学术之多少而已。解惑多者云理学，修心多者谓心术。经过秦火，故能成汉儒之功。其后议论起，世间多惑。故宋儒之学在于理学。惑解心变，固明朝之论在心法。

这是以汉儒、宋儒乃至明儒各自的功绩来劝告不一定要独尊心法，也就是说应该明白不应偏袒一方。《议论》之一也写道：

> 愚不取朱子，亦不取阳明，唯取古人而待用。朱王同来自道统之传，其言因时而发。如于其真合符节。又朱王非各有别。朱子为矫正时弊而重穷理辩惑之功，并非无自反独慎之功。王子亦针对时弊重自反独慎之功，非无穷理辩惑之功。愚向内自反独慎之功，受用之事，取阳明良知之发起。解惑则待朱子穷理之学，朱王之世，学者之惑异也。易地则同。

此文也可在《脱论》之五看到。蕃山并不只取朱子或只取阳明，而是各取所宜，自反慎独取自阳明，辩解疑惑则是依据朱子。然而他的本意不是偏向朱子也不是偏向阳明，取所有对自身裨益之处，欲达到圣人之学。

《集义外书》卷六中有批评朱王二氏论其功过如何之文：

> 心友问：朱子贤人否？
>
> 曰：大儒，且贤也。于注经传乃古今第一名人。有满足古人之心之处，也有不满足之处，对初学者却是讲究入门义理之注。此对后生者有大恩。
>
> 问：王子贤人否？
>
> 曰：能文能武之士，有名大将，亦贤也。开教孟子良知良能之奥秘，于自反独慎之功，使后生学者转向内心。于吾人修德之事受益不浅。转向内心见经传，则理所本之处各有所别。
>
> 问：二子的弊病如何？
>
> 曰：朱子有文过广之弊端，学者近理而远心法，举书法而言，犹如雪中兔之足迹。兔为心也，圣经贤传皆我心之注也，得兔后，足迹无用了，得心后，书也无用了，有大取一贯一路之处，见大意可得心，在日用工夫上有详细可见之事。然而为了我受用之详细，不能只详细读书。朱子学分解章句过多，乃至过多地落入文句之理而失于心。今之朱子学者，无论如何只要说是朱子之语便是正确的，是故圣经被注解掩盖，心法被经义隔开。王子之误在仁方面过约，有似异学悟道之流。云云。

蕃山对朱王二氏不偏不倚的思想完全源自藤树。藤树论述朱王二氏的功过，得其要领（请参考本书第一章《学说·叙论》）。蕃山在此批评朱王二氏的文章也大抵照原样引用，蕃山也论述了主张朱王二氏之学的人各成学派相互争斗的弊端，《集义外书》卷八写道：

> 偏爱朱子学者毁晦庵，偏爱王学者毁阳明。朱子王子都不是好名

之人，而是思德之君子，唯想除时弊明圣人之道也。故朱学为一流，王学亦是一流。而今学者，不好德不修业。唯四处寻找二者之同异，不起圣学。朱王之本心在于明圣人之道，然其反之阻塞圣人之道。违背朱王之本心，偏爱反而使朱王悲哀。二子之学有助于圣学处多，然偏面取而用之则有害，乃大贤以下之学，有所未熟，其处蔽生。然学二子之本心，则有益无害。

《集义外书》卷十还写道：

世间固执于朱学王学，皆离易简之善甚远。

《水土解》写道：

观今之儒者，朱学王学皆于治道无助。国君世主少用之则害少，大用之则害大。王学者于朱子格法难待，心学者多迷惑于格法。

从这些话来看，似乎不能称蕃山为阳明学派之人。然从他的论述来看，他所主张的实际上大多是致良知之学，没有超出姚江派的范围。他最初跟随藤树学习时，藤树便教导他自身喜好的致良知之说，或许是因此而尽力于心法。《集义和书》卷二中有：

少有志于文武之德，留心于圣学之心法。云云。

而《集义和书》卷九中则说道：

务在一念独知之处。

又写道：

> 向心内时，即使一言亦可尽精微。向心外者，千言万语亲切讲习，也只是说话而已，不能如精微。云云。

《集义外书》卷七中也有：

> 自凡夫至圣人之真志实学，唯慎独之工夫而已。

如此关于心法的言语不胜枚举。由此可见，蕃山所学似乎不完全是朱子也不完全是阳明，但实质上尊信阳明学。斟酌朱子学从而采用的痕迹不甚明晰，而且归根结底，是彻头彻尾的自反慎独心法。蕃山处其世，避免与幕府保护的朱子学作对。然而他又想要展示度量宽大之心。虽然现在很难确定他的意思，犹如其一边尊崇阳明学，并不一定完全在阳明学中那样，他也并非真正喜欢朱子学。《集义外书》卷十写道：

> 朱学说理之事不服水土者颇多。使用现今朱学者圣贤之法，心之凡情与小人同者亦多。

不管他如何装作公平，在此处他对于朱子学的感情已经暴露无遗了。

他专注于事业，并不广传学说，即不像朱子学那样去究其奥义，得其思维。他的学问素养皆从藤树门下得来，却对藤树学说极为敷衍。简而言之，决不能否定蕃山属于阳明学。古贺精里在《读熊泽了介传》一文中写道："问其学则非朱非陆，非王非禅。自成一家。"（《精里初集抄》卷二）此也未能说明蕃山之学。蕃山并无一家之学，除在江西书院学得阳明学以外，只在事功上有些独到的见解而已。

第三　宗教论

可以看到蕃山在宗教上极为用心，《集义和书》《集义外书》两书中关于佛教、神道以及基督教的论说不少。在《宇佐问答》及《三轮物语》中也时有与神道相关的论述。特别是《三社讬宣》完全是关于神道的论述。蕃山在宗教上的意见与藤树在大体上没有区别，然而又时有让人注目之处。下面想叙述其要领。

蕃山认为佛教陷入了迷妄，其迷妄不在其他，而在于将造化的自然误解为轮回，并将错误的轮回作为立教的根本，佛教的根本谬误全在此处。《集义和书》卷第十一写道：

> 佛氏剃发，弃人伦，恐轮回也。天道无轮回，故言轮回惑也。云云。昔释迦见轮回者，心眼病也。后世之佛者，传此心病，思有轮回。

想来，轮回有两种意义。一是六道轮回，个体种种流传，没有规律。一是心之轮回，于刹那间变化，没有穷尽。第二种意义的话，则不应否定轮回，然而佛教的轮回主要是第一种意义而已。如此这般，轮回完全只是空想臆测，是为了威吓无智蒙昧之徒，没有事实证据。蕃山道破了其要害。即使在今天，佛教的毛病也在于此。《集义外书》卷四写道：

> 自释迦起迷惑，迷则一日出家不居也。不知造化之神理而见轮回。云云。佛者之佛知，所谓悟道之处，出自迷妄之根。错见根本神理，越立异越迷，心越迷则越卑劣。一旦歪曲将造化当作轮回的话，则圣人之言皆非也。造化无轮回，故佛氏之言皆非也。

佛教是世间之教，是出世之教。这是以世间之教作为自己的立足地来看佛教而得出的必然结果。蕃山还明确地论述了世间之教，认为比出世之教更优秀。《集义外书》卷五写道：

> 圣人之学如平地，异端之学如高山。山虽高，不及平地。山行险峻使目惊，平地行大道，使人不惊。出家有气量，可惜让其还俗则是无变化之平常人也。筑山虽高，平整作为平地却无法填满小村。以此当知君子之大德。

因为蕃山对于佛教有如此的见解，所以对佛教极为轻视。《集义外书》卷四写道：

> 在不迷惑者的心中，可以说第一好的佛教是第一恶，第一浅薄愚痴之教也。道愚者故愚者以为好。佛者乃心根之愚者也。

他把佛教看作如此愚痴的教，所以同样轻视其创教者释迦，认为不及空海。他说：

> 释迦反不如空海，学问半分，文笔亦拙劣。

因为释迦没有亲自写过一篇著作，所以说他"文笔拙劣"，这是妄断。又说空海较之释迦优秀也只能说是奇论之极。蕃山又对寂灭的教义有如下的批判。《集义外书》卷九写道：

> 汝虽寂灭，犹如只有单衣不能过冬。若感寒冷，必须穿棉衣。饥则食饭。知此道理，却勉强寂灭，不知心之活物之故也。

虽然他论述之处浅近，但也道破了佛教在经验事实方面的矛盾。蕃山把佛教徒作为基督教的入门，《集义外书》卷十写道：

今之佛者又为基督教之指南，悲夫。

同书卷二写道：

佛法相信后世之伪，以其迷妄之心为本。若基督教行动的话，引入基督教的便是佛法。云云。

由此看来，蕃山认为，佛教先在日本传播很多出世间的迷信，打开了得以传播其他迷信的大门。如果佛教没有进入日本的话，基督教也同样很难进来。佛教已经存在于日本，基督教也同样会很容易进来。然而他也认为佛教适应了日本的水土，不会那么容易灭亡，也明确地认识到其对于日本有害，从而认为应尽力排斥佛教。但佛教诸派中，禅宗与自家的心学有共同点，因此相对而言有所赞扬。《集义外书》卷八写道：

115

达摩佛之心宗在世间扩展，毒害甚广。然其身死之后，道于后世独盛。虽是异学，或有其德也。

又有《集义和书》卷十一写道：

佛学流派虽多，唯天台和禅宗优秀。天台高妙也。佛学之精妙则禅宗为优。然心有疑。禅近于学问，得心法之要。似乎无惑，实则有惑。

蕃山虽然认为禅宗是最为优秀的，也同样害怕将之与儒教混同，所以尚且迷惑不取，但预言佛教诸派中禅宗将一家独盛。同书卷十一写道：

> 唐初，佛流分而广之，其他则逐渐衰弱，唯剩禅学。日本之后亦是如此。人易从简易之事。云云。近年顺应文明，已少有相信地狱极乐之说。因此以后当愈发如此。禅宗无难懂之事，能简易的教导，仅有开悟，与后世之地狱无关。是在文明之时。今之禅宗欲选愚夫愚妇而言秒。是利心也。背祖师之传来。若无此事，愈愈盛行，他宗皆当抑制。

以下是关于蕃山对于基督教的见解，他把基督教作为他的心病，《议论》之四写道：

> 北狄为外邪，易治。基督教为内病，难治。生此内病之根本为人心之惑与庶人之困究。退迷惑解困究，当绝根。

此文也可见《脱论》之五。蕃山以基督教作为人心之惑自成一说。他以自己的方法，多少学得了一些基督教的教义，所以认为比佛教优越。他认为佛教多少有点防遏的力量。《集义外书》卷十写道：

> 与后生言及轮回，基督教较之佛者更为出色。理亦较佛道优秀。以佛道治理抵御难矣。

他又论述了儒教被基督教压倒的原因，写道：

> 今之儒法，如若不为天下国家之政道，终成一流，当因基督教

而失。

蕃山认为儒教不适应日本水土，但佛教反倒适应，所以即便儒教灭亡佛教也不会灭亡。他论述道：

> 佛法有应水土之处，儒法不应水土。由此可知，佛法不绝，儒道不兴。儒道不兴，佛法不绝，终不为基督教所夺。而神道、儒道尽数破灭，沦为畜生国，禁中也可能消失。

然这只是他一时的妄想，没有丝毫根据，特别是佛教适应日本水土，儒教则不然之说，荒诞无稽，不足为取。他虽认为基督教会在日本蔓延，但自己并不信奉耶稣，也不喜欢基督教，所以认为随着基督教的蔓延，日本将变成畜生国。那么他认为应该信取什么样的教呢？因为他信奉余姚之学，当然不会反对儒教，但他也说儒教对于日本有害。《水土解》写道：

> 不仅佛教害此国，儒法亦害。

蕃山所取者神道也。儒教也只是对自身有好处而已。《水土解》写道：

> 三种神器则神代之经典也。上古无书，无文字，作器为象，以玉为仁之象，以镜为知之象，以剑为勇之象，云云。神代文字言语绝而不传，仅留三种之象，至易至简，乃道德学术之渊源也。高明广大，深远神妙，幽玄悠久尽备也。心法政教，求于他物则不足。

他对于神道可以说极尽赞美，特别是《脱论》之三中，认为在日本，各种教法中只有神道可取，他说道：

117

不着儒，亦可见俗学之卑贱，亦可知朱学王学等之弊，无可取之学。天地之神道为大道。于我国，有应日本水土之神道。大道虽无名，为我国之道，不能不取神道。

又有《削简》之二非议崇信佛教者，写道：

耻四海师国之天理自然，用西戎之佛法，不拜吾国之神而拜异国之佛。不若舍我主人，而以人之主人为君者乎。当知其过。

由此可以看出，蕃山信奉日本主义，认同和魂汉才之说，认为国土不同宗教也应当不同，所以他认为日本有日本自身的宗教，他国有他国自身的宗教，不可以混同，《水土解》写道：

顺应日本水土的神道，不可借与唐土或戎国。顺应唐土水土的圣教，同样不能借给日本。基于戎国人心的佛教亦然。云云。学则学儒亦学佛，理学丰富宽广心胸，立无可替代的吾神道也。

《削简》之二中也认为，虽是释迦，但来到日本就应遵从吾神道：

若释迦为聪明之人，渡往中国、日本时，应如茫然新生，后生轮回之见当全忘记，到唐土当以圣人为师，在日本则应从神道。

宗教无论如何都带有特殊的性质，即便是像佛教或基督教一般被认为带有普遍性质，但同样不免受到其发祥地的影响，更何况其他的呢。所以他国发祥的宗教不适应我国，假如真的需求宗教，也应采用我国发祥的宗教，蕃山大概是如此认为的，所以主张应该立神道。

蕃山如此视神道为自家本领，但他到底是由儒教那里得到的素养，无法舍弃儒教，于是在神儒合一下功夫。《削简》之二写道：

神道与圣人之道，名虽不同，然同是人道，不外乎三纲五常之道。

又说：

天之神道无二，儒、佛之类道之名往他国持来，乃不知道者之伎俩。

可以看出，他期望神儒合一。他深信天照大御神（参考《议论》之三），不单单从历史，还从内在考察，认为其寄宿在我们的精神之中，也就是说应该知道天人合一。如果我们天赋的明德也就是养成良知的话，就是神明、光明、太阳，天照大御神。所以他以明德作为内心的太阳（参考《议论》之三）。这些思想大概皆由藤树处得来。读蕃山的《大学或问》，他认为天命是常与仁义之物，无常中有常，开言路，招天下之善言，诽谤之言亦取之，不以明智为先，应当好问，断言道：

言路通则治，塞则乱。

另外，在先王的法中，有时处位之至善，明白这个的人可以为王者之师，更有论述神道，说世间所谓神道，为一事之神道，不在万物。道为天地之神道也。唐土圣人之道，本邦神人之道皆天地之神道也，而神与人相兼者圣人也，如此广义地解释了神道。他如下论述学校之政（教育行政）道：

119

学校之师，当司有德，不蒙于理之人。博文达才者，附其下讲明经传。引大君老臣诸侯上士中士讲习议论。大君之道德，亲切一言胜其他千言万语，感动诸侯诸士之心志。传往诸国，感发众人固有善心。德之流行，较之置邮传命迅速也。虽言圣贤，在下时少有此益，难及诸侯。

其言甚好。另外，他认为随着年龄的增长，教育也应当不同，在诸学科中应当加入音乐。诸如此类，值得侧耳倾听的东西不少。

第五　批判

蕃山与其说是学者，不如说是经济家、政治家，其人物品性和野中兼山①有些相似。他在进行社会活动时，如同置身学理研究一样，不在其性。因此虽然他著书不少，但基本上是通俗读物，在学说上有价值的不多。值得诵读的名言佳句不能说没有，但只具片段性，无法看到连续的哲理性思索。仔细看来，他的思想大多由藤树或是曾在江西书院习得的思想敷衍而来的，几乎没有什么增添的东西，甚至有时不知羞耻地将藤树的言论原原本本剽窃下来。譬如，《集义和书》卷首看到的万物一体论，几乎完全是藤树的文章（可见《与户田氏书》）。这样的例子还很多。他和藤树相差甚远。

藤树对蕃山来说是良师，是不可多得的良师。但是蕃山对藤树或以中江氏称呼，从未称呼过藤树先生。他一边以藤树那样的君子为师，私下又回避这一点。不仅不称老师，还往往冷嘲热讽，不忌惮其短。也就是说，他把藤树之学比作三尺之泉，又说其不成熟有弊端，全是发些对藤树不满

---

① 野中兼山（1615—1664），江户初期土佐藩的家老、儒学者。跟随谷时中学习过朱子学和南学，改革藩政实践封建道德，因执政太残酷而失败。

的情绪。如此这般，我们对蕃山这个人物不能不有所怀疑。西川季格曾在其著作《集义和书显非》中非议蕃山说他是狼疾之人，还说：

> 高满至极也，高满甚，故不知我之分量，可耻之至也。

同门之士如此非难他，是他自找苦吃。蕃山是才子，而且是非常的才子。虽以王学修身，但其才子的本质很难变化，所以往往看到他的破绽。重野安绎[1]氏批判说：

> 据冈山说，在闲谷创设学校时，让津田左源太而不是让蕃山去干，因为蕃山到底功名心很深。

他的评述虽然有些极端，蕃山此人被传说夸大了也是不争的事实。

然而，蕃山乃不世人杰这点也是不可否认的。他深受当时显贵的尊信，又受到学者不寻常地推奖。特别是其门人，如鬼神般地崇敬蕃山。因蕃山从事政治经济的缘由，门人不多，《集义和书》书简之二中写道：

> 拙者弟子无一人，因无可为师之艺。

然而多少还是有些门人，巨势直干、大江俊光、中江次常、伊东重孝、味木立轩等皆是蕃山亲自教导的。其中，俊光有日记，称为《俊光日记》，是求证蕃山事迹不可缺少的书籍，其中写道：

---

① 重野安绎（1827—1910），号成斋，鹿儿岛人，史学家，汉学家。幕末曾学于蕃校造士馆及江户昌平坂学问所，后任蕃校教员。曾编撰《大日本编年史》。

入德学术之示，生前之大幸。多益多恩不浅义也，可谓日本之大贤君子也。

由此可知其尊信之深。又论蕃山《呈幕府封事》曰：

感信多益不少，当时治世之要政也。目录有四十余条。凡知之不及之所也。虽可谓天下之大宝，然人不知事，残念也。

余虽不知其封事内容如何，蕃山之达识，固不容疑，其长于把握形势之处更不能不信。单在达识方面，超过蕃山的也寥寥无几。要受到周围的尊信，没有点德性更是不行的。蕃山本是才子，虽然没有藤树那样自然有道的态度，由藤树处学得的治心之法，足以进入贤人君子的领域。《俊光日记》写道：

廿二日早朝隐山被参，云云，虽说息游轩心传，无代替昨日书付之事。书付一言蔽之，成圣人之气象也。此气象万事不更，若我原本所想萌发，将其尽数驱散，又立圣人气象也。一生此气象不变也。果然这般，自然入德君子可至者也。云云。

可见蕃山的入德工夫。如此这样必须要有内在之德，他受到周围的尊信，必须依据内在之德。如是，则蕃山又何止是政治家和经济家！

第六　有关蕃山的书籍

蕃山的事迹及学问有关的可供参考的重要书籍有：

《熊泽先生行状记》一卷　汤浅常山著

《蕃山先生行状》一卷　草加定环撰

此行状刊登于《先哲像传》卷二。

《熊泽先生言行录》　草加定环辑

此书非常详细地叙述了蕃山的事迹，很值得参考。

《蕃山实录》　巨势直干著

此书最后写有巨势直干的字样。其他出版的书籍皆由巨势直干撰写，所以姑且依照这种说法。直干是蕃山的门人。草加定环撰写的《行状》末尾列举了会丧门人五人，其中就有巨势直干。杉浦正臣的《儒学源流》中误写为藤树门人。

《中江藤树熊泽蕃山传》一卷　写本　○片山重范所藏

此书中有藤树、蕃山二先生的略传，但主要叙述蕃山的事迹，著者应该是伊豫宇和岛的人，姓名不详。

《熊泽了介先生事迹考》一卷　清水信著

此书最初于文化十一年（1814）刊行。其后内藤耻叟将它收载于《日本文库》第一编中。

《慕贤录》一卷　写本　○秋山弘道著

此书是备前人秋山弘道子皓于文政十四年（1831）参考十七部传记中的蕃山事迹编写而成。

《汤子祥书牍》一卷　菅政友笔记

《熊泽了介传》一卷　菱川大观著

此书是冈山的菱川大观所著，收载于《敬斋丛书》中。

《熊泽先生传》

可见《兰室文集》（卷六）。

《熊泽伯继传》　藤田一正著

123

此书收载于备后的五弓久文编辑的《事实文编》卷十八中。

《蕃山先生行状》　逸名

此篇同样收录在《事实文编卷》十八中。读其文，跟草加定环的行状完全一样。

《熊泽了介事迹》一卷　写本　〇熊泽继明著

此继明乃蕃山的苗裔，并非他的长男继明。所述蕃山事迹是明治十年（1877）二月应修史局所需报道的。

《熊泽氏事依寻答》一卷　写本　〇松平日向守用人之答

《大江俊光》日记　写本

《蕃山先生年谱》一卷　片山重范著

《蕃山先生行状》　斎藤一兴著

《文会杂记》（卷五）　汤浅常山著

《集义和书显非》二卷　西川季格著

西川氏于元禄四年（1691）撰述，至元禄十年（1697）开始刊行，专注于批判《集义和书》。西川氏和藤树很亲近，原本为清水氏。

《蕃山遗闻》　写本　〇出自《国书解题》

《常山纪谈》（卷廿四）

《雨夜灯》

《息游钞》一卷　藤原成杰著

《蕃山拾叶》一卷　永岛忠重编

《东游记》（卷四）　橘南谿著

《先哲丛谈》（卷三）　原念斎著

《近世丛语》（卷二）　角田九华著

《日本儒林谭》（卷上）　原念斎著

《近世畸人传》（卷一）　伴蒿蹊著

《近世名家书画谈》（二编卷三）　安西於菟编次

《野史》（卷二百五十六）　饭田忠彦著

《事实文编》（卷十八）　五弓久文编辑

《艺苑丛话》（卷下）　山县笃藏编著

《熊泽蕃山》一卷　塚越芳太郎著

《日本之阳明学》　高濑武次郎著

《陆象山》　建部遯吾著

《先哲像传》（卷二）　原德斋著

《近世名家著述目录》（卷之四）

《日本诸家人物志》　南山道人纂述

《古今诸家人物志》　释万庵著

《鉴定便览》（卷一）

《日本名家人名详传》（卷之下）

《名家全书》（卷一）

《近世大儒列传》（卷上）　内藤灿聚著

《日本教育史资料》（卷五）　文部省编纂

《名儒传》　写本　○撰人名阙

《明良洪范》（卷之七）　真田增誉述

《江户文学史略》　内藤耻叟著

《文学伟人传》　服部喜太郎编述

《阳明学》杂志　吉本襄发行

《近世德育史传》　足立栗园著

《实事谭》（第四编）　松村操编辑

《蕃山考》一卷　井上通泰著

《蕃山先生》逸事　同上

载《万年草》第四号以下。

《熊泽蕃山》一卷　幸田成友斋

《熊泽坟墓记》

《闲窗琐言》（第七十节）　西山节斋著

《熊贝遗笔》二卷　写本

此书记述了熊泽蕃山与贝原益轩的事迹。

《北小路俊光日记抄》　井上通泰勘

第二篇

藤树、蕃山之后的阳明学派

藤树、蕃山以后，单独崇奉阳明学，教化所在子弟者辈出。其中不少人间接受到藤树的江西学派的影响，但被阳明的遗书感奋兴起者亦不少。就中，北岛雪山、三重松庵、中根东里、佐藤一斋、大盐中斋等人铮铮有名。

第一章　北岛雪山附细井广泽

　　北岛雪山和江西学派没有任何关系，而独自在地方上喜好阳明学。雪山，名三立，肥后熊本①人。宽永十四年（1637）生，元禄十年（1697）卒。享年六十有二。雪山壮年时游江户，和林罗山之子春斋以及木下顺庵等人交往，才学俱备，藏书甚多，时人称之书橱。

　　宽文九年十月，熊本国诸侯命令国中凡学习阳明学者必须改宗。雪山不堪迫害，对同志之徒曰："为了爵禄改变我之操行，非大丈夫所为。"乃上书曰："臣从少时开始修阳明学，事君父必由斯。今弃之，更无事君父之道，请准臣离去。"侯甚赞其志而允之，特命赐三年俸禄，得随意去国。于是雪山修理房屋，打扫庭内，归还有司，着野服肃然而去。《肥后先哲遗迹》引用《欣古杂话》云："宽文九年（1669）十月一日，朝山次郎右卫门、西川与助、小笠原勘助、浅野七左卫门、北岛三立等多人辞去职务。世传此因为王阳明学派被禁而引起。共二十余人。"由此可见阳明学派当时的势力可观，熊本侯的禁止，不单为雪山一人。

　　由是雪山狂吟放浪，不拘绳墨。和士大夫同席，即使衣衫褴褛也无愧色。更有甚者，游青楼时脱下衣服让妓女捉虱子。在路旁碰见冻饿之人，则解衣馈之，自己裸体回去。其奇行很多，类似于锡诺普的犬儒学派。雪山后来去了长崎，六十二岁时死在那里。去世时家里没有钱粮储蓄，唯有几本藤纸和一个酒器而已，其生活之单纯可以想见。雪山所修阳明学别无师传，可谓独学。雪山最初也有同志，多少有点影响，一旦离开故国，唯

129

---

　　①　肥后国即今熊本县。

专心书道，不再讲授阳明学。

　　雪山所著，只有《肥后国郡一统志》而已。阳明学方面没有著作。他自离开熊本后，一意专研书法，技巧日进，在书法方面自认为"宇宙独步"，不盖印章。永富独啸庵曰："南郭之诗，雪山之书，芭蕉之俳谐歌，皆一世之逸品。研精刻意之久，遂诣此域也，亦岂容易乎哉。"可见他的书法造诣之高。然他的学问被他的书法掩盖，仅留下书法家之名。雪山的事迹详见《肥后先哲事迹》以及《二老略传》。

　　其门人有著名书法家细井广泽。其不但继承书道，也继承了王学。《近世丛语》说："广泽治程朱学，又悦阳明王氏之说。"言之有据吧。

第二章　三重松庵

三重松庵，名贞亮，人称新七郎。京师人。和三轮执斋同时倡导阳明学。元禄十五年（1702）为门人著《王学名义》二卷。松庵独自读《传习录》而归宗阳明学，别无师传。故在《跋文》中云："一日尝读《传习录》。初未晓文义，读之久矣。而恍然似有所省者。然后知阳明子之学，真切简易，而粹然大中至正之归矣。"从而开张门户，教授学生，门人有丰满教元、村上明亮等。松庵之事多不见史传。但《绍述先生文集》卷之十四载有松庵墓志。云：

> 延宝二年（1674）三月五日生，享保十九年（1734）六月十二日殁，生卒皆在甲寅岁。翁夙好学，初信新建王氏之旨，后兼从学先子学，枕籍经传，志存古道，旁及百氏，探其根奥，不贪荣利泊如也。求之于今世，亦不多见之人也。

可知其为人。松庵的王学据说受到渊冈山的间接影响。姑且存疑。

其著《王学名义》上卷讲致良知、五伦和孝，下卷为大学说、五常、孝悌忠信、心性情、理气、知行合一、四句教七条，最为通俗地叙述了王学要领。松庵认为，良知最先为心之神明，其次为万古不易，再次为万人同性，不失良知者称为圣人贤人，说：

> 四书五经说的皆是致吾心之良知。以"致良知"三字为目的去读四书五经的话，则皆为我身之行，可为今日之用。若非如此，四书五

经也和我身分别，没有益处。此三字，是学问之肝要，圣人教人第一要义，特别是阳明学之宗旨。

是为陆王之遗旨，其学问之生气，实存于此。松庵在讲父子关系方面颇有价值。其言云：

亲之慈悲深有道者之有孝，行易难言为孝行。亲之慈悲浅无道而有孝，可谓诚之孝行。

此即是处逆境而发节义之光。又论不可不教，曰：

吾身受于亲，即亲之身也。分吾身为子之身，子之身原亲之身。故恶子育，同于恶亲之身。故子不教为不孝第一。

松庵和藤树同样，也主张万人平等，虽君臣也无差等。其言云：

所产之贵贱，为君为臣。元来为普天地之子，与我人皆兄弟同理也。

他还论述了学问以明良知为本，认为至德要道，不过爱敬二字。又以万物一体、理气合一等，颇得其要。学者读之不能说是无用之业。

第三章　三宅石庵

三宅石庵，名正名，字实父，石庵为其号，又号万年。京师人。宽文五年（1628）正月十九日生。少好学，与群童异。稍长丧亲，因耽学而不顾家道，乃至家产荡尽。于是卖却家什，以偿旧债，所余仅数十金。石庵兄弟六人，对其弟观澜谓曰：今虽贫极，短褐蔬食，可支数年。钻研之志愈来愈深，环堵之室，兄弟对几讲习，乃至废寝忘食。无几穷乏已极，于是兄弟相携来到江户，以教授子弟为生。居数年后，石庵也不屑于仕途，回到京师，时年三十三。

偶有讚岐①木村某氏虚位迎之，乃前往居四年，乃至邑中承化知学。后来又回到大阪，倡导程朱之学。时海内名声大噪，弟子往来甚多。如中井竹山之父甃庵②，亦为其弟子。弟子们准备在大阪建立学堂，向关东申述，石庵之名，方得台闻，即指名并赐予学堂之地。于是建立学校，名为"怀德书院"又称"怀德堂"，推石庵为主。石庵固辞曰："君子不重不威，我布衣贱夫也，如何做得栋梁。"固辞不可，遂领祭酒之事。中井氏在石庵之后继承了怀德堂，遂成为关西学界之重镇。

石庵成为祭酒仅三年，享保十五年（1730）七月十六日殁于浪华③。享年六十六。葬在河内绅光寺。石庵夫人为冈田氏，生有二男二女。长男文

---

① 讚岐国即今香川县。
② 中井甃庵（1693—1758）大阪人，江户中期儒学者。早年随三宅石庵学习阳明学和朱子学，三宅之后成为怀德堂主，为儒学繁荣做出了贡献。著有《不间语》等。中井竹山和履轩兄弟为其子。
③ 浪华又称浪花，大阪的爱称。

133

太郎及二女先于父亲死去，二男才二郎，名正谊，继承父志。弟观澜，名缉明，字用晦，仕水户义公，为国史编修总裁，又仕于幕府，年四十五去世。石庵为人谦和质朴，能容人，论人以道不说他事。一生只穿棉衣，不着锦帛。

石庵初学程朱之学，晚年归于阳明学。香川太冲评曰："世呼石庵为鵺学问①，此其首朱子尾阳明。而声似仁斋也。"石庵追慕颜真卿，书自成一家。笔力遒劲，颇得其妙。故虽只字片纸，也有人争先恐后前来求索。然从不按印章，为守其质素故也，不像雪山那样有所抱负。他又兼通和歌及俳谐。盖他作为学者也多才多艺。《续近世奇人传》记载其也妙于诗文，但其诗文不传于世。梁田蜕岩②特别赞赏观澜之文，但未有一言涉及石庵。盖石庵文才不过于观澜吧。

石庵门人中有名者为前面提到过的瓮庵为最。之外还有富永仲基。其虽学于石庵，但对儒学缺乏谦逊，曾著《说蔽》批评儒教。为此石庵与之绝交。惜其书于今不传。仲基又著有《出定后语》，批判佛学，颇值得注意。此书现存于世。

石庵著书甚少，传于世者更稀。唯有《藤树先生书简杂著》一卷。是石庵收集藤树书翰编辑而成，对照比较，更正其谬误，作为序论放在卷首。其中有如下一节。云：

> 先生言致知知至诚意者，恐未精详。余别有说，今暂叙其略。世之学者皆读致知为至知，读知至为至知。固当也。唯先生读致知知至

---

① 鵺，音 yè，是日本的传说中一种妖怪动物，出现于《平家物语》当中，它拥有猿猴的相貌，狸的身躯，老虎的四肢与蛇的尾巴，没有翅膀却能飞翔，叫声像虎斑地鸫，被认为是不祥的叫声。

② 梁田蜕岩（1672—1757），江户人，江户中期的汉诗人。名邦美，字景鸾，号蜕岩、寙斋。曾仕明石藩为藩儒，著有《蜕岩集》《答问书》《四书讲义》。

为浑然至知，为何？盖拘泥于王说然也。王子说致者至也，大概说之。说字之体也。其实致和至自有分辩。若致其丁宁，可知《字汇》训此字为使之至也。方明而不纷，有所泥，云云。《大学》所谓意，和《论语》所谓意自有异同。盖意者意而已。然意必固我之意，绝使无迹。诚之则培病根也。身心意知之意，诚而无终也。绝之则息生机也。故王子以实行温情之意之云而说诚意。先生《答清水书》曰，《大学》之意和《论语》之意无二义。诚者良知之本体。格意必固我，谓之复良知之诚为诚意。以"意必"之意解诚意，则病根生机并生而不失。正所谓因噎废食。唯其以复良知之诚，自补前之过，此意再得活泼，方与王子《大学》同归而已。云云。

由此观之，可知石庵非常崇奉藤树，但也不盲从。

石庵虽归宗于阳明学，但也不排除朱子。其朱陆王都崇敬，云：

朱陆王子皆吾道之宗子，斯文之大家也。世之为朱者，以陆为非，为王者，又不是朱，各有压倒之气也。是不知三先生之心也。当时朱子谓象山为天下第一人也。陆子亦谓紫阳为天下第一人。其相交如兄弟。虽议论不合，并行而不相害。此为君子之心也。此为天下之公也。然本朱或本王，所本虽异，其私一也。三先生所道者何？胜此私而天下大同而已。

石庵的这个见解可谓公平。然其学杂而不纯，故世人称为"鹖学问"。

135

第四章　三轮执斋附繁伯

第一　事迹

三宅石庵殁后五年，三轮执斋出生，时为宽文九年（1669）。执斋名希贤，字善藏，执斋为其号。又号躬耕庐。京师人。执斋祖先为大和国①三轮神社之司祝。父亲叫泽村自三，以医为业，住在京师。母亲箸尾氏，执斋六岁之时丧母，十四岁时丧父，市人大村氏抚养大，后出嗣真野氏。后又恢复三轮本姓，祭祀祖先。执斋十八岁始赴江户。其事甚奇异，《献征先贤录》云：

执斋为京师人。十八岁之春，和母亲的族人大村彦太郎一起去北野起誓，一定要做出功绩为世间所知。三轮发誓要当一名儒者或医生。彦太郎发誓要当了一名商估，振兴产业。并说应该去江户，于是两人离开京都来到品川驿，相对发誓说十年或二十年后，各人自得其时，再来会面。但是今后各自东西，依靠的人也不同，首先五年后的今夜在日本桥上见面。时为贞享三年（1686）丙寅三月三日。

执斋东下时，人称真野善藏，想跟着一名藩医学习医术，但是没有遇到一个名医。虚度了一年光阴，到次年十九岁时，进入佐藤直方②

① 大和国即今奈良县。
② 佐藤直方（1650—1719），广岛县福山人。少年入山崎闇斋门下学习朱子学，和浅见䌹斋、三宅尚斋并称"崎门三杰"。后反对山崎的垂加神道和敬内义外论而被破门。著书有《排释录》《四书便讲》等。

门下，想当一个儒者，于是成为塾生，住在其家。直方是厩桥酒井侯的宾师，受到侯的厚礼优遇，住在大手前的邸舍。执斋敬师勤业，学艺大进。直方也称赞其为人，有时遇见别人请讲演时，让执斋代行。二十二岁春天，由于直方的推荐，受到酒井侯奉米五十口的赏赐作为学业之资，以及邸舍中的居室。到了三月三日，和大村彦太郎约定的在日本桥上会面的日子，于是带着一个仆人来到桥上，彦太郎也带着一个仆人来到桥上。两人叙旧，不知不觉快接近四日了，互相告知居住处。并又约定如果不到非常时节的话，三年后再到此处见面，不见不散。

三年后，执斋带着两个黑头巾仆人，没打灯笼。彦太郎也带着两个仆人来了。执斋告诉彦太郎，自己近来得时，受到三十口赏赐，住在邸舍中受到礼遇，也经常被其他诸侯家聘请，丰衣足食。彦太郎也说，自己以前在日本桥通一丁目开了一家杂货店，现在已经很繁荣，开成了和服店，名曰"白木屋"，雇有五十余人，拥有千金之产。于是商定今后互相往来，定交为兄弟，彦太郎比执斋大两岁为兄。

大村辽太郎即和服店"白木屋"之创立者，代代称彦太郎至今。从此可知执斋年十九岁时始学于佐藤直方门下。崎门之学，并非继承他姓。执斋为此改回本姓，以感谢直方之德。直方为崎门之翘楚，主张程朱之学，排斥王学。这从《王学论谈》一卷可窥其学。执斋入其门后，倾听朱学而私归王学，觉得对自己有益而喜好之。于是被直方绝交，受到暴言。他自己想亲自前往辩解，遇见其门人正在发怒。是以感到困窘数年。后来直方知道其改变学问不是为了名利，于是相待如故。直方病革之日，命子弟先告知执斋，执斋乃前往探望，但命已绝没来得及。因此终夜伺候在柩前，写了和歌八首而哭之。其中三首放在先哲像前。现列举于后，供参考：

今年八月，佐藤先生突然生病，前往探病，未能见面而永眠。终夜伺候在灵前，思绪不断。今宵虽是十五之夜，雨痛降而明月不见：

高名月后隐身影，唯留世间无限恨。

希贤从十九岁开始师从学习，到今年已经三十三个年头了：

拜师学习至今日，三十风霜秋夜露。

当时先生说："学而不会为人，只能是走旧道。"言传身教，连绵不绝。

千年古道不复蹈，一人苔下勿自行。

执斋曾得直方推荐出仕酒井侯，后离任而去，回京师，后去大阪，往来江户，数年内居住不定。或者在日本桥，或者在饭田町，遂在下谷泉桥之北创设讲舍，名曰"明伦堂"，教授世之子弟，以东都之木铎自任。门人之多，不可胜数。当时物徂徕已去世，虽有服部南郭、平金华等，皆是文人。执斋在此间讲道甚力，其功不可泯没。《梁田蜕岩复中井甃庵书》曰：

示及告宽量小滨公文一首，读玩再三，足以观德业之实矣。大抵纨绔子弟，饱膏粱，眈丝肉，未曾学问。及其驭吏临民，瞢不知务，甚者毒人蛊国。如公可不谓火中莲乎，虽然微轮氏，不得闻道。姚江之学，其所陶铸，果不诬矣。方今江左儒人，以词藻名，如南郭金华诸才子，姑置是。振铎四方，大倡圣学，舍斯人其谁也。昔文中子讲道河汾，王魏房杜之曹，达材成德。安知他日东都贤士大夫，明礼适用，与宽量公相弟昆者，不出轮门乎。吾侪当拭目而待。（《蜕岩集》后编卷七）

执斋龄至耳顺，患痰咳之疾，病势日重。为了治病回归京师。元文①四年（1739）七十一岁之时，立建仁寺、两足院，刻自笔和歌二首于其内。歌云：

在先茔之后予建立了最后的住所，幸而有两棵杉树，可想并非寻常。

此身难回母亲怀，留下两棵杉树记。

漂泊万里终归土，只愿灵魂常驻此。

五年之后的宽保四年（即延享元年，1744）正月二十五日殁于京师。换成西历的话，他生于1669年，死于1744年。执斋痰咳之病逐渐严重，卧病在床于宽保三年（1743）冬十二月中，到翌年正月愈加危笃。到正月二十三日，剃髭拜祠堂告永诀。二十三及二十四日和亲族旧识乃至从仆告别。二十四日昼未刻请来纸笔，写下"宽保四年（1744）子正月廿五日三轮希贤死"，翌廿五日之朝寅之刻逝去。享年七十有六。埋葬在建仁寺的两足院中。

执斋有男子六人，然没有人继承其衣钵。门人有川田雄琴（见后章），也是王学者。

执斋巧于和歌。或云，再没有比执斋更善和歌的儒者了。他在诗文方面也很有造诣。其著日用心法之类，行文明晰，自成一家。下面列举几首：

漫兴

黄鸟声声檐外暮，杏花阴里独倚栏。

光风霁月满天地，洒落自知茂叔看。

---

① 原文为宽文四年（1664），似有误。

怀乡

故国万里东，茫茫望无穷。

红添树花雨，白知柳絮风。

阳炎盈草野，落日入山中。

瘦马追春色，黄昏归路空。

三畴吟

辞禄偶成诗一章，偷闲取适阅风光。

渊明径里孤松老，茂叔窗前万草长。

非市非山人寂寞，欲晴欲雨客彷徨。

移家自爱三畴内，踯躅含红向夕阳。

题水仙

夜寂蕊珠官殿内，黄冠绿袖独肃然。

金盘高捧承朝露，自是地行花里仙。

首尾吟

休为他人论是非，是非向外我先非。

我非焉能使人是，休为他人论是非。

这一篇论修德工夫，于人颇有裨益，胜过藤树的首尾吟。《杂著》第三卷所载诗共二十六首，上面所举四首最佳。其文章之披沥心胸之言，毫无浮薄之弊，读起来很有味道。现举一篇如下：

送中村恒亨归

先民有言，道之在人心，如白日如大路，夫万变无非一心之用。而好恶之情，善恶之实，十手指焉，十目视焉，宜哉近且易也。自孟子没而后，诸儒泛然，不复务本。窥道于陈编之间，讲学于事物之末，不及求诸身心。则生资之偏，人欲之敝，终不能以除之。而其博也适足以长傲也，其详也适足以饰非也。纷纷之论，于是乎兴。各立门户以相攫挐。躬言学圣人，而不老佛若矣，不亦伤乎。当此时虽有豪杰卓越之士，明智高才之徒，其何心辩是与非，而决其所适从。以是观之，向所谓如白日大路者，是耶非耶，余亦甚惑焉。虽然道无今古，心无彼我，则何远且难之有矣。而十手指十目视者，又严严乎遂无别于今古。则其近且易考者，岂待求之他乎。如夫揣白日于尺寸，要大路于东西者，焉能有所取诸予言哉。予忧于斯尚矣。今恒亨归省，亦称此言，以勉其专力于根本。闻子乡有谷先生者，博古君子也，子若过之，幸以余言正之。

此外可读之文不少。有人说执斋不长于诗文，余颇疑之。唯他不务雕虫之技而已。

执斋在日本学术界最大的贡献，在于翻刻了《传习录》。执斋之时，藤树已殁，蕃山亦继而殁之，发源于江西之王学，俄然为之顿挫。虽东有中根东里，西有三宅石庵，而不能大扬其学。此之时，执斋也起了不小作用。其很年轻，虽不能和堀川或护国势力匹敌，然而翻刻《传习录》，为王学的振兴做出了贡献。是为正德二年（1712）壬辰九月三十日之事。王阳明亦生于成化八年（1472）壬辰九月三十日，故和阳明诞辰同支干月日。加之阳明亦生于成化年间，显于正德年间。是故年号亦偶然相同。执斋《新刻传习录成告王先生文》云：

> 维日本正德二年，岁次壬辰，九月尽日。希贤敢昭告大明新建侯文成王公，曰：道无古今，心无彼我，恭唯先生得心传于同然，指圣功于良知。德业辉于当世，余训流于万邦，呜呼盛哉。我京伊筱山源君景仰其德，笃信其学。政务余暇，使希贤讲《传习录》，且考定刻行之。希贤固辞不得，叨奉严命。发轫于去岁八月，毕功于今月今日。

谨考支干月日，悉皆正当先生诞辰，而历号亦与先生存日同，实和汉万世未曾有之一遇矣。其偶然软，将有数存焉软，则斯道之兴似有所俟也。谨以清酌茶果，奠《传习录》新刻本，虔告功毕于我文成公。伏冀先生之道，大明乎天下，至治之泽，遍蒙乎生民。

翻刻《传习录》以及和阳明事迹暗合之点，世人皆称奇异，可谓王学振兴之征兆。那波鲁堂在《学问源流》中说："阳明为明之正德年中之人，其学今又在正德年中得到倡导，可谓机缘成熟，从而学者不鲜。"从此可知当时之状况。

《传习录》可谓王学的福音书，堪称经典，故此书为传播王学裨益不少。而执斋为之加标注，功不可没。《传习录》加注以此书为始。在德川时代其后也唯有佐藤一斋的《栏外书》而已。

执斋很崇奉中江藤树。根据《献征先贤录》，他首先称赞中江藤树是日本姚江之后的头号人物，指名批判伊藤仁斋、物徂徕等人不知实践躬行之说，苦思冥想辞藻诗文，生涯在浮薄虚构之境虚度，不和其徒交往。他在《拔本塞源论私抄序》认为，王阳明为万世圣学的振兴做出了贡献，但在其门徒再传之后，失去了学统。他说：

> 吾根据江西中江先师之遗经，接其脉络，在本邦的百年后兴起了致良知之学，以改训诂文章之陋习。从学之徒，发孝悌忠义与良知之德，忠信爱敬之实，无不感通。虽不得其时，不能在一世见治平之效，其没已八十年，然其乡之民，敬之如父母，继其派者，如不以忠孝之德、敬信之实而感通一念之良知，则不能从先师之政绩。是先师之学，不落老佛霸功之偏蔽，不涉内外支离之作为，诚本邦王文成公，舍此人其谁乎？

而他的《藤树先生全书序》也说：

　　盖先生德崇学正，实为本邦道学之渊源。是以当世教化靡然，慕其美风，崇其德，无不兴起服从。云云。

由此可知执斋很尊信藤树。他又曾前往小川村之江南书院，召集士民讲学，一众为之感泣，谓藤树先生再生。

与之相反，执斋没有提到对闇斋的任何追慕之情。唯独对佐藤直方由于是其师而保持交谊，但其学却转变为江西学派，是故闇斋派人士对执斋深有痛恨。特别是三宅尚斋，在其著《默识录》中，在列举了执斋的缺点之后，批判了其品行。其言云：

　　兹岁春，希贤自武藏来京师。其近权要交右族。自世俗见之，可谓得时伸志者矣，然全是仪秦之术也耳。渠宗主氏守仁之学，果然欤，在京日所为可议者不一。而就中举其大者：招请僧徒于市人宅。（一来院门主，市人白木屋者）见于所司。（牧氏某，因坊令小滨氏所言）见坊令。（小滨氏则其交有素，因小滨氏所言始见本多氏）所司及坊令皆非有志人。（本多氏好佛学恶儒）往本多氏讲读庄子书。以僧徒之请求，令嫡男为伏见官女媵陈臣。是等不待学者，知其可耻。盖乘势自不觉其流荡至于此乎。

又云：

　　三轮希贤。往年自悔亲死时幼弱不知，不服丧三十余年。后先忌日百计为服丧。余当时为说其不可，渠终不用。仪礼丧服传，嫁女小祥后被出归于家。服既除，故不与兄弟更着三年服，盖可以见。事之既过者不复必追矣。

又云：

　　三轮希贤悼念直方之死。有和歌曰："永不能忘却，思慕三轮辉煌姓，多亏君教诲。"自谢复本姓之恩。而却其子为市民白木屋（姓白木）养子。（大村氏为京师豪家）初仕于酒井家。其主受僧佑天之念佛名。（俗谓之授十念）希贤甚愤之，遂退去。（此时从直方未为王氏之徒）后受纪伊太守常馈，甚称扬纪守之好王学之功。而纪守以其子为僧。人问之希贤，谓纪守不知之。且纪守许以其子。为酒井家之继嗣。（后公家不许人令之求于同姓中）希贤与此策。余谓如是而说道理，我未知何义理。以是等举动，察其真情，无所遁学术奸诈，不俟论辩。

执斋的行为多少有点自我矛盾，然尚斋所说的，又未免太琐碎，不足深虑。

执斋长于经济，家境富饶，儒者中未有比肩者。《隐密录》卷三有：

　　饭田町有一个叫三轮执斋的儒者。在外面弟子很多，其中很多是贵胄子弟。此执斋很有钱，放高利贷，钱似乎很多。云云。

可以想见其富有状况。

执斋和三宅石庵、三宅观澜、三宅尚斋、玉木苇斋等交往。同窗之友有一个叫鱼住静安的。最初崇奉朱子学，但在执斋的劝导下，改正旧学，变为王学，在西播磨①一带传道。执斋门人虽多，唯川田雄琴最优秀。其他

_____

① 播磨国即今兵库县西部。

比较亲近的有小野直方、中村恒亨（人称，通称惣次郎，土佐人）、石井信行（伊势人）、田井宣容（人称文之进）等。贵族中有宽量小滨公、松平源君、厩桥的酒井侯等，可见不少。商人中执斋弟子也很多。《隐密录》卷三云：

> 田所町家主田所平藏成为那个三轮的门弟，致力学问。有一次町奉行大冈忠相叫来平藏说，你成为三轮执斋的弟子，致力于学问，管理町内的事务也不错，理所当然。但学习也不能荒废。此事在江户城中流传，各大名的部下或町人，都热爱起学问来，据说很多人都成了三轮执斋的门下。

小野直方的祭文云：

> 宽保五年（1745）甲子，正月廿五日甲辰。我执斋先生逝矣。呜呼哀哉，不肖始见于先生，十九年于此。尝视犹子也，其教爱谕育之厚，何以报之乎？在得于道而已矣。然不肖顽弊怠懦，道未有所得于心，终辜负教爱之报，何不震栗乎！往岁先生去东武，归于京师，绝不闻声咳者数年。慕念犹遑遑焉，而今溘而永逝矣。闻讣不胜哀伤，最憾索居相望千里，靡由奔走执绋也。遥望岭云泪滂沱矣，静言长怀，其言在吾耳，其貌在吾目，呜呼哀哉！将何如哉？嗟乎先生，淑质贞谅，易直雄志，狷介纯笃，归善如流。任道忘寝食。善诱善导，助贫周穷。取予唯义之从矣。始唯穷理之学，颇寄心于辞章。中致志良知之学，终觉圣学在此，脱然弃旧业如敝屣也。乃涉猎不事乎文，务在躬行而已。世方没溺于辞章，刀锥于利禄，殉俗钓声，不复知有身心之学也。而独卓然定见，唯是之从，举世非之，而不顾。一眷眷于斯道矣。既而辞官，从其所好矣。古称豪杰无文犹兴也。如先生方绝学

145

颓靡之际，既已识其大者，真可谓豪杰也。宜哉当时缨緌之徒，绅佩之士。望形表而影附，聆嘉声而响和，善类是与焉。德行振于当时，声光被远迩，然后功成身退，长解世纷矣。居数年，癸亥之冬，寝疾床蓐，及疾病亦念常在道，以存亡不系于心。死期近而告终，拜家庙，告辞世，招集亲戚永诀，从容怀知即冥矣。春秋七十有六。亲戚悲悼，近识远士，伤情举落。哀慕从灵轝者数百人矣。尝自造丧具，遗命丧纪唯约焉。存不好丽，殁不逾分。呜呼礼哉，乃叹曰：呜呼哀哉，天不愁遗！奈丧斯文，夺我吉土。梁木折摧，规极斯毁。徽音永断，微言绝耳。来者曷闻，而曷从事。归焉忘栖，游鱼失水。有生必死，振古自尔。身殁名垂，先哲所美。向幽不疑，委命安天。视死如归，令终归全。令闻不朽，广名世延。存荣没哀，复何憾焉！

观其言论文章，可知执斋为人谦虚和平。然而亦有点刻薄之处。小野道方形容他"淑质贞谅，易直雄志，狷介纯笃"，狷介二字不可删掉。执斋尝为一个叫鞭禅师的僧人讲《中庸》。极力排斥佛家反对性命之理，想让他抛弃日用之常，醒悟旧习之非，归儒教之正。讲学完毕之后，僧人赠送执斋笔墨和诗一首。然执斋之推却曰："凡为吾学者，大都不为僧人讲学，但如果能知其非而归如，亦不美事哉？这是予应其请之理由。而师终不能出陷溺之窟。则惠赠笔墨，不能接受。"从此可见其气象。

第二 著书

《日用心法》一卷

《四言教讲义》一卷

《大学俗解》二卷

《孝经小解》四卷

《周易进讲手记》六卷

《祭荐卷》一卷

《训蒙大意和解》一卷

《尧典和释》二卷

《神道臆说》一卷

《标注传习录》四卷

《传习录笔记》

此书为执斋讲述，门人川田雄琴笔记整理而成。解说极为平易简单。
很早便有写本传世，到明治末收入《汉籍国字解全书》中。

《阳明学名义》二卷

《今代名家著述目录》《庆长以来诸家著述目录》等皆以此书为执斋之
著，然恐怕是以三重松庵著《王学名义》为执斋所著。执斋门人小野直方
著《执斋三轮先生著述目录》中没有收入此书，可知此事。

《社仓大意》一卷

《古本大学校正本》一卷

147

《古本大学和解》

《阳明学》杂志第一号以下连载。不知和前面的《大学俗解》异同
如何。

《正享问答》

《拔本塞源论抄》一卷

《执斋杂著》四卷

第一卷

十二孝子、顾误篇、嗣堂考、猪兵卫翁之碑、答河崎氏书二、原野学
问所之事、藤树先生全书序、淡斋记、含翠堂记、加茂步射并竞马说、辩

养子辩、春秋传序讲义、道之以政章说

第二卷

细发、答酒井弹正公、北野献策记、士志谕、治教论、四言教顺序并歌、孝子于以麻碑、会泽孝子传序、居丧论、渡部子命名说、蔺相如赞、讳说、答古希贺歌并序

第三卷

邪正说、知上、呈佐藤先生、策答、诗、讲小学、答山田住信、赠犬饲平七郎、却鞭禅师之祝词、道儒学、送玉田新平归播州、静坐说、茄子发鸡冠花解、诗、赠松崎助作唯章、谏诤说、三畴吟、弄月窗记、君子小人辩、祭山口先生文、乐山楼记、送鱼住氏序、与三宅观澜书、峨眉石记、日用心法序、西江一水居士碑、送中村恒亨归、实斋记、责善文、答门人、存奄记、劳谦记、道之以政章记、拙庵今井碑、原田平八疑问、藤树先生全书序、答铃木贞斋书、古本大学讲义序、祈水文、大久保忠乔君碑、书篆字论语后、醉露菅雄碑

第四卷

拔本塞源论私抄序、答原田平八疑问、拔本塞源论外传、学拔说、生贼有大道之说

杂著之细目，和小野直方记录的以及《先哲像传》登载的不同。故不厌其烦而列举之。

《执斋遗稿》一卷（写本）

《家乘一卷》（写本）

《执斋歌集》一卷

第三　学说

执斋初入佐藤直方之门时，学习朱子学，对之深信不疑，认为孔孟之

学尽在朱子之书，尊之如神明，信之如蓍龟。如涉及他说，则匡正之，归之朱子而后已。然三十岁时读到阳明之书，成为阳明学派，信阳明如往昔信朱子一般。其《答铃木贞斋书》云：

> 仆三十年前，始读新建书，觉有少所益，而后只管信之如神明。今仆年六十而万无一得，虽然于求德于己，而不责道于人之志。则三十年来如一日，每求助于君子相共成之外，无他心矣。

然他并非一概信奉王阳明而诽谤朱子那样偏狭之人，而犹如藤树以及蕃山一样，朱王共信。《答铃木贞斋书》之末有"在昔朱文公不信陆之学，而与之交厚，其知有道，而不知有我也"。云其不以学派之异同而相互排挤。又在《答门人书》中说：

> 禄虽未必贪，而念虑之间，未能无意。则莫显于幽者，不得自蔽。如人之学毁己，虽不甚愠，其闻誉或喜之，则汲汲于名者。我未能自遏，至若立异好奇，排朱张王则不然矣。信王固深，尊朱亦不浅。何者文公古昔之贤，而文成公亦古昔之贤，而不尊信，则其谁尊信之。虽然其所以为说四子六经之训，古今人物之评，政事巨细之态，心术本末之功。则或取之朱子，或取之王子，不以王而苟同，不以朱而必排。故伯夷伊尹，不同道而同为圣。晦庵阳明不同学，而同为贤。司马温公尝作非孟而讥孟子，当时虽伊川之谨严，与之友善，未闻其绝交也。故圣人之道，人伦而已。朱子于人伦厚矣，王子亦于人伦厚矣，我岂以为贤而不尊信也。

执斋度量之宽，由此而来。然而他对朱子学之误谬也痛加批判，赞同王阳明说之真。

执斋的学说要领在于《日用心法》。此书分为十章，虽有种种项目，但自成进入圣学之顺序。现论述其大义如下。

（一）以立志为始

心为天理之凝聚，志为天理所发出。心无不善，故其发所向莫不善。圣人志向志之本体，异学志向志之迷惑。大凡圣书之中所说之志，皆指向圣道。故志这个字，从初学到圣人，都是学问整体。立志，则为存本心天理之工夫，一内外，合本末之谓也。故立志之立，谓本体道心之立定，以善为善，以恶为恶，不为他事所移。东倒西歪不是立。

其归向定，则如猫捉老鼠，念念不离。人如无本心之光，即使一旦思立，从行为到人欲，都被乌云遮住，本心之月黯淡的话，必容易怠慢。故其怠时，应以耻辱责之。虽责之，如不能常持之，志便会不健，无受责之地。故如不想持志，便不能养之而不恶不冻。然养之法，道和义没有区别。在于慎言，不为猥行。不慎细行则烦大德。不思妄念。毫厘之差，千里之误。言行为志之衣，一旦失之则冻。义和道志之食，一旦怠之则饿。若使之饿冻，即使日日鞭打责之，也不能得。

（二）助知辱

此心如果不是父母之遗体，此身此心，皆是父母。今此心如果被人欲所害，无异于父被杀，失去国家。杀父掠国之仇，即使可从外面得报，但还需要卧薪尝胆，终究报仇，至死不渝。人欲之于我身立处可得，可以立刻加以消弭。

（三）以孝悌为本

孝悌为天地生生之德，人受之为仁，其发用为孝悌。诸人虽有孝悌之心，如志不足的话，此天真便不能全，生生之德不能体得。故以立志为始，以孝悌为本。志为孝悌之工夫，孝悌为志之主意，本不为二。无本则不生，无始则无处。

（四）养气

气为形体之生意，感受疾痛寒暑，虽和心为二，却成为道和器之辩。能养者，于心上用功。故从志者，气为之助，故理气合一也。气流则道心微，心身为二。圣贤唯定志，不流于形气。故和而不淫，安而不危。心囿于气，气治于心，则不能下功夫。故不应缺养之功。此意为尧舜相传唯危唯微之初，孔圣之书无不在此趣。然此成为题目，以之为一个功夫，自孟子开始。即浩然之气说也。以一身而言，从头上到脚下，周流充盈，元来无缺，推广于天地，则弥纶宇宙，贯通人我，毫不蔽塞。是浩然乎，人谁不具之乎。只因被人欲之私覆盖，不现于天地。虽父子兄弟骨肉之亲，亦不相通。虽闺中闲居之时，心志偶作，己气不满于体，何能周流于天地？然在其昏塞之胸中，识取此气之浩大，诚难之也。五常百行一事亦不快，心焦气馁。故万事试之，于事物之来处，复求本心天理，是应得处，悠然自得者，义之得也。如此于万事万物下功夫，应事接物，觉一无不快之气象者，乃真之快心也，是即良知之自知处。仰天不耻，俯人不愧，充满天地之间。浩然之本体也。恐惧初学而盘亘，本体功夫早绝。只进入一向而已。佛谚曰"唯有舍身，才能超度"，临战场者，不避死地，从将之行处。志圣人之道者，应不恐流弊，决心跟着师行。

（五）广量

人之性天命也。人之心三才并行，气亦浩然。天本无量，人之量何以有限而分界？唯有被我之私纠缠，天受之量才狭隘。故志圣学者，打通此关，更可为佑。凡量狭者，虽为善事，有切迫之病，无从容之气象。动辄毁誉，不堪忧苦。故其得志则忤恨睚眦之恨必报，失位则悲忧痛感。故量不广则难语圣学。欲筑百尺之台则需大其根基。欲至圣人，必广其量。

（六）考之气象

人自非圣人，则根据气象昏明清浊而变。气象清明时，虽易发自本心，昏浊时虽用力励心，失者必多。是以如不之考量气象，难辨信伪之界，进退之位。常考气象，则自得诚意之处者，得知各别有味。夫自得诚意之处发者，优游从容不迫。不为事而怒，不为物而扰。天气清明，事终喜快舒服。有凤居千仞之气象。即使面临死地，求仁得仁，复有何恨？怒则虽成善事，心甚苦成终难安。利害之成时，反而后悔。是皆出自一旦之意气，非生于本心自得之处。故考之气象，不应使役一旦之意气。只责心内省，即时心强气从，将卒各得其处，万事必有诚意之气象。鼓励我心为心之本态。眠者如闻君父之大事而醒者。

（七）内省

言为心之声，行为心之迹。只是被私欲隔断，使得心迹分二。言行虽好，有所为则不能发现本心。其心迹为二，人自知是。人之不知处己独知，在此处用力，则诚意之慎独也。是自反之内省，内自讼也。天下之人皆誉亦不应欢，天下之人皆毁亦不应愁。只自反而心快，是即知天心。本心即天理，何不烦他求？顾即此存。自反内省存亡之机。

（八）致良知

致知之工夫，始于大学，以知为良知，源于孟子。良为自然之善，不借人为，圣愚皆同处，人之为人者也。良能和良心皆同然。学亦在此天真处学，事事皆欲至此良知之本怀。然人为气拘泥，为物覆盖，天真之光明，不能直接发出。人之所以为人，未绝未亡时，此光明无不显著。见孺子之入井，必发怵惕恻隐之心。岂是安排思虑之所为哉？由是而学，则事事皆实学。学仅致之而已。知善为善，知恶为恶。谁为其明乎，是谓良知，也即明德。谁亦无备于是。良知至则以善为善，以恶为恶，无自欺而自快，是诚意也。就意而言即诚，就知而言即致，就物而言即格，其实一也。今之学者，暗于心学，见考之于物，直出以为良知，甚愚也。其实学也即良知，至其知一也。我所谓良知，见善而好之，见恶而恶之，忠君孝，无论有学无学皆知之。是为人之人良知，天下之同情，我心同然者也。违背之则违背人性，祸必殃其身。是以虽愚夫愚妇，亦同样具备。

（九）言行念虑不妄

言为心之声，行为心之迹，思虑为心之动。此三者，人之必有，其事真与妄为二。应慎此处，则是立志养气，内省致知之条目也。夫无妄者天理之实然，心之本真。人欲因气质被蔽而失其本体，则为妄。其时复求本心而责志，励之以耻，养气而致良知，其他从其处下功夫，则邪妄退去。不发任何妄言。不为任何妄行。必问之于良知，本之于孝悌。责之于志，考之于气象，则无障处，无耻处，无疑处，然后发出。是为内外一，表里合，众人以之为圣人，一身施于天下之要道。

（十）执中

《大禹谟》曰："人心唯危，道心唯微，唯精唯一，允执厥中。"这是先圣相传的意旨。人有此身，必有自私之处，以道为一很难。是以不志道者，常从躯壳起念，其道心难以显现。故征也。夫见善善之，见恶恶之，是为发现道心，不依赖躯壳者。至我身，疏善近恶，随从躯壳为自私者。故人虽至愚，责人必明于天下之眼而见公。虽至明，计己必暗，以一人之身为自私。故人心道心，相成相长。道心专一则人心消失，人心盛则道心微。道心微不复知，其虽与禽兽相去不远。人心之危，失去道心本性。道心之微，人心之用事。圣人以去人心为唯精，复其道为唯一。此不为二事。圣学无他，唯一而已。一之务曰精，精之极为一。以之为一谓精，精成谓一。精为一之初，一为精之终。精一亦一物也。不唯精，则不能至唯一。不能唯一，则唯精之功止。唯精唯一，允执其中。去人欲，复道心，唯一而已。圣贤元无二语。去人欲则为唯精，复道心即唯一。而执中则为至善。中即心，执中即取心也。于事物之末求中，则无工夫安堵之处。以心为中，执之有实，工夫有道。如何取心？常自省慎独，求心而戒谨恐惧，少不间断，执中以渐，可见其功。执中之工夫不间断，良心常存而不放。

执斋所论，并没有什么大的发明，也并不大放异彩。然立足于王学平易地论述其所信，颇足以让初学归之于正路。若精细玩味其旨意所在，则

153

有一种脱离尘俗的清新气象。其"考之气象"条所谓"有凤居千仞之气象",没有圣人君子之心是不能道破的。由此观之,执斋无疑可谓藤树以后一位名师。但他不求名声,专心于修德处用功。故其名声不及徂徕,连南郭等人也不及。然而关于世道人心之论,徂徕那桀骜夸张的文字,不及执斋平易。

执斋的《四言教讲义》亦是金玉文字,不可轻易看过。四言教是王阳明之唱道,出于《传习录》卷下。所谓"无善无恶心之体,有善有恶意之动,知善知恶是良知,为善去恶是格物"。又称王门四句教。实乃王学主义之纲领。执斋为之著作讲义,为了方便将它顺序颠倒,发挥其旨意。其要领如下:

一、为善去恶是格物

夫学问欲免恶人而成圣人。善人之至极在于尧舜,恶人之至极在于桀纣,其界在一念之间。如欲成为善人,则应为善。欲免成为恶人,则要去恶,这即是格物。这是圣门最初之下手的实功,至成圣为止,无外待。人在此处大丈夫立志,万事皆成。犹如造室无基础。夫所谓格物,不是世间外人所说格物,而是格我心之物。身显现出的善恶,皆出自于心,故应先察一念之起处。故自反立慎独之功,至一言一行,如出自本体之善心起处,遵信当下为是。若违背本体,则恶从心起,耻悔当下去是。一时此之如,则离圣人之地愈近,一刻如此,则至圣人之地。是即人皆成尧舜之道,皇天之御心,圣人道统学术,何疑之有?为善去恶时,可置生命于不顾。是谓杀身成仁,舍身取义。是谓知止闻道夕可死。此之如则志可立,自誓本心,入门之始。

二、知善知恶是良知

学者在格物之段,定下善能改变生命,恶即使粉身碎骨也要去掉的觉悟,能前进到十分之七。然而其所知,如果不出于良知,想为其善，也有为恶之事，想为其恶之事，也有不恶之时。夫良知为心之光，照善恶如照白日之黑白那么分明。良知为自然本体，不赖人为。如见孺子之入井，怵惕恻隐，皆非人为，直接发自天命之性，是谓良知。此外知识也有俗知世知，奸知邪知。皆闭塞自然良知，故不能与良知混。从此心体自然良知而出的善谓之至善，也可谓真知。

三、有善有恶意之动

即使在外穷天下之事事物物之理，我心起处，如果不诚则不可穷得。人心原来最至善，血气之生生不止，必不能不动。其动谓意，有意之处，虽有千绪万端，无外善恶二途。只有自反之功，如有间断，不能在念虑之间分过恶，长大以后，显于事业，其害乃至。照之良知而知耻，无论如何，俄惊其抛弃不善，其害不现，此是常人之状态。然终不能抛弃，复有何益？故戒惧之功不懈而慎独。是为先圣之学脉。即使一时失念，在事业显现，此一念会缩去，回复初念之处，悔悟而改，诚意之工夫也。一念之界，不能不慎。

四、无善无恶心之体

人心虽有善恶之二途，然只是出动时之事。动由气之故也。其静时，唯一之明而已。此心之本体，即宿于人心之天神。此光明，不显于人之一年，自然照射是非，是谓良知。夫耳没有五音，为耳之本体，故能闻五音而不误。故无五音为耳之至善。心无善恶，为心之本体。只无善恶，故能辨善恶。若有的话则不同于善恶，故无善恶为心之至善，故至善为心之本体。

此外还有《古本大学和解》之类，有很多有趣的文字。其杂著第二编有《答酒井弹正公书》，亦是一篇有益之文字。其云：

如此之德，如果要追究失去的原由，人有此身，虽父子兄弟，都各自不起爱己之情。爱己则疏人。爱己疏必隔。此隔名人欲之私。有此人欲之私，便会破本心所备道理，贼性，蔽本心之光，暗明德，本心失所非中。自欺非实，隔人我而非仁，去处错而非道，斯所损本心，其品虽多，皆是人欲引起。人之欲动害本心，亦其品多。中有大敌三巨魁，曰色欲、利欲、名闻。

又云：

此人欲之私起出而害心，如究何缘由，此身有主人，名曰心。常在方寸之内，主宰万事者也。然一度放此心而不居其位，三欲大敌起，害此心之德。故学者求放心，纳入本来方寸之内，来自三欲大敌之诸私则失其势，其光明如天性。如太阳一出，雪霜忽消融。孟子学问无他，求其放心，即是此。然虽一旦求之，常取之工夫如有间断，即亡失方寸，大敌再盛。是本心人欲互为敌身方，相互胜负。云云。

又云：

今学圣贤之心术，只见其事业，去事事物物寻究，想尽其知，行其所知，能行之。自己认为是圣学，但是霸者之术，虽能知能行，非天道也，又袭义取之而已。夫己无此心法究知，在事事物物寻求道理，犹如暗夜无灯而探物一般。所知虽似，终非自得之学，却从人我之隔出来。人欲之私得势，按排措置，意必固我。故学者诸生比常人大劣，教是师又僻于诸生。无论如何也不能去三欲之大敌，所知愈多，其所知己助欲助自高而轻人。所行胜人者，共所行助己欲而自高轻人。如食救民命，一日无是虽死，伤食之人去食毒，补伤，是食进则助病，民命将尽。云云。

执斋内深有所自得，不为外界之事物所动这一点，有其价值。《存庵记》曰：

> 君子可以存心于己，而不可用意于物也。心存于己，则神肥于内，德全于我矣。虽处天下万机之变，常有余裕也。故其于生死之间，一如烟云度大空。

此最后二句，得王学养得绝大之气象，真有天马行空之气概。《四言教讲义》最后云：

> 以此四言之此一句为初入门之誓约和心得，斋戒沐浴而受之，为其善，去其恶，心得为尧舜之徒，舍身命为本望，可自誓其本心。于此丈夫居性根立志得定时，世上一切利害、名闻、得丧之类，诚如见浮云之浮大空，心不为之动。

他能得如此寂然不动之地位，全起因于在一念隐微处下功夫。他不取博学多识，唯以当下悟入为适切。故以学问了解一部《大学》足矣。他在一篇题为《道儒学》的文章中云：

> 古之设学校也，教人以洒扫应对进退之节，礼乐射御书数之文，与穷理正心修己治人之道。而其治在书，其节在礼，其律在春秋，决疑事是易，正性情是诗，和神人是乐。求其道于《大学》，讲其理于《论语》，察其变于《孟子》，归其极于《中庸》，而其阶梯则濂洛关闽之书也。

又举其要曰：

157

初学入德之门，无如《大学》，未有能通《大学》而不通论孟者。论孟已治则六经可不治而明矣。而濂洛关闽之书，亦在其中也。

《大学》之书，特别是古本《大学》，为王学所本。讲致良知之说、内外一致之说、知行合一之说，皆不出其范围。执斋以《大学》为初学德入门则，皆因其故。

执斋之时，有名繁伯者。深信阳明之学，为其门人讲《古本大学》，著《古本大学》讲义。执斋为之作序。繁伯姓千叶氏，号松堂。常陆[①]人。事迹未详。姑且附记于此，以作参考。

第四　有关执斋的书籍

《先哲丛读》（卷六）　原念斋著

《先哲像传》（卷三）　原念斋著

《续近世畸人传》（卷二）

《献征先贤录》

《执斋先生闻见录》　松下伯季著

《隐秘录》（卷三）

《大冈诚忠录》

《默识录》（卷二）　三宅尚斋著

《学问源流》　那波鲁堂著

《日本诸家人物志》　南山道人著

《鉴定便览》（卷一）

---

① 常陆国即今茨城县。

《日本名家人名详传》（卷之下）

《名家全书》（一）

《史料原稿》一卷

《日本之阳明学》　高濑武次郎著

《近代德育史传》　足立栗园著

《日本伦理汇编》（卷之二）

第五章　川田雄琴附氏家伯寿

川田雄琴，名资深，字琴卿，又字君渊，人称半大夫，号雄琴，又号北窗翁。江户人。宝历十年（1760）十一月二十九日殁于豫州大洲①。享年七十七。初出仕莳田②侯。因某种原因离去。享保十八年（1733）时，受三轮执斋的推荐，得大洲侯（加藤远江守泰温）厚礼聘用。雄琴乃作为臣子，移居大洲。大洲是藤树一百年前曾从仕过的地方。雄琴遥承藤树遗风，讲述躬行实践之学，国内风教大盛。雄琴每年必须在国中巡行教谕民众，每次听讲的有二百余人，轮换一巡，听讲者达二三万之多。

雄琴初学于梁田蜕岩，蜕岩谓之曰：

> 余以一日之长，文艺则为尔师。至明道义穷心术，尔当就三轮执斋而学。

于是雄琴在蜕岩的介绍下从师执斋，开始讲道义之学。从此崇奉余姚之学，精思力行，推知行合一之旨，继承执斋而倡道。执斋因病去京都疗养，雄琴去看望他。执斋对他说："吾病虽可忧，但忧虑却非此。"因而嘱托雄琴说："汝应从事斯道，在豫州兴起它。豫州即中江子出身之地。必定要建设嗣堂祭祀之，以传其德于无穷。"并亲自授予王阳明的肖像和藤树的真迹。执斋尝在江户下谷设立明伦堂，教育诸生，其晚年赴京师时，希望

---

① 豫州指伊豫国，即今爱媛县。大洲即今爱媛县大洲市。
② 莳田藩在今冈山县中南部一带。

雄琴代之主事。然执斋在京师去世，雄琴亦去了大洲。是以将大洲侯明伦堂迁移大洲。延亨四年（1747）秋，堂宇始成。即称其堂为明伦堂，谓其书院为止善书院。雄琴作《止善书院记》曰：

深恒慨东西都文华之盛，世不乏其人也。而我豫州西海边夷，地僻人顽，与闻斯文者希焉。唯藤树先生长于此，旁无师友，而自寻濂溪明道之宗旨，开考亭姚江之蕴奥，探洙泗之渊源，推邹鲁之本根。遂悟无声无臭之本然，无方无体之妙要，不知不识之帝则于自己固有之良知矣。不独善其身，虽东西都人士，窃取法于此者，亦不鲜焉，何必彼夏而此夷哉。然先生去兹土既百有余岁，物换星移，流风渐衰，俗习日滋，文献拂地而空，礼乐典章废而不讲。其间谭性命，论经济者，非缁徒之说法，则兵家者流之赏罚，诬民诳人焉耳。先生之德泽于是乎几绝矣。先是本邑始有黄鸟，来止于大洲世臣藤大夫之室，睍睆好音，闻者悦焉，深尝谓是斯道之再兴于兹土之先兆哉。辛酉秋，故藤大夫高忠张黄鸟之幔于席上而召深曰，请为吾作于止善之说而赞之。深固辞弗获，遂书以赠之。且曰，大夫之室，乃藤树先生旧宅之东邻也，而既有黄鸟之感，今亦讲止于止善之学，深窃悦乎斯道之将兴也。大夫曰，诺顾。侯之德一日新于一日。臣见其进，而未见其退也。然则道之大行也，可立而俟耳。甲子之冬，阳复之月。深辱承严命，营文成金与藤树先生之祠堂。不幸侯罹疾，事未成而卒。今年夏五月桥大夫与有司议而经营之，今既落成矣。兹者同志松本久丰以藤树先生书缮蛮章于黄鸟之画而自为之释者。与深曰，是我先大人之家藏也。今也先生之堂及讲学之书院成矣，因以属之子。深曰，时哉时哉。祠堂及书院成矣，而未得其名。深谓夫名者，实之宾也。觚不觚而谓之觚。夫子既叹之，然则虽一物之微，岂可容易名之乎哉。矧于讲学书院名教之所系者乎，向别深赞黄鸟之画，以应大夫之需，今子亦以先生所书黄鸟赞赠深。先兆后征，如合符节也。语曰：国家将兴必有祯祥。斯道果可以兴欤，因名曰"止丘书院"。己顷之顾丘先圣之讳，不可不避。盖缗蛮诗止于至善之传文也，从经而可谓止善书院矣。先生尝以母疾乞骸骨。其画曰，母卒再来仕于兹也，不幸先义母命也。然别此地固先生当止之处也。而今日祭其神于兹，岂非先生之素志也哉。于是书向所著止于止善之说，并以为之记云。其说曰，或问如之何可以止于止善？曰，纯一无杂而已矣。敢问曰，至善无定体焉，而止亦无定处焉。盖至善者，天命之本性也。而其发见灵昭不昧者，是乃明德之本体，即所谓良知者也。纯一无杂于其本体良知，则无往而非止于止善矣。盖文王之止于仁敬孝慈信，是也。所谓安身立命之灵枢也。人唯不知至善之无定体，止之无定处焉。又不知至善之在吾心，用其私知，求之于外。以为事事物物，各有定理也，求止善于事事物物之中。而欲知所当止之处，是以揣摸天下千万之止。支离决裂，错杂纷纭，遂昧天然自有之中。丧民彝物则之极，噫亦过矣哉。诸同志须先知止于至善之说。此说一明，则庶几学必有所本矣。王子曰，止于至善，以亲民而明其德，是之谓大人之学。若欲明明德，而不知止于至善，则骛乎过高，失之空寂，而无有乎家国天下之施。若欲亲民，而不知止于至善，则溺乎卑琐，失之权谋，而无有乎仁爱恻怛之诚。故止至善之于明德亲民也，犹之规矩之于方圆也。方圆而不止规矩，爽其度矣。明德亲民，而不止于至善，亡其则矣。大人之学，何以成之。且曰，大学之要，诚意而已矣。诚意之极，止于至善而已矣。能止于至善，则意诚心正身修家齐国治天下平矣。是故曰，止至善之说一明，则庶几学必有所本矣。此说也虽本于先贤之意，深不娴文字。必有买柜而还珠者，贤者幸正诸。

执斋又尝属于长崎镇台（即御番）。得到来自中国的庆山加笔的王文成画像。于是将其中的一幅放在江户下谷的明伦堂，另一幅放在江州的藤树书院。放在藤树书院的一幅由雄琴带到小川村。放在明伦堂的那幅，准备在大洲再兴明伦堂后移到那里安置。关于藤树的祠堂，大洲的先侯已有建设的计划。嗣侯继承遗志，终于建成。然后由雄琴祭祀。雄琴乃作祭祀藤树先生文一篇。其中云：

> 恭唯先生长于兹土，深希圣贤。遂悟良知之外更无知，致知之外更无学之本旨。木铎大振于海内，诸生日益众多矣。尝告门人以天下第一等人间第一义，无别路之可走，无别事之可做。呜呼盛哉！德业辉当世。余训逮当日，虽驽劣如深者，良知之明，较知所向。况景慕笃信之士耶？可谓大赐后世。

可见雄琴追慕藤树心之切，绝非寻常。苟有至诚之心，远可感动后人。雄琴同时又祭祀王阳明，在落成时作《告文成王公藤树江先生文》。其结尾云：

> 深前日所获三生氏藤树先生家藏之圣像，安诸正位，置王江二先生像于左右。

由此观之，是将孔子和王江二氏放在同一祠堂里合祭。

雄琴的著书，我只见过《大洲好人录》五卷、《藤树先生年忌说》一卷，以及奉献给藤树书院的《明伦堂记》一卷。《续近世丛语》卷一前面载有雄琴的小传，结尾有"著书十余种藏于家"。由此看来，似乎很多著作都没有出版过。

其中，《大洲好人录》于元文二年（1737）起草，延享二年（1745）成书，历时九年。为四十多人立传。提到的有八十多人，皆是太洲的孝悌忠信之人。雄琴曾孙履道，人称宽平，学于佐藤一斋，信奉阳明学。安政三年（1856）正月殁于江户。享年四十六。其事可见《阳明学》杂志第五十号。

雄琴曾记录过执斋的讲义，题为《传习录笔记》。颇为后人珍重，明治末期收入《汉籍国字解全书》。

雄琴在《祭执斋先生文》中说"中江子即没，仅百年矣。吾党各以己见立说，或以无为良知，或以有为良知，或以有无之间为良知"，云云。由此可见当时姚江学派之徒的分派状况。

和雄琴大抵同时代有一个叫氏家伯寿的，亦属于阳明派。氏家名九龄，伯寿为其字。号盖山人。通称庄五郎。近江人。生卒年月不详，事迹难书。姓名存于《和汉书画集览》及《鉴定便览》。事迹收入《近世畸人传》卷三。

第六章　中根东里

第一　事迹

东里姓中根氏，名若恩，字敬父，号东里。通称贞右卫门。伊豆下田[①]人。元禄七年（1694）生。东里父名重胜，字子义，号武滨。三河人[②]，延宝年间游伊豆，后移住此地，娶浅野氏为妻，生五男一女。然唯东里与弟孔昭（字叔德，号鸭居）二人成年，其他全部夭折。重胜家住下田，以农桑为业，兼善医术，是以请他治疗的人很多，其名声满誉乡里。

东里年仅十三时父丧，事母孝谨，为其父母修冥福，受命为僧。初入乡里一禅寺，薙发名称"证圆"。后登宇治黄蘗山，师事悦山禅师，精心钻研，得佛祖真面目。然禅宗课业，不许博读群书，东里渐次讨厌其约束，窃逃出寺庙，去东都[③]，寓下谷莲光寺，研究净土宗之学，并读经典。

寺主雄誉上人和物徂徕有交往，经常在人们面前赞扬东里的为人明敏出众。徂徕闻之大喜，尝试让东里句读李攀龙《白雪楼集》一书。东里乃在其书附上训读文而返还之，时仅年十九。东里又尝作文出示徂徕，徂徕读其半而舍之，心还未善，便对他说："苟欲学文，不若读左氏及史汉。"东里乃取《左传》读之，作一序出示徂徕。徂徕见之以为善，其后题曰"非复昔日阿蒙也"。后来又作一传示之，徂徕大为赞赏，回头对坐客曰：

---

① 指伊豆国下田地区，即今静冈县下田市一带。
② 三河国为现爱知县东半部。
③ 东都指江户，即后来的东京，相对京都而言。

"如是后之学左氏者当称之。"由是东里的声名鹊起。

有一天，东里得病，躺在佛殿后房休养时，偶尔看见几上之书，随手翻阅了一下，发现是《孟子》浩然之气一章，乃反复阅读，慨然叹曰："道之广大简易如是，而何茫乎随从浮图氏之虚诞，耽误此生乎？"于是始有还俗之志，遂归乡里，向母亲请求还俗一事。母亲不许，其伯父颇有学识，对他母亲说："舍子为僧，是弃之也。他今欲还俗，是更得一子也，宜从速听之。"母亲以为然，遂允许之。

东里大喜，又回到东都，和寺主雄誉上人商量。上人颇有见识，让其在寺中别舍蓄发读书。东里学习越来越刻苦，唯以时间不足。此时他和徂徕已经有隔阂，遂至互不相容地步。东里颇得徂徕眷顾诱掖之恩，故其还俗之际，理应和徂徕商量为之，然东里没有如此。待蓄发已有百日，徂徕闻之不悦。东里又疑其说，著文驳之，自述其所见。山县周南①、太宰春台等见其稿大愠，舾排阻碍，乃至东里不能再入其门。东里亦开始怀疑徂徕之学，讨厌所谓修辞之业，取其所作文章，悉数投之灶中烧毁，从此还俗，取名中根贞右卫门。室鸠巢欲引之至其家，东里素慕其学，乃委质师事之，时年二十三岁，享保元年（1716）正月之事。

东里跟从鸠巢去加贺②居住二年，享保三年（1718）从加贺返还，住东都八丁堀一年。又去镰仓，在鹤冈庙前居住二年。其间，与其弟叔德共同贩卖木履以为衣食。时值同居者生病，没有药费，东里乃典当经籍衣服资助之。此后又游东都，侨居辩庆桥畔，教授诸生，甘心退落，不和当时的名家们相撷顽。其费用如果贫乏，则在市上贩卖针线等，又自己制作竹皮履贩卖，仅得数日之费，也要闭门读书，沉默自重，从游之士以外，不和人接触，人称"皮履先生"。

① 山县周南（1687—1752），山口县人，江户中期的儒学者，荻生徂徕门人。著有《周南文集》《为学初问》《周南续稿》等。

② 加贺国即今石川县南部一带。

有一天某人进《王阳明全书》，东里先不以为然，偃卧读之，读至其致知格物知行合一说，肃然改容曰："所谓孔门传受之心法，尽在此书，读之何晚也。"于是归王学，学问全然一变。享保年间游下毛[①]植野，在金信甫家讲《传习录》。延享年间又游上毛之下仁田，客居高克明（字子九，号启峰）处。爱其旷野清闲，讨厌都会烦喧，遂移居下毛安苏郡天明乡，建一茅屋居住，称之为"知松菴"，专门倡导王学，教授子弟，境内为之大化，虽妇人小儿之辈，皆闻东里之名。东里晚年多病，欲依靠亲戚养老，于宝历十二年（1762）迁至浦贺[②]，作《大人歌》，又作《人说》，以阐明天地万物一体之义，发挥晚年开悟之处。东里在其死期迫近时，于宝历十二年（1762）冬，自选东岸之地修建墓石，以待天命。翌年正月，在《与门人须藤温书》中云：

> 老生今年七十，已经是望外岁月。自省精神血气，今年可能是生命的极限。

然这一年并未去世。至明和二年（1765）二月七日以疾卒于浦贺，享年七十有二，埋葬在海关的显正寺内。东里无妻子，临终以门人藤梓为嗣。著作有《新瓦》一篇。门人须藤温（字子直，下毛人）搜集其诗文编成《东里遗稿》一卷。后来下毛的服部政世（号甫菴）编辑其书牍及杂文为《东里外集》一卷。

东里资性狷介，高洁自持，不与世间苟容，不为毫利所动，唯以义而立，是故从游者皆忌惮之。室鸠巢等人，也不强屈之，只是慎默爱护而已。

东里之父善饮，每出必醉，归家则晚。东里常秉烛迎接。曾偶遇途中，

---

① 下毛即下野国，为今枥木县枥木市一带。
② 即相模国浦贺村，现神奈川县横须贺市。

父醉甚难辨东里和他人，大骂之，遂倒树下而睡。东里扶之不起，乃返回家中，取蚊帐。而又恐其母不安，称为了和父亲一起住宿，父亲今夜醉酒某之家，客众无多余的蚊帐，同儿住一宿后再回来，遂到父亲睡处，张开蚊帐，彻夜待其睡醒后，再扶持还家。乡人皆称其孝。

东里本对文学有兴趣，巧于诗歌文章。然其晚年专致力于道学，无复余念。尝对门人须藤温曰：

> 贱躯老疾交集。凡百好事皆以废。唯好学之志，日益壮矣，死而后已。夫往时所作之文章皆浮华之言，恐误己误人，今悉弃之，机上独余大人歌耳。

由此观之，他将自己著作的许多归为乌有，非常可惜。今阅读了他的《新瓦》一篇，实为千载难得之名文。柴野栗山、古贺精里、太田锦城等徒弟皆绝口盛赞。东里住在下毛天明乡时，弟弟叔德带着幼女芳子来到相模，托付给东里。时芳子年仅四岁，还未开教。于是东里写了一本教训之书，题名为《新瓦》。画鸟兽于其端，饰以朱绿，给芳子玩耍，要其遂读之，可见教育幼女之情切，出乎预想。《新瓦》如外菅神庙碑，乃绝妙好辞，田沼谦注释之，题名为《菅神庙碑铭解》，作为单行本公之于世。《先哲丛谈后编》卷五云：

> 东里诗才隽逸，文尤跌荡，机轴可观矣。若下毛天明乡菅神庙碑，相州鹤冈祀堂记，近世柴栗山、井四明、太田锦城等诸家皆称曰：庆元以来希有绝无之文。

而《相州鹤冈祀堂记》并未收入《遗稿》和《外集》，甚为遗憾。东里诗篇亦为世间传诵。现举二首如下：

谒菅相公祠诗

衡茅露为霜，蟋蟀鸣荆扉。

幽棲莫与欢，田野谁相知。

开帙恋前修，曳杖望广畦。

广畦坦且静，中有菅公祠。

郁郁松垂荫，森森梅交枝。

就阶修礼容，凭轩想昔时。

昔时何罔极，纷纭乱是非。

路险豺狼嗥，林昏鸱鸮飞。

休勋沦西海，遗爱泣群黎。

况复流离子，感物心伤悲。

仰叹桂华落，俯惜蕙草萎。

风厉诵甘棠，天寒怀缁衣。

恨恨不能去，含情涕涟洏。

聊知巴人曲，以比祝史辞。

辞殚情未已，徘徊恨晚晖。

送芳子归相模诗并序

芳子与余寓于下毛，语在新瓦。宽延庚午秋，其伯母自乡里召之，将厚养之。明年春芳子年八岁，亦欲往焉。遂与其父俱行，余喜芳子之得其所也。欲其克有终也，故作斯诗以祝之。

莫春春服成，游子方翱翔。

况乃与乃父，携手归故乡。

芳草萋以绿，鸧鹒鸣路傍。

伯氏既仁厚，故旧亦温良。

尔将承其德，永系于苞桑。

此行尤可乐，别离曷足伤。

169

但母之不存，岂不断中肠。

庶几遂爱日，令老亲复阳。

纵见上林华，勿忘旷野霜。

是等诗篇，非道义蕴底深厚者，不能作出。《徂徕集》中的格调高古者，也很难看到此种真挚恳恻。

第二　学说

东里屡屡改变其所信，甚于石菴。他最初为僧修禅学，后来又学净土宗教义，不久喜好儒教，回归蘐园之学。然忽又厌之，师事室鸠巢信奉朱子学，后又一变归于阳明学，实无变化定状。如以石菴为变色龙，东里则为何呢？余难有名称形容之。然他自享保年间一旦归宗阳明学，信念日坚，不复动摇。特别是到了晚年，益发坚持所信，并有所发挥。

东里说万物一体之理，认为人道本源在于此。即他是一元论的世界观，随着仁之本体而演绎。《大人歌》云：

天地与万物，浑然唯一人。阴阳为呼吸，四时是屈伸。分野唯虚名，全体靡不均。

是以世界则为大的人。其《人说》云：

人者，天地之心也。故天地者，人之身也。云云。宇宙即是人，人即是宇宙，人之大全也。

东里如此以宇宙为人的身体，以人为宇宙的心意。人和宇宙合一，则为超越常识的大人格，以之为人全者，即人类的理想，成就如此大的人格。大人格之本体唯仁而已。东里在《一体之训》中叙述其意，云：

《泰誓》曰：唯天地者万物之父母，唯人者万物之灵也。夫天地果万物之父母，万物乃天地之子也。子与父母一体乎？礼曰：人天地之德也。又曰：人天地之心也。人果天地之心，天地乃人之身也。身何不与心一体乎？心何不与德一体乎？万物之区别者，一身之中于耳目口鼻首足肩背，各如其分。或贵之在上，或贱在下，或远或近，或大，或小。其差等节目，不得混同。然精神周流，脉络贯通，疾痛欢乐感触，无不神应。是故上者，爱下。下者，敬上。忘远，忽近。事大，字小。相助相安，以天下为乐，以天下为忧。是尧舜之治体，圣学之大本大源也。吾侪于此如不专心致志，便会讲究体认，逐末随流，滔淘不反，旷日失时。遂至以此生为虚。其以之为然者何？于一体之中，自异各高其藩篱故也。其此之如，人只是一团血肉而已，岂足以为天地之心。云云。明道曰：仁以天地万物为一体。而无不在己，天地己也，万物亦己也。天己高也，地己厚也，日月己明也。学者诚存其心，定其气，去人我之见，胜意必之私，真诚体察之，天地万物，于吾见无毫末之间隔。信得圣贤不欺吾。况阴阳五行之人，天地四时共往来变化，曾无内外彼此之别。喜怒哀乐，视听言动，于天地万物有一毫之间隙斩如，刺如，疾痛恻怛不能忍。非一体，岂如此之？是以古之圣贤，如人之饥溺。一夫无获，推己纳是于沟中。先天下之忧而忧。汲汲遑遑，无暇煖席。故求之纷纭，非以自劳苦，只是万物与吾一体。生民之困苦荼毒，何时为疾痛之吾身之切。不知吾身之疾痛者，无是非之心者也。程子云学所以至也。礼与泰誓，云圣愚之同然所指也。夫天地万物一体，天地万物亦一物也。所谓格物格此一物而已。格此物者，复其本然而已。圣人之学，其广大简易。此之如，明道唱之于

171

宋，阳明和之于明。以宇宙之大全示天下万世。其盛德大惠，民无不称事。云云。

如人知万物一体之理，自他之别，彼我之差便会忽然消灭，没有任何藩篱，融合相即，悟我即宇宙，宇宙即我，始体察仁。体察仁，实行仁，即学问之本领。《人说》所谓"学问之道无他，撤其藩篱而已"，先打破个体之执着我见，打破我见，实乃到达仁之关门。打破我见之处可以得仁。是故说"学问之道无他，撤其藩篱而已"学问的本领唯实行仁而已。对此《学则》讲得非常详细：

学则

圣人之学为仁而已矣。仁者，天地万物一体之心也。而义礼智信皆在其中矣。盖天下之物，其差等虽无穷。然莫弗得天地之性，以为其性。得天地之气，以为其气。此之谓一体。是故自我父子兄弟，以至于天下后世之人，皆吾骨肉也。日月雨露，山川草木，鸟兽鱼鳖，无一物而非我也。则吾不忍之心，自不能已矣。是故己欲立而立人，己欲达而达人。己所不欲，无施诸人。人之善恶若己之有之。先天下之忧而忧，后天下之乐而乐，是之谓仁。是之谓天地万物一体之心。其自然有厚薄者，义也。譬影之参差，非日月之所私焉。礼其节文也，智其明觉也，信其真实也，是心之德。其盛若此，但为人欲所蔽，而不知其所谓一体者安在也。营营汲汲，唯一己之名利是图。甚者视其一家骨肉之亲，无异于仇雠，况他人乎？鸟兽草木乎？然而心之本体，则自若也。其感于物也，辄戚戚焉，如痛孺子之入井。闻觳觫之牛之类是已。况于吾父子兄弟，其能恝然乎。譬如虽云雾四塞，然日月之明，则无以异。才有罅隙，辄能照焉。圣人之学，岂有他哉。胜夫人欲，以尽是心而已矣。盖合内外，以平物我而已矣。此之谓为仁，此之谓好学。于戏其广大而简易若是矣。彼以文辞为学者陋矣，求美于外惑矣。吾懼学之日远于仁也，于是乎言。

仁即良知的异名，所谓致良知，即是实行仁。学问唯以为仁为目的而已。真是一贯，毫无歧路。是故直截易简，是无过处。《与须藤子》书云：

> 于是无苦身劳心。甚为易简直截。万物之多，万物之繁。万方之远，万世之久。有一以贯之道理。

又在《与桃野子书》云：

> 天地万物，唯一物也。格物只格此一物而已。譬如大木，其枝叶花实，百千万亿，然只是一木。故唯养一根，其百千万亿之枝叶花实，无不盛长。是至简至易之妙法，格物之大全也。

学问的目的已经明了，如白日照明，虽无邪路之迷者，踌躇顾盼，不知决行，遂不能成志。是以在《与柳圃子书》中论述迅速决断之要，云：

> 既为此，又为彼。徘徊顾望，日旷时失。不应贻无穷之悔。岁月如流，大福不再来。此生能几何？岂忍以万物之灵，屈冲天之翼，为鸡鹭之群乎。

在《与须藤子书》中云：

> 老拙有一日之命，则一日勤于学问。死而后已。只此将愚见向同志传达，将是比之婚姻，老拙将为媒妁。

东里不但说谕别人，亦亲自实行模范。他唯恐学者们骋于外物，流于迂阔，论述学问方法。在《与桃野子书》中云：

> 所谓俗人之学，以读书为第一义。字字句句，分明解释成功。圣学之成功比之更大。指经传中斯学之大头脑，为读易，解易。明白如青天白日，不用注释，不劳思虑，便可通晓。只是不足以择之反复玩味。于无益之文字欲读难之读，解难之解，不浪费精神，失却光阴，不及见得大头脑。即使五经四书，如指月。见月者，忘指可也。牵制于文义，迷津于其本，如指月者。象山先生曰：苟知本六经皆我注脚也。致良知者斯学之大头脑也。良知之本体，唯天地万物于一身也。提撕此本体，格物之功在其中也。是则一以贯之者，譬之舂米，唯用力于一杵，而亿万之粒米，尽成精白。故王子晚年之教，唯以致良知而已，而不及格物。何如？不知提撕此本体，更以格物为事者。如木之无根，水之无源，舂米失杵，而去一粒磨刮。是故世儒之学，支离决裂，牵滞纷扰，终不能成功。

又在《与柳圃子书》中云：

> 圣人之学，五经四书及阳明传习录文录中具备，别无他求。在右之求要，又于要中求要。何有不足。吾侪向来迷惑于多岐，于此处无定见故也。

他认为，学问之范围，至此愈狭隘，至其自得之处之道义观念，愈加精妙，接近古圣贤之域。又《与雷泽子书》云：

勤于圣人之学者，胜私改过养德，及信天地万物一体之道理。如夜之晓，如解重荷，如盲人之目明心喜。旧恶前非后悔残念都如昨夜之梦，昨日之风雨也，有何忧悲事乎。年轻人如知此意，作学问也不无聊，打开精神。然教者学者皆只求之文字，不求心之安堵。虚度光阴，此世如梦过去，尚又悲切。老拙到近年为止不知此学问。浪费月日，忘在余命之内，去掉此悲。

又云：

好名心为学问之大魔也，应早弃名而勤实。老拙自幼年喜好名声之病深，近年来特别如此。治疗的力量，现在还未痊愈。惜名固然不错，然圣人之学，惜义而不贪名。如有惜名之心，便听不进去事，无真实之心。恐惧世上之谣传而忧心多，最后只能去争夺名利。即使名声很大，但若失去义，则耻悔交加。日夜挂在心上，实不足羡。不缺义则心宽气足，不管世上有何非难嘲笑，亦不放在心头。有着特别之乐。义名，玉石也，须选择之。

由是观之，东里已经以己为世界之中心，达到了寂然不动之域。如此则平生丝毫不为外物左右，外物反以我为枢纽，在周围运转。誉如云烟一般，名利像尘芥那样，即使有侮蔑之类，亦不足为怪。他打破迷妄，面向心之光明，日夜急行之状，犹如孤鹤之声冲破空明，高尚崇大，超越尘俗之外。然任何人都不是没有情欲，情欲牵引人向下劣方向前进，其势力甚为猛烈。是故如果没有退治工夫的话，即使学问目的高尚，要到达目标可谓非常艰难。是以东里提倡时刻不间断地向情欲之侵害战斗。他在《与柳圃子书》中讲无聊之弊曰：

如果不能降伏此大魔（即无聊），即使有小善也是车薪杯水，劳而无功。如求其由之处，不出自吾志之诚一真切而已。是故学者之务，在于吾志诚一真切。如不吟味省察诚一真切，则一息之间可断。免除此患之道，只此一方而已，别无用智谋和才略之处。只是坚决在此截断无聊之念，复归吾良心之本然而已。譬如在四方无援之地面临大敌包围，智谋才智无用，前后左右无顾，唯有坚决地击破这一大敌。自我保全之外，别无他方。今日也需要如此工夫，明日亦如此工夫。无声色名利，于贫贱也不无聊，患难亦不无聊，疾痛死亡亦不无聊。无时无处，只以降伏此大魔为务。用力俞久，他衰而我盛，则吾本心周流和畅。人欲私意，客气俗习，无所隐伏，或微萌动，无非红炉上一点雪而已。云云。

其认为人要向情欲不间断地战斗，最终降伏之。然完成此事需要百折不挠之志，遭遇任何患难，也不沮丧，勇往直前。是故他亦论述了志之诚一真切，在《与柳圃子书》中云：

忧深情切，志气奋发，使人兴起之。天将降大任于是人也，必先苦其心志，劳其筋骨，饿其体肤，空乏其身，行拂乱其所为，所以动心忍性，增益其所不能。所谓成汝玉也。伏望于此处明目张胆，振起精神，奉承天意，不徒放过。吾志之诚一能真切，则良知也。此致良知，必诚一吾志，必要真切。譬如霸客之回归乡里，见父母，逢妻子，欢乐之心，诚一真切，故千里不为远。不畏寒暑，不讨风雨，对道路景色亦无贪着之心，只思念早一日回归乡里。此心不无聊。云云。今以之比作斯学。天地万物一身之境界乃吾真之故乡，无位而贵，无禄而富，仰而不愧，俯而不怍，心广体胖。富贵不能淫，贫贱不能移，威武不能屈。入夷狄患难无不自得，天下之至乐也。此归乡里，思得此真乐之心，诚一真切。则道中之艰难辛苦，不足心动，有何无聊之有？凡他乡之声色纷华，何羡之有？只是吾辈见得此境界不分明，半信半疑，或勤或惰，如一日暴晒十日暴寒而欲成功，不种而待秋收。之所以成众人之醉生梦死，他乡异域之愚鬼。云云。欲以何免此患？唯于斯学不倦而已。不倦之至处，诚一真切也。诚一真切，则愈不倦。愈不倦愈诚一真切也。工夫至兹，如渡独木桥，左右皆深渊也，不进则退。是古之人战战兢兢，敢无一念之间之所以也。

另外，东里还有以心之本体为光明正大，讲无我而撒彼我之别，谦和仁密着不离之关系等说法，皆有一顾之价值。

东里又有静坐静立之说。静坐乃宋儒之工夫，本为坐禅之翻版，但无静立。这完全是东里所发明。他自己在《与桃野子书》中叙述其效果曰：

老拙近来勤于静坐和静立。古来未闻静立。愚意以为，静坐为待时择处时用，而静立无差别。于内于外，道路往来时，心想则作。云云。

东里和执斋犹如伯仲之间。然其文多不传，多少有些遗漏。吾人颇感遗憾之处。

东里还著有《壁书》，现列举如下：

一、爱父母睦兄弟，修身为本，本壮末繁。

二、敬老爱幼，贵有德，怜无能。

三、忠臣知有国不知有家，孝子知有亲不知有己。

四、慎先祖之祭，不忽子孙之教。

五、辞缓愿诚，行敏敦厚。

六、见善而法，见不善而戒。

七、怒思难不至悔，欲思义不取耻。

八、自俭至奢易，自奢入俭难。

九、樵父取山，渔父浮海。人各乐之业。

十、不言人之过，不傲我功。

十一、病从口入之多，祸从口出不少。

十二、施不愿报，受不忘恩。

十三、他山之石可以攻玉，忧患之事可以磨心。

十四、饮水有之乐，锦衣有之忧。

十五、可待月出，勿追散花。

十六、忠言逆耳，良药苦口。

以上十六条虽不甚奇，亦列举了日常行为之适当治心之法，学者若实行之，其于君子无疑绰然有裕。

第七章　林子平

林子平，名友直，子平为其字。仙台人①。曾著《海国兵谈》及《三国通览》，政府以为倡导怪说，命其毁版蛰居。子平是以作《六无歌》，以为自嘲。歌云：

无亲，无妻，无子，无版木，无钱，无想死。

遂自号六无斋，端坐一室，足不出庭。宽政五年（1793）六月二十一日去世。时年五十六岁。

子平立《学则》八条。第一为八德（孝、悌、忠、信、勇、义、廉、耻），第二为读书，第三为武术，第四为良知，第五为克己，第六为复礼，第七为茶道，第八为猿乐。此八条以八德为基础。以良知为"能认记良知，磨砺心学"，更叙述其旨意云：

人能辨善恶邪正，善善，恶恶，明辨知心。是良知也。此良知不用学，天然存在于人的胸中，所谓神明。万事须问此良知。尽此良知，须尽力于修业。克己即勇也。云云。

又在八条之末附记曰：

---

① 即今宫城县仙台市。

圣人之心法，佛家、神道、武家之气位，无勇则不行。心法为勇之本，应进事专勤。文武二艺，皆宗此心。是学者之大主意也。

又在《父兄训》中说："教子弟，尽管幼少，皆应容纳心法。"虽然不知道子平接触过王学系统没有，其磨砺良知，以心法为本之处，完全是姚江流派。子平的著作由大槻修二氏编辑成《六无斋全书》，校订出版。凡五卷。

第八章　佐藤一斋

第一　事迹

中根东里殁后七年，佐藤一斋出生．一斋名坦，字大道，人称舍藏。一斋为其号。又号爱日楼，老吾轩。江户人。其家系据说出自大职官镰足公。曾祖名广义，号周轩。始以儒学仕岩村①侯，后为家老②。祖名信全，袭父职。父名信由，号文永。通称勘平。袭父职，执国政凡三十多年。娶莳田氏，生二男二女。长男鹰之助。次男即一斋。

一斋安永元年（1772）十月生于江户滨町藩邸。当时父亲信由年四十五。先前养小菅氏子治助为嗣，以长女配之。一斋出生后，治助又以一斋为其义子。一斋幼年喜好读书，又善书法，射骑刀枪之术，无所不精。还学过北条氏之兵法、小笠原之礼法。到十三岁时，和成人一般，各方面初露头角，欲以天下第一等事成其英名。于是立下学习圣贤之志。

宽政二年（1790），一斋年十九岁，始出仕岩村藩，进入近侍行列。此时一斋和林述斋同学。述斋本姓松平氏，为岩村城主能登守乘蕴的第三子。其时还未继承林氏，住在东町的藩邸。述斋年长一斋仅四岁。一斋以岩村藩的子弟自幼成为述斋的伴友，长则如兄弟，往来讲学无虚日。又出入井上四明、鹰见星皋之门听讲。时世之学者无不染习徂徕学，于是著《辩道

---

① 岩村藩为今岐阜县惠那市一带。
② 家老为诸侯家臣中职位最高的官职，统理藩政。

雉芜》二卷批驳之。又作《孝经解意补义》一卷。此时医官为杉本樗园，和一斋同年，志操相同，乃结交亲善，以豪放自任。宽政三年（1791）八月因故免职，因而请求脱籍放免。十月得以批准。乃作诗曰：

濯足溪流仰看山，唯山与水意偏闲。

投簪心境无余事，梦在鸥盟猿约间。

宽政四年（1792）二月，在述斋怂恿下，游浪华。临行赠述斋诗曰：

三尺凝霜识者稀，终教紫气斗边微。

风雨何时开匣去，延平津畔化龙飞。

一斋乃在间大业家寓住。[1] 大业精通历数，又有见识。和一斋相遇，一见如故。又因此学于中井竹山[2]。一斋日夜切磨，讨论经义，或至夜半。竹山并不厌倦，反而与之切磋。竹山长子曾弘，词才绝伦，丽泽相质，学问大进。又游京师，见到皆川淇园。六月归家。竹山乃赠诗曰：

闻君客迹自浓藩，目击俱欣吾道存。

累旬未极新知乐，归路俄惊远别魂。

世故易抬双白眼，词场且对一青樽。

妙年将任斯文责，何日游踪再及门。

---

① 原注：间大业名重富，号长涯，晚年号耕雷主人。大业为其字。事见《爱日楼文》卷十二所载《亡友间大业碑铭叙》。
② 中井竹山（1730—1804）大阪人，中井甃庵长子，儒学者。曾随五井兰州学习宋学。其父中井甃庵亡故后接掌大阪的学问所怀德堂。中井履轩（1732—1817）为其弟，折衷学派。

又书一行大字赠予之。其语云："困而后寝，仆而复兴。"一斋问其出处。答曰"仆而复兴"乃王文成语，首句则现在临笔而成。王文成的这一句话，无疑是其转眼于姚江学派的契机。

宽政五年（1793）二月入林简顺之门，寓其邸内，开始以儒为业。述斋经常来其寓所，相与讲习。四月，简顺殁，无嗣。官乃命述斋继承林氏之后。述斋于是正师弟之名，终身以一斋为门人。然仍然日夜同学，犹如旧时。一斋专心六经，旁学文辞。其交往者有松崎慊堂、清水赤城、市野隼卿等，皆当时之俊秀。时而访问有名的儒者，讨论难诘，以攻理义。当时有个僧侣叫蕉中，名蔚常，字大典，近江人，以文闻名。其来江户时，一斋常将所作文章出示给他请求批评，得力甚多。

宽政八年（1796），随父亲远游京畿、大和伊势及摄播，探访名胜古迹。其间风雨霜露，道路艰辛。然手持杖履，颇得父亲的欢心。其后名声渐起，门人日进。大小侯伯有志于学问者，延聘讲读者很多，几无虚日。一斋号其塾为百之寮，又名风自寮。

宽政十二年（1800）三月，平户①侯特别发给旅费延聘一斋。一斋乃请求抄便路去长崎，见清朝来的客人，以增加见识。得到侯的允许之后，一斋四月出行。到品川驿站送行的数十人，都是有名之士。一时传为佳话。一斋沿途过摄津②，经中国，至肥前，住在长崎平户侯邸内，和清客沈敬胆、刘云台、钱宇文、周应书等成为文酒之交。其中，云台和宇文二人颇有文才，非一般客商可比，因此所得甚多。再去平户，在维新馆讲经书。听众达三百余人。归路时经京师，取路岐苏，九月归家。

文化二年（1805）十月，成为林氏③塾长，监督其门生。是以门人日

---

① 平户即今长崎县平户市一带。

② 摄津国即今大阪府北部和兵库县东南一带，又简称摄州。

③ 林氏指江户幕府的儒学头领林罗山一家，代代统领江户儒学。林家于 1603 年在江户上野创办"林家家塾"，即幕府昌平黉的前身。家塾的塾长一般由林氏子孙担任，并多被幕府聘为儒官。

进，从游之士甚多，乃至寮舍不能容。耳提面命，讲习不倦，夜以继日，讲诗之听众满堂。述斋嗣子圣宇为首，师事一斋之人很多。门人中遂其业成大家者数十人之多。其中著名者如安积良斋、竹村悔斋等。

一斋曾受东叡山法亲王知遇，时时侍讲，陪侍诗筵。文政元年（1818）陪法亲王至日光山，著《日光山行记》，载《爱日楼诗文》卷末。

文政四年（1821）从江户出发去美浓，凭吊铊尾山祖先城墟，谒其坟墓。再游京师，拜见日野大纳言南洞公，九月归家。公喜好辞，尤善韵文。是以一斋之至，一见如故。尔后公来江户时，一斋必去其居住旅馆，伺候起居，受赐公道上所获诗文。

一斋于岩村已经辞仕，没有职事。唯以文学辅导世子而已。文政九年（1826）世子继国，提拔一斋列老臣，议论国事。是时其已经誉满天下，苟志道学文者，无不如其门执贽。塾徒多肥萨奥羽子弟，同窗切磋。其质虽然不一，皆笃信一斋，声音笑貌，无不模仿一斋。吉村秋阳、山田方谷之徒，名声尤著。

天保十二年（1841），一斋接近古稀之龄，谢绝庆事，欲养余年。借岩村侯的矢藏下邸百步之地，新筑书室，取名静修所。又筑一楼名东暖楼。在园内种上芭蕉桂树，以作为隐栖之处，平息往来。七月述斋逝去。一斋是以凄然无聊，愈有断绝人世之倾向。此岁幕府一心庶政，晋升贤良。十一月被拔擢为儒官，负责昌平黉官舍。于是幡然复作，乃赋三首律诗曰：

毕竟虚名无一长，谬承征命入庙堂。

久居人后材如栎，徒在物先龄迫桑。

昨梦犹余蓑笠态，残躯重着帽袍装。

深惭垂钓磻溪叟，大耄鹰扬报宠光。

近筑幽棲墨水涯，岂图今日赴公车。

圣明普照分珠砾，文武兼收施兔罝。

不比蟠桃初结实，恰同枯卉再生芽。

老吾愿使书香继，传一经余传一家。

七十无车底用悬，抵今挽作日强年。

鹭鹚尽遣成新缀，猿鹤奈何违旧缘。

赴所不期天一定，动于无妄物皆然。

世间多少营营者，知否此翁真可怜。

天保十三年（1842）将旧居给予女婿河田兴，自移居官舍，勤奋教育后进，讲说经义，不敢以老委之与人。于是天下之人，以为泰斗，景仰不止。侯伯以下前来迎聘者，前后数十家，有的人屈驾居住于官舍。士民入门者不下三千人。四月以特旨讲学于将军之前，辩说详细而有赏。自是以后．国家渐入多事之秋，或辅助林祭宿作外交之书，或应幕府之需作时务策，于国政上颇有裨益。幕府亦优遇一斋，屡有赏赐。一斋之荣光可谓顶峰。

安政六年（1859）六月，患感冒。八月痊愈。因此勉强为塾徒讲《论语》。为此疾病再发，九月突发痰疾，不能再起，元气渐失，二十四日在昌平簧之官舍去世。享年八十八。十月三日葬于城南麻布深广寺。一斋初娶片冈氏。先没。继配坂本氏后离婚，又娶中根氏。有三男十女。长男名滉，称慎左卫门。是为坂本氏所生，不继承家业。次男夭折。三男名槻，继承家业为儒官，明治维新之后担任权小史。都是中根氏所生。内外男女孙凡三十九人。

一斋门人中最著名者如下：

佐久间象山，名启，字子明，信浓人。奉行朱子学。然亦受阳明学之影响。可参见《日本朱子学派之哲学》。

吉村秋阳，名晋，字丽明，号重介。安艺人。奉行阳明学。见后章。

山田方谷，名球，字琳卿。号安五郎。备中人。奉行阳明学。见后章。

奥宫慥斋，名正由，字士道。土佐人。奉行阳明学。见后章。

竹村梅斋，名蕢，字伯实。三河人，奉行阳明学。又巧于诗，多奇行。斩专藩宰之权者某后自杀。时年三十有六。安积艮斋作其传。其事迹见《近世先哲丛谈》卷下。

林鹤梁，名长孺，称伊太郎。武藏[1]人。明治十一年（1878）正月十六日殁。年七十三。著述有《鹤梁文钞》正续编四卷。

金子得所，名清邦，字鸣卿，人称与三郎，后改称六左卫门。出羽[2]人。奉行阳明学。事迹颇多。三岛中州作其碑文。

大桥讷庵，名顺，字周顺、顺藏。江户人。初奉阳明学，后转为朱子学。文久二年七月十二日在牢狱去世。年四十八。著述有《关邪小言》四卷，《讷庵文诗钞》二卷等。

池田草庵，名辑，字子敬。但马人。奉行阳明学。见后章。

黑田长元，秋月藩[3]主。奉行阳明学。

中岛操存斋，名建，字仲强，人称衡平。筑前人。奉行阳明学。仕筑前秋月藩主黑田长元公，以振兴风俗、明辨正邪为己任，谏言主公而免官，在家幽禁。文久之岁，又因陈言时事，违忤权贵之意，受到谴责。明治元年（1868）五月中夜突然去世。或云死难。他尝曰，圣人之言，如看病治药，不究其考可能生误。唯"主忠信"一语独守真实。春日潜庵曾作其碑志。其事详见《阳明学》杂志第五十一号及五十七号。

柳泽芝陵，名信兆，字伯民。称太郎，岛原人。奉行阳明学。见后章。

---

① 武藏国，即现在的东京都、埼玉县全境、神奈川县横滨市、川崎市全境。
② 出羽国即现在的山形县和秋田县。
③ 筑前国秋月藩，筑前国为今福冈县，秋月藩在福冈县东部。

安积艮斋，名信，字思顿，号佑助。奉行朱子学。奥州①人。著《艮斋文略》四卷、续三卷，《诗略》一卷，《艮斋闲话》二卷、续二卷。

河田藻海，名兴，字犹与，号八之助。又号屏淑、藻海，后号迪斋。一斋女婿。安政六年（1859）正月十五日去世。享年五十有七。著《书经插解》八卷，《易学启蒙图考》一卷，《自警编》一卷，《水云问答》一卷等。藻海曾在藤树真迹《致良知》之后书曰：

> 右藤树中江真迹也。宽保中三轮执斋寄纳诸德本堂。堂在江州小川邑。翁之乡祠，而系大沟侯封内。翁启手足。二百年于兹而土人奉祠至今，其追慕之深可知矣。大沟侯好读书，锐志躬行，有深慕翁，乃恐是迹之或逸也。将摹刻以传，示与而征跋。展而观之，笔力道劲，足以见其养之后。盖致知大学也，良知孟子也，而致良知则王文成之所独得也。翁之学有得于此，则有是迹，岂偶然也哉。因敬书其后。

藻海亦爱好阳明学。藻海之行状，见《教育史资料》卷七。

菊地廓堂，名履，字顺助。笹山侯儒臣。天保元年（1830）八月十二日去世。

横井小楠，名存，字子操，人称平四郎。肥后人。奉行阳明学。见后章。

若山勿堂，名拯，字壮吉。勿堂为其号。通称壮吉。土佐人。著有《讲易私记》《论语私记》《学庸私记》《教战略记》等。

泽村西坡，名迈，字子宽，另字伯党，通称武左卫门。西坡为其号。肥后人。奉行阳明学。著有《逆天余唾》。他生于宽政十二年（1800），安政六年（1859）去世。年寿六十。吉村秋阳撰其墓碑铭。

---

① 奥州即陆奥国的别称，今岩手县一带。

渡边华山，名定静，字子安，一字伯登。通称登。仕田原侯。

昌谷精溪，名硕，精溪为其号。备中人。仕津山藩主确堂公。著《小学书合纂》。事迹见《日本教育史资料》卷五。

中村敬宇，名正直，人称敬辅。敬宇为其号。曾著哭一斋老师诗一首，云：

天上中台坠，人间泰山颓。

儒林谁送斧，学海忽扬埃。

一代称尊伯，先生实杰魁。

嵩高墙数仞，浩瀚浪千堆。

经术国深造，文章由己裁。

筌蹄忘字句，花月谢嘲诙。

侯伯竞延礼，陶钧多俊材。

微生沾训诲，师事自童孩。

尚忆陪东席，俄惊赴夜台。

悲哀岂终极，肠胃为伤摧。

坯土今如此，风姿安在哉。

薯书遍传播，旷劫不为灰。

推崇之意可谓至哉。敬宇先生之事，详见《日本朱子学派之哲学》。

其他受到一斋之熏陶者不少。总之一斋在教育上的功劳决不可轻轻看过。一斋作为文章家也是顶级大家。高井泰亮曰：

佐藤坦其学本于《象山全书》《传习录》《困知记》等。而引朱子，合于陆王也。文章之巧，实海内一人也。

当是时有赖山阳、松崎慊堂等文章家，故难称海内第一人，但也可谓宽政以来有数的文章家。一斋虽擅长文章，亦巧于诗歌。下面举几首：

谩言三首节二

斯文丧坠有谁寻，天地人心无古今。

偶坐夜堂窥斗象，殊疑光彩照吾襟。

落落乾坤人亦无，谁欤自古是真儒。

唯名与利多为累，一过此关才丈夫。

太公垂钓图

缪被文王载得归，一竿风月与心违。

想君牧野鹰扬后，梦在磻溪旧钓矶。

一斋事迹详见高濑武次郎著《佐藤一斋及门人》一书中。

第二　著书

《古本大学旁释补》一卷

此书为增补王阳明著《古本大学旁释》而成。一斋为之序曰"本邦人所未见"，乃知王阳明《古本大学旁释》自一斋始传入我邦。盖此书由朱彝尊载入《经义考》，毛奇龄以为是门人的伪入。一斋得此书而检阅之，认为绝非门人伪造，于是以为二卷之定本。此书明治三十年（1897）由南部保城以《大学古本旁释》为题出版。

《大学一家私言》一卷

这是一斋二十四五岁时立足于阳明学而著书。

《大学摘说》一卷

此书反省前书为年轻气盛写成故语言锋芒毕露，更参考阳明以及诸儒之说而成。

《中庸栏外书》① 一卷

《论语栏外书》二卷

《孟子栏外书》二卷

《小学栏外书》一卷

《近思录栏外书》三卷

《传习录栏外书》三卷

以上书籍明治三十年（1897）由南部保城出版。

《白鹿洞揭示问》一卷

《白鹿洞揭示译》一卷

《九卦广义》一卷

《易学启蒙》一卷

《易学启蒙图考》一卷

《吴草庐定论》一卷

《秃毫聚范》一卷

《爱日楼稿本》三十卷

《爱日楼经文诗》四卷

此书由松平定于文政十二年（1829）刊行。

《爱日楼文诗剩篇》一卷

《济厩略记》一卷

《初学课业次第》一卷

---

① "栏外书"是佐藤一斋阅读古籍时的批注文字。其读书时每有所得，辄记于书页乌丝栏外，后取之别录出版成单行本，称某某"栏外书"。

此书天保三年（1832）刊行。木活字本。内藤耻曳将之收入《日本文库》第二编。

《课业次第》续录一卷

《课业次第》引用书目一卷

《俗简焚除》二卷

《课蒙背诵》一卷

《言志录》四卷

一斋壮年著《言志录》一卷，六十岁后著《言志后录》一卷，七十岁著《言志晚录》一卷，八十岁著《言志耄录》一卷。共四卷。世称《言志四录》。此书为语录，记述思想之断片，然亦可窥见一斋之学问。

《哀敬篇》三卷

《追苏游录》一卷

《周易栏外书》十卷

《磕子时器杂著》一卷

《漫游杂录》二卷

《孙子副诠》一卷

《吴子副诠》一卷

《辩道蕹芜》二卷

《孝经解意补义》一卷

这些著书大抵为写本。

一斋在世时刊行了《爱日楼文诗》四卷，《言志录》四卷及《初学课业次第》一卷。一斋又为四书五经及小学训点，以飨后进。所谓"一斋点"是也。

第三　学说

一斋于二十四五岁之时开始学习阳明学。契机是竹山给予他阳明之语一事。其著作《大学一家私言》为二十四五岁时之作，全立足于姚江派立场，指出朱子之谬误。然一斋为林述斋门人，担任其塾长，后来又成为昌平黉教官，不能公然主张王学。且朱子学是幕府的教育主义。是故一斋阳奉朱子学而阴倡阳明学，于是有"阳朱阴王"之讥。然朱王二氏之学并非完全不可调和。藤树、蕃山、执斋等皆崇奉阳明学而并不排斥朱子学，且有并举共取之倾向。在此点上一斋也颇费苦心。

最初幕府采用朱子学，是因为林罗山当了儒官，其子孙又代代继承奉侍幕府。然林罗山出自藤原惺窝。惺窝之学和朱子学相违，并不排斥陆子，即朱陆并取。取朱陆不亚于取朱王。是以一斋特别尊崇惺窝，曾在矢仓下邸园中建一小祠堂，挂其肖像，以表钦仰之意，曰：

> 惺窝藤公答林罗山书曰：陆文安天资高明，措辞浑浩，自然之妙，亦不可掩焉。又曰：紫阳笃实而邃密，金谿高明而简易。人见其异，不见其同。一旦豁然贯通，则同敓异敓，必自知然后已矣。余谓我邦首倡濂洛之学者为藤公，而早已取朱陆如此。罗山亦出于其门。余曾祖周轩受学于后藤松轩。而松轩之学，亦出自藤公。余钦慕藤公，渊源所自。则有乎尔。

罗山不像惺窝那样朱陆并取。而独推崇朱子，排斥陆子。特别是批判惺窝取陆子之非。唯理气之说基于阳明，其他之点全然是纯正的朱子学。然对一斋来说，关于此事也没有完全辩明。他论及罗山不偏窄，曰：

> 博士家古来遵用汉唐注疏。至惺窝先生，始讲宋贤复古之学。神祖曾深悦之。举其门人林罗山。罗山承继师传，折中宋贤诸家。其说与汉唐殊异，故称曰宋学而已。至于闇斋之徒，则拘泥过甚，与惺窝罗山稍不同。

又曰：

> 惺窝罗山课其子弟，经业大略依朱氏。而其所取舍，则不特宋儒，而及元明诸家。鹅峰亦于诸经有私考，有别考，乃知其不构一家者显然。

他辩白说朱王并取也没有什么不方便的地方，并对其学不回到幕府教育主义进行了说明。又作惺窝之赞曰：

> 谢华胄而退踪，望白云而独卧。三征不起，彭泽之俦。群隽并兴，河汾之亚。矧乃开先于性学，与世而俱新。后觉以心诠，历年而益播。于戏源深而流远，俾人溯洄而上下。虽然谁能真溯洄乎哉？谁能真上下乎哉？

对惺窝用尽赞美之辞。如此可见一斋直接惺窝系统，照应德川初期学问，继承其正派。一斋曰：

> 朱陆同宗伊洛，而见解稍异。二子并称贤儒，非如蜀朔之与洛为各党。朱子尝曰：南渡以来，理会着实工夫者，唯某与子静二人。陆子亦谓：建安无朱元晦，青田无陆子静。盖其互相许如此。当时门人亦有两家相通者，不为各持师说相争。至明儒如白沙篁墩余姚增城，并兼取两家。我邦惺窝藤公盖亦如此。

这是一斋自己认为和惺窝出自一家的原因。惺窝如一斋所说，是朱陆并取，然其主要倾向无疑在于朱子学。一斋之学即使有朱王并取之意，其实有着显著的阳明学倾向。即使他外表上显得不偏不倚，但其实是纯正的阳明学者。唯周围的境遇使他不能公然张阳明学之名。加之他在性格上多智巧，长于交道，没有急流勇退，以贯彻自己所信之学。其平稳的生活伎俩值得尊重，但在以道为自任方面，却不能不说缺乏勇气。《言志录》中固然可以散见王学之旨意，但旗帜并不鲜明。这是因为他一直都在公家所致。至于栏外书之类，可以看到分明的王学本色。但是在世时没有公之于世，因为他对显露王学本色还有顾忌。一斋在教育后进时，还是以王学为主。受到王学系统教育者，取得了最瞩目的成就。如此看来，一斋即使没有拒绝朱子学，无疑也可算作王学者。从一斋深深崇敬中江藤树也可以看出这一点。他访问小川村藤树书院时，曾写诗云：

> 硕人已矣几星霜，景慕今颜德本堂。①
>
> 遗爱藤棚荒益古，孤标松干老愈苍。
>
> 气常和处春长燠，月正霁时风亦光。
>
> 尚见士民敦礼让，入疆不问识君乡。

一斋后来又把此诗题于藤树的肖像。也即现在挂在藤树书院的藤树肖像。

总之，一斋虽然崇奉宋儒，其实主要钦慕阳明，故凡关于阳明的物品，无不网罗收集。其尝得阳明之真迹《墨妙亭诗》一帖，不仅加以珍藏，凡存在于日本之墨迹，无不想方设法求得，并将获得的墨迹命人誊写，编辑成了《爱日楼姚帖》三卷。盖阳明生于明宪宗成化八年（1472）壬辰。一斋也生于安永纪元壬辰。其间恰好相隔三百年。古人云：

> 五星聚奎，濂洛大儒斯出。五星聚野室，阳明道行。

---

① 原注：横楣"德本堂"三个大字，系关白一条藤公字迹。

五星聚室在正德十六年，即阳明五十岁之时。然文政四年（1821）五星聚室，正值一斋五十岁时。是以当时之人，皆认为天降祥瑞绝非偶然。

一斋的学说没有什么系统性。然关于一些特殊事件，也有自家见解。现列举如下：

第一　理气之说

《爱日楼文》卷三载有《原气》《原理》二篇。今考其主旨，在于天地万物皆气，气分为天地万物。然毕竟只有气而已。然理是否在气外呢？理和气，一而二，二而一，合二为一为其体。分一为二，谓之其用。有条不紊谓之理，运转不已谓之气。即可知其名不同。然其运转不已者，则是有条不紊谓者。即可知其勿不异。总之，理和气，只是名字不同，其物不异。

《言志耄录》又云：

自主宰谓之理，自流行谓之气。无主宰不能流行，流行然后见其主宰。非二也。学者辄过分明，不免支离之病。

由此观之，一斋肯定理气合一论，其思想和王阳明无异。

第二　定数论

一斋认为，天地间之事，人间社会之事，都从一定之命数。《言志录》卷首云：

凡天地间事，古往今来，阴阳昼夜，日月代明，四时错行，其数皆前定。至于人富贵贫贱，死生寿夭，利害荣辱，聚散离合，莫非一定之数。殊未之前知耳。譬犹傀儡之戏，机关已具，而观者不知也。世人不悟其如此，以为己之知力足恃，而终身役役。东索西求，遂悴劳以毙。斯亦惑之甚。

又云：

> 天道以渐运，人事以渐变。必至之势，不能却之使远，又不能促
> 之使速。

似必然论又非必然论。毋宁说是命数论。固然不可知道一定之命数如
何成立，采取什么方针，但人总之是由命数支配的。吾人对之无可奈何。
这样不单否定人的自由意思，也使人陷于放任无为之愚，又对世界产生一
种不可思议之迷信。一斋见自然界之必然性，以之为命数。此命数即使能
引起人的自由意思，也是很微小的。

第三　精神和身体之说

一斋认为，精神是上天寄予我身体者，而身体是地之精粹而成。《言志
录》云：

> 举目百物，皆有来处。躯壳出于父母，亦来处也。至于心则来处
> 何在？余曰：躯壳是地气之精华，由父母而聚之。心则天也。躯壳成
> 而天寓焉，天寓而知觉生，天离而知觉泯。心之来处，乃太虚是已。

又《言志晚录》云：

> 人皆知仰而苍苍者为天，俯而聩然者为地。而不知吾躯皮毛骨骸
> 之为地，吾心灵明知觉之为天。

可见一斋以人为一小天地。然他更进一步从此考察了善恶之差别。

第四　善恶之说

一斋从精神和肉体的关系方面论述了善恶观念。他认为，精神是本性，

人受之于天。纯粹无形，唯善而已。然而身体由地而成，兼有善恶。故人流于恶，不是本性之所然，而是身体然之。其言云：

> 性禀诸天，躯壳受诸地。天纯粹无形，无形则通，乃一于善而已。斯驳杂有形，有形则滞，故兼善恶。地本能承乎天以成功者。如起风雨以生万物是也。又有时乎风雨坏物，则兼善恶矣。其所谓恶者，亦非真有恶，由有过不及而然。性之与躯壳之兼善恶亦如此。

一斋又论善恶之过不及之有无，曰：

> 看来宇宙内事，曷尝有恶。有过不及处，即是恶。看来宇宙内事，曷尝有善。无过不及处，即是善。

而一斋论及恶之源全部在于身体的感触，绝非本来之性，曰：

> 欲知性之善，须先究为恶之所由。人之为恶，果何为也？非为耳目鼻口四肢乎。有耳目而后溺于声色，有鼻口而后耽于臭味，有四肢而后纵于安逸，皆恶之所由起也。设令躯壳去耳目鼻口，打做一块血肉，则此人果何所为恶邪。又令性脱于躯壳，则此性果有为恶之想否？盍试一思之。

一斋之此说，大抵和朱子同。固不可不为一家之见解，但亦可说是来自朱子。

第五　死生之说

一斋将死生看作昼夜一样，所以认为死不足畏惧。其言颇有味道，云：

生物皆畏死。人其灵也，当从畏死之中，拣出不畏死之理。吾思我身天物也。死生之权在天，当顺受之。我之生也，自然而生。生时未尝知喜矣。则我之死也，应亦自然而死。死时未尝知悲也。天生之而天死之，一听乎天而已。吾何畏焉。吾性即天也。躯壳则藏天之室也。精气之为物也，天寓于此室，游魂之为变也。天离于此室，死之后即生之前，生之前即死之后。而吾性之所以为性者，恒在于死生之外。吾何畏焉。夫昼夜一理，幽明一理。原始反终，知死生之说，何其易简而明白也。吾人当以此理自省焉。

又云：

畏死者，生后之情也，有躯壳而后有是情。不畏死者，生前之性也，离躯壳而始见是性。人须自得不畏死之理于畏死之中。庶乎复性焉。

一斋又根据生前状况推论死后，曰：

生是死之始，死是生之终。不生则不死，不死则不生。生固生，死亦生。生生之谓易即此。

个人不免死生，但人类作为生类还是要存续繁殖不已。一斋知道这一点，于是又说：

欲知死之后，当观生之前。昼夜，死生也。醒睡，死生也。呼吸，死生也。

又曰：

释以死生为一大事，我则谓昼夜是一日之死生，呼吸是一时之死生，只是寻常事。然我之所以为我者，盖在死生之外。须善自觅而自得之。

是以一斋的死生观，和叔本华如出一辙。《作为意志和表象的世界》中云：

营养进行在继常性地发生，发生进行得以强化即是营养。发生时的肉体快乐，即是生命感触得以强化的快意。反之，排泄也即物质的继常性吐出和投出达到一定强化的程度，和发生的反面之死不同。恰如吾人经常在这一点上满足，对投出的物质没有悲伤而持续其形式那样，在死亡之际它们各自不断地排泄同一物品不断强化而整体上起来时，同样不得不取决于它们各自的态度。吾人在前者的场合下镇静自若，而在后者的场合时也不能畏缩。如此看来，企求个体的存续本身就是谬见。个体恰如其身体的物质，经常根据新的物质而被迫交替那样，被其他的个人代替。是故保存尸骸和郑重地保存排泄物一样愚蠢之甚。

这也是对"昼夜是一日之死生，呼吸是一时之死生"的一种表述。一斋所谓"我之所以为我者。盖在死生之外"，可说是颠扑不破的真理。

另外，他作为学者所说的格言很多。现从《言志四录》中选出最佳的102则列举如下：

一、太上师天，其次师人，其次师经。

二、凡作事，须要有事天之心，不要有示人之念。

三、立志之功，以知耻为要。

四、间思杂虑，纷纷扰扰由外物溷之也。常使志气如剑，驱除一切外诱，不敢袭近肚里，觉净快洁豁。

五、有心求名固非，有心避名亦非。

六、真有大志者，克勤小物。真有远虑者，不忽细事。

七、有志之士如利刃，百邪辟易。无志之人如钝刀，童蒙侮玩。

八、人之贤否，于初见时相之，多不谬。

九、得意时候，最当着退步工夫。一时一事，亦皆有亢龙。

十、凡所遭患难变故，屈辱谗谤，拂逆之事，皆天之所以老吾才。莫非砥砺切磋之地，君子当虑所以处之，欲徒免之不可。

十一、才犹剑。善用之则足以卫身，不善用之则足以杀身。

十二、治己与治人，只是一套事。自欺与欺人，亦只是一套事。

十三、欲为世间第一等人物，其志不小矣。余则以为犹小也。世间生民虽众而数有限，兹事恐非难济。如前古已死之人，则几万倍于今。其中圣人贤人英雄豪杰，不可胜数。我今日未死，则似稍出头人。而明日即死，辄忽入于古人录中。于是以我所为校诸古人，无足比数者，是则可愧矣。故有志者，要当以古今第一等人物自期焉。

十四、士当恃在己者。动天惊地极大事业，亦都自一己缔造。

十五、士贵于独立自信矣，依热附炎之念不可起。

十六、人方少壮时，不知惜阴。虽知不至太惜。过四十以后，始知惜阴。既知之时，精力渐耗。故人为学，须要及时立志勉励，不则百悔亦竟无益。

十七、圣人安死，贤人分死，常人畏死。

十八、方读经时，须把我所遭人情事变做注脚。临处事时，则须倒把圣贤言语做注脚。庶乎事理融会，见得学问不离日用意思。

十九、取信于人难也。人不信于口而信于躬，不信于躬而信于心，是以难。

二十、畜厚而发远。诚之动物，自慎独始。独处能慎，虽于接物时不太着意，而人自改容起敬。独处不能慎，虽于接物时着意恪谨，而人亦不敢改容起敬。诚之畜不畜，其感应之速已如此。

二十一、意之诚否，须于梦寐中事验之。

二十二、人不可无明快洒落处。若徒尔畏缩咫尺，只是死敬，济得甚事。

二十三、胸臆虚明，神光四发。

二十四、为学标榜门户，只是人欲之私。

二十五、处事虽有理，而一点便已挟在其内，则于理即做一点障碍，理亦不畅。

二十六、慎言处，即慎行处。

二十七、人最当慎口。口之职兼二用，出言语纳饮食是也。不慎于言语，足以速祸。不慎于饮食，足以致病。谚云：祸自口出，病自口入。

二十八、此心灵昭不昧，众理具万事出，果何从而得之。吾生之前，此心放在何处。吾殁之后，此心归宿何处。果有生殁欤？无欤？著想到此，凛凛自惕，吾心即天也。

二十九、深夜独坐暗室，群动皆息，形影俱泯。于是反观，但觉方寸内有炯然自照者有，恰如一点灯火照破暗室。认得此正是我神光灵昭本体。性命即如此物，道德即此物。至于中和位育，亦只是此物。光辉充塞宇宙。

三十、能教育子弟，非家之私事，是事君之公事也。非事君之公事，是事天之职分也。

三十一、闲想客感，由于志之不立。一志既立，百邪退听。譬之清泉涌出，旁水不得浑入。

三十二、心为灵。其条理动于情识，谓之欲。欲有公私，情识之通于条理为公，条理之滞于情识为私。自辩其通滞者，即便心之灵。

三十三、以春风接人，以秋霜自肃。

三十四、人涉世如行旅然。途有险夷，日有晴雨，毕竟不得避。只宜随处随时相缓急，勿欲速以取灾，勿犹予以后期。是处旅之道，即涉世之道也。

三十五、敬生勇气。

三十六、人当自认我躯有主宰。主宰为何物？物在何处？主于中而守一，能流行能变化。以宇宙为体，以鬼神为迹，灵灵明明，至微而显。呼做道心。

三十七、百年无再生之我，其可旷度乎。

三十八、人多话己所好，不话己所恶。君子好善，故每称人善。恶恶，故不肯称人恶。小人反之。

三十九、不可诬者人情，不可欺者天理。人皆知之，盖知而未知。

四十、知是行之主宰，乾道也。行是知之流行，坤道也。合以成体躯，则知行。是二而一，一而二。

四十一、学贵自得。人徒以目读有字之书，故局于字，不得通透。当以心读无字之书，乃洞有自得。

四十二、戏言固非实事。然意之所伏，必露见于戏虐中，有不可掩者矣。

四十三、与人语，不可大发露过倾倒，只要语简而义达。

四十四、人乞物于我，勿厌。我乞勿于人，可厌。

四十五、取信于人，则财无不足。

四十六、余弱冠前后，锐意读书，欲目空千古。及过中年，一旦悔悟。痛戒外驰，务从内省。然后自觉稍有所得，不负此学。今则老矣，少壮所读书，过半遗忘。茫如梦中事。稍留在胸臆，亦落落不成片段。益悔半生费力无用。今而思之，书不可妄读，必有所择且熟可也。只要终身受用足矣。后世勿蹈我悔。

四十七、发愤忘食，志气如是。乐以忘忧，心体如是。不知老之将至，知命乐天如是。圣人与人不同，又与人不异。

四十八、人心之灵，莫不有知。只此一知，即是灵光。可谓岚雾指南。

四十九、少而学，则壮而有为。壮而学，则老而不衰。老而学，则死而不朽。

五十、精义入神，燧取火也。利用安身，剑在室也。

五十一、心理是竖工夫，博览是横工夫。竖工夫，则深入自得。横工夫，则浅易泛滥。

五十二、我当视人之长处，勿见人之短处。视短处则我胜彼，于我无益。视长处则彼胜我，于我有益。

五十三、目睹者，口能言之。耳闻者，口能言之。至于得心者，则口不能言之。即能言，亦止一端。在学者之逆而得之。

五十四、读经，宜以我之心读经之心，以经之心释中我之心。不然徒尔讲明训诂而已，便是终身不曾读。

五十五、诚意兆于梦寝，不虑之知所然。

五十六、有才而无量，不能容物。有量而无才，亦不济事。两者不可得兼，宁舍才而取量。

五十七、恩怨分明，非君子之道。德之可报固也。至于怨，则当自怨其所以致怨。

五十八、人情向背，在敬与慢。施报之道，亦非可忽。恩怨或自小事起。可慎。

五十九、说大人则藐之，勿视其巍巍然。勿视在心，目则熟视亦不妨。

六十、我言语吾耳可自听，我举动吾目可自视。视听既不愧于心，则人亦必服。

六十一、心要现在。事未来，不可邀。事已往，不可追。才追才邀便是放心。

六十二、名誉人之所争求，又人之所群毁。君子只是一实而已。宁有实响，勿有虚声。

六十三、天下人皆为同胞，我当著兄弟相。天下人皆为宾客，我当为主人相。兄弟相爱也，主人相敬也。

六十四、见人之有祸，知我无祸之为安。见人之有福，知我无福之为稳。心安稳处，即身极乐处。

六十五、太宠是太辱之霙，奇福是奇祸之饵。事物大抵以七八分为极处。

六十六、不自欺者，人不能欺。不自欺诚也，不能欺无间也。譬如生气自毛孔出。气盛者，外邪不能袭。

六十七、恩怨之道，一个恕字。息争之道，一个让字。

六十八、人事百般，都要逊让。但志则不让于师，可。又不让于古人，可。

六十九、人不可无耻，又不可无悔。知耻则无耻。

七十、勿卖恩，卖恩却惹怨。勿干誉，干誉辄招毁。

七十一、余少壮时气锐，视此学谓容易可做。至晚年蹉跎不能如意。譬如登山，自麓至中腹易，中腹至绝顶难。凡晚年所为，皆收结事也。古语，行百里者，半九十。信然。

七十二、寻常老人，多要死成佛。学人则当要生作圣。

七十三、前乎我者，千古万古。后乎我者，千世万世。假令我保寿百年，亦一呼吸间耳。今幸生为人，庶几成为人而终，斯已矣。本愿在此。

七十四、梦中之我，我也。醒后之我，我也。知其为梦我，为我醒我者。

七十五、志学之士，当自赖己，勿因人热。淮南子曰：乞火不若取燧，寄汲不若凿井。谓赖己也。

七十六、立志工夫，须自羞恶念头起跟脚。勿耻不可耻，勿不耻可耻。孟子谓无耻之耻无耻。志于是乎立。

七十七、私欲之难制，由志之不立。志立，真是红炉点雪。故立志为彻上彻下工夫。

七十八、以真己克假己，天理也。以身我害心我，人欲也。

七十九、不知而知者，道心也。知而不知者，人心也。

八十、圣贤胸中洒落，不著一点污秽。何语尤能形容之。曰：江汉以濯之，秋阳以暴之，皓皓乎不可尚已。此语近之。

八十一、人心之灵，如太阳然。但克伐怨欲，云雾四塞。此灵乌在。故诚意工夫，莫先下于扫云雾仰中白日。凡为学之要，自此而起基。故曰：诚者物之终始。

八十二、英气是天地精英之气。圣人蕴之于内，不肯露诸外。贤者则时时露之。自余豪杰之士，全然露之。若夫绝无此气者，为鄙夫小人。碌碌不足算者尔。

八十三、寒暑荣枯，天地之呼吸也。苦乐荣辱，人生之呼吸也。即世界之所以为活物。

八十四、居敬之功，最在慎独。以有人而敬之，则无人时不敬。无人时自敬，则有人时尤敬。故古人不愧屋漏，不欺暗室，皆谓慎独也。

八十五、牧竖折腰，不得不颔。乳童拱手，亦不可戏。君子以恭敬为甲胄，以逊让为干橹，谁敢以非礼加之。故曰：人自侮，而后人侮之。

八十六、天之将雨也，穴蚁知之。野之将霜也，草虫知之。人心之有感应，亦与此同一理。

八十七、我自感，而后人感之。

八十八、慎我感，以观彼应。观彼应，以慎我感。

八十九、以口舌谕者，人不肯从。以躬行率者，人效而从之。以道德化者，则人自然服从，不见痕迹。

九十、志操如利刃，可以贯物，不肯迎合窥人鼻息。古人云：铁剑利则倡优拙。盖谓此也。

九十一、物有余谓之富，欲富之心即贫也。物不足谓之贫，安贫之心即富也。富贵在心不在物。

九十二、凡人有所赖，而后大业可规也。我有所守，而后外议不起也。若其妄作私智，所以招罪也。

九十三、免衍之道，在谦与让。于福之道，在惠与施。

九十四、名不干而来者，实也。利不贪而至者，义也。名利非可厌，且干与贪之为病耳。

九十五、有实之名不必谢，我之实也。无义之利不苟受，我之仇也。

九十六、毁誉一套也，誉是毁之始，毁是誉之终。人不宜求誉而全其誉，不避毁而免其毁，是之为尚。

九十七、徒誉我者不足喜，徒毁我者不足怒。誉而当者我友也，宜勖以求其实。毁而当者我师也，宜敬以从其训。

九十八、毁誉得丧，真是人生之云雾，使人昏迷。一扫此云雾，则天青日白。

九十九、道在敬。敬固为终身之孝。以我躯为亲之遗也，一息尚存，可忘自敬乎。

一〇〇、亲殁之后，吾躯即亲也。我之养生，即是养亲之遗，不可认做自私。

一〇一、人生二十至三十，如方出之日。四十至六十，如日中之日。盛德大业，在此时候。七十八十，则衰颓蹉跎。如将落日之，无能为耳。少壮者宜及时勉强以成大业，罔或迟暮之叹，可也。

一〇二、老人终天数者，以渐而移。老渐善忘，忘甚则耄矣。耄之极乃亡，亡则渐，归于原数矣。

一斋的《言志四录》，在日本人的语录中，堪称佼佼者。雨森芳洲的《橘窗茶话》、尾藤二洲的《素餐录》之类远不如此。在中国大概只有薛敬轩的《读书录》，或胡敬斋的《居业录》在伯仲之间。西乡南洲从《言志录》中选出101条作为金科玉律，秋月种树在明治二十一年（1888）出版了这本《南洲手抄言志录》一卷。但《言志四录》的文章往往很简约，读者很容易遗漏其旨意。若再三玩读，再证之以经验，可渐知其味。总之是一种人生观，再掺杂处世法。可见一斋是见多识广之人，其言足以倾听。

第九章　梁川星岩

星岩名孟纬，字公图，别字无象，号诗禅道人，又号真逸，晚年号三野逸民，夏轩老人，天谷老人等。人称新十郎。美浓①安八郡曾根村人。宽政元年（1789）生。星岩之号取自其居住村子里的星冈。

星岩幼年丧父母，年甫十九便去江户，从学于山本北山、古贺精里等，学问大进，最擅长诗。与其妻张红兰共去四方吟游二十年，复归江户，建立玉池吟社，教授诸生。后移居京都，居住鸭川之上，自号鸭沂小隐，悠然自适，以度余生。到了晚年，不但作诗，也潜心学问，自叹"吾几错过斯生矣，今而后知学不可以已"。诗云：

十九初游学，使气颇负抱。

颓龄既六旬，方始志于道。

可看作星岩之小传。其时已身瘦发白，颇有仙风遗骨。故有"瘦如脯腊寒如水"之诗句。又有歌其姿态之诗。云：

三十年前春月柳，风霜变尽旧丰姿。

镜中一鹤鬋鬓白，看做他人更不疑。

安政五年（1858）九月四日去世。年七十。

---

① 美浓国即今岐阜县。

星岩为宽政以后的诗人大家,在菅茶山、广濑淡窗、菊池五山、市河宽斋、大窪诗佛、菊地溪琴等之间,却有执牛耳之势。而其门下大沼枕山、小野湖山、森春涛、冈本黄石、远山云如、江马天江、铃木松塘等,人才辈出。《星岩集》三十二卷,收入星岩及其门人之诗。星岩除著有《星岩集》之外,还著有《星岩先生遗稿》八卷、《吁天集》一卷及《春雷余响》十卷。其他还有《自警编》《香岩集》等,均未付梓,诚为可惜。《遗稿》为星岩死后由门人编辑,分为前编四卷、后编四卷。后编为彻头彻尾游学之诗,特别是最后一卷,自由纵横地论述了其思想。

星岩不言朱子、陆子、白沙、阳明,广泛阅读宋明理学之书。然最喜好姚江派之学。《后纵笔》中云:

> 嗟黄山紫水,伟哉启明功。
>
> 有白沙陈子,斯有文成公。

又云:

> 良知说一出,聋聩皆振发。
>
> 从邹孟而来,无若此快活。

而《春雷余响》卷六中有论阳明学诗三首。星岩不但赞美阳明,又入其圈套内。《后纵笔》之中云:

> 天机自泼泼,知行非两途。
>
> 功夫念才动,已落死功夫。

可知其遵信知行一致之说。

《杂言》论述吾之灵明云：

> 灵明吾固有，有似镜梦尘。
>
> 诸欲皆除去，常人即圣人。

《后纵辈》之中论除去心之云雾诗云：

> 东搜又西索，徘徊云雾边。
>
> 才离门户见，便白日青天。

又述其结果云：

> 心是一虚鉴，森罗万象明。
>
> 洪钟虚其内，所以发大声。

又《后纵辈》之中论诚云：

> 识得诚一字，可以到圣人。
>
> 所云思之通，方寸即鬼神。

又在《纵辈》中论明德云：

> 一人明明德，率土回春阳。
>
> 骷髅皆发笑，瓦砾亦生光。

又在《后纵辈》中论慎独之要云：

苟容些小私，天地非天地。

圣人慎独戒，最是吃紧事。

从是等之言可见，星岩从姚江派所得甚多。星岩又崇奉私淑阳明的刘蕺山。《后纵辈》有诗云：

朱或能包陆，陆不能包朱。

念台皆淹贯，可谓大丈夫。

《春雷余响》卷八中称赞蕺山云：

文成首倡致良知，末弊纷然生偄疑。

以实救虚虚救实，蕺山学旨洽其宜。

据说蕺山五十一岁后无梦。然星岩三十岁以后无梦。可见其涵养所至。其诗曰：

余三十而无杂梦。尔后三十四年间，或瘟疫或痁瘧，屡经痛患，濒死者凡四五次，而亦尝无有梦呓。岂敢谓涵养之所致乎，盖资禀乃尔也。顷者读念台先生书门之联，因戏作绝句。

念台五十一，自说梦魂清。

吾三十而得，一事似差赢。

关于学问之方法，星岩往往有所论及。《纵辈》中论立大本之要云：

苟大本不立，诸余无足言。

死与草木殁，生同禽兽存。

又在《杂言》中论述唯己以心为师之要，云：

昔人师其心，今人师其迹。

其唯不师心，所以不及昔。

星岩晚年潜心道学，与淡窗爱好老庄之学，杏坪沉溺于宋儒之理学如出一辙。星岩于国家之事也不冷淡。故有"临国家危变，也不得不论"之句。曾抱有勤王之志，于国事大有关怀。于是去世不久，遂有疑狱之惑。幕吏召红兰，询问星岩在世中之行事。红兰曰"诸君岂与内子谋国事否？妾若夫，外事绝无与妇女谋。故妾不知夫之罪"，幕吏大感羞耻。今思念星岩之事迹，不应单看作一位诗人，其养育那么多人才，亦非偶然。

第三篇

大盐中斋及中斋学派

第一章　大盐中斋

第一　事迹

中斋为豪遇奇矫之士，非一般的儒者。其事迹世人早有所闻，哲学史上也多有记述，此处当不多论。唯有记其一斑，亦足以知其特性。

中斋姓大盐，名后素，字子平。人称平八郎。中斋为其号。又因其所居之室名曰"洗心洞"，故自称"洗心洞主人"。"洗心"一词由来于《易·系辞上》所谓"圣人以此洗心，退藏于密。"中斋为德岛藩①家老稻田九郎兵卫之臣真锅市郎的次子，宽政五年（1793）生于阿波国美马郡胁町（即今岩仓町字新町）。自幼丧母，又因母之故缘，成为大阪盐田喜左右门之养子。后又因故离去，成为天满町与力大盐氏之养子。大盐氏祖出今川氏，是天正十八年（1590）在小田原之战中，为在德川家康旗下杀死北条氏的将军足立堪平的一位勇士。这名勇士即是今川氏真之子，名曰今川波右卫门。曾在于今川义元之桶峡为织田信长所灭。而其子氏真暗弱，不能保父祖之领土，屡屡被武田信玄蚕食其疆土，终沦为遁窜之客。其妾生有一男，即是今川波右卫门。他经多年漂泊之后，与德川氏之臣松平家藏等相识，经过他们的推荐，终得以于在参州②冈崎觐见德川家康。因其在小田原立有战功，便赐其弓，赏伊豆的冢本村为食邑。及家康平定天下后，他被候补

---

① 德岛藩又称阿波国，即今德岛县。
② 参州即三河国，今爱知县东北部。冈崎即今爱知县冈崎市。

为越后柏崎的定番，不过多久，随家康之子义直至尾张，食俸禄二百石。后改姓称为大盐波右卫门，于宽永二年（1625）三月去世。波右卫门有子二人。二男称之为政之丞。元和年间在大阪当与力①，其后辞职。至宽政之时，也有人名为平八郎，亦为与力。中斋成为他的养子。时其七岁，然父母皆在这一年去世。因此其便由曾祖父政之丞抚养长大。这个政之丞和前面所说政之丞不同一时代，故不是同一人物。

我们对其幼时状况一无所知。但因其年幼丧母，又远走他乡，成为盐田氏养子，后又转成为大盐氏养子，此间饱尝之辛酸，最终铸就了他那激烈峻刻的性格，这一点则毋庸置疑。唯有一件轶事传云："他曾走于街上，见两商家之小童于街中抛下担荷，拳击而斗。于是走进去拽着儿童的发髻叱咤道，汝等为何忽视汝主之用，在此私争。还不快快住手，做你该干的事情。二童遂惊而住手，仓皇谢罪而去。"以此可以想见，他当时已有东坡所谓食牛之气。

中斋幼少之时以何人为师不得而知，或说师事中井竹山，但仅仅只是猜测，无任何佐证。总之，中斋自幼便文武兼修，很想以功名气节继祖先之志，更欲以学问立身。作为与力在狱卒囚犯间周旋的阅历，更加让他感觉到学问的重要性。中斋由此去了江户，入了林述斋的家塾，研究儒学，刻苦励精，品行端正，故进步迅速，经常凌驾于同辈之上。因此述斋亦对其寄予厚望，训导其他学生做学问要像平八郎一样。中斋自述说"祭酒林公亦爱仆人也"，由此可知其间消息。中斋又利用学习之余，锻炼武力。刀枪弓枪无所不精，尤得枪术之奥秘，后博得关西第一之名声。《洗心洞余沥》中有云：

---

① 与力原为下级武士的名称，江户时代为管理都市的町奉行下面负责治安的官职，相当于现在的警察署长。

四田竹瓮曰：大盐的武术，其余的我不知晓，但其枪法却堪称名人。常用"左振"这一枪法。但不精于火炮之术，骚动之时，大盐所放火炮击中者甚少。

中斋去江户留学时年方几何，已经无从考证。一说为十五岁，又有说为二十岁。但从其《与佐藤一斋书》的旨意来看，后说较为接近。其留学期间也有三年、五年之说。无论从哪一说，都可以肯定他少年时曾在江户滞留数年，师事述斋，才华初露。述斋亦对其十分钟爱。有一次收到养祖父重病的家书后，中斋仓皇整装回到大阪，慰藉看护，投药奉养，一日不敢怠慢。祖父已年近古稀，未能享尽儿孙的孝道，终于在文政元年（1818）六月二日逝世。因此中斋便留于家中，重新担任与力一职。时年二十有六。中斋所司之职颇为简单，若是常人当不能有所政绩。但他却是千里之驹，有着不同于常人的气力和才识。因此所创政绩很多。但若他不能得一知己，则无所发挥其能。但他有幸得一知己。

文政三年（1820）十一月十五日，山城守①高井实德从伊势山田奉行转任大阪东町奉行。他极富见识，暗中识得中斋的才气绝伦，因而马上提升他为吟味役。此时中斋年二十七岁。中斋得山城守的知遇，从而有幸能大展丰翼。当时大阪的吏人，不法无状至极，由一己之爱憎而加减刑罚，因金钱贿赂而取舍生杀之风盛行。因此市民皆畏忌吏人，将其比之为蛇蝎。中斋欲一扫此弊，铲邪救正，惩恶扬善，使社会风气焕然一新。曾有陈年旧案，经数年不能得以决断。山城守乃命中斋去决断此案。原告听说此事，连夜密送果子一筐，贿赂中斋。翌日中斋招原被告于法庭之上进行审问。两者争论不下。中斋听完后得知原告一方不法，至难以狡辩，责其诡诈，

217

---

① 山城国在今奈良县。守为江户时代的五品官。高井实德（1763—1834）为江户时代中期到后期的武士，旗本。历任山田奉行、山城守、大坂东町奉行。

原告自觉理屈，终于伏法，积年陈案由此一朝得解。于是中斋拿出了原告送的果子筐，笑着对同僚们说："诸君都喜欢果子啊，所以此案才难以得解。"乃取其盖，里面竟全是黄白金银，璀璨夺目。在座的见此皆汗流浃背，不知所言。中斋之公平廉政，不畏强权由此可见。正因如此，才能矫正当时之流弊。

至文政末年，京都八坂有一巫妖，名曰丰田贡。从肥前浪人水野军记那里传得妖教，由此诱惑庶民，此教在京摄间逐渐蔓延。即当时所谓"基督教徒"。（参考《御仕置例类集》《甲子夜话续编》《邪徒决狱》《盐贼骚乱记》等。）山城守命中斋消灭他们。中斋乃率自组同心二人，赶赴京师，擒来巫妖，斩杀于大阪。并判处其余一族五十六人入永牢。妖教从此销声匿迹。

当时在大阪西町有一组与力名曰弓削新右卫门。虽已是六十余岁的老人，却养一批奸人邪徒为爪牙，鱼肉百姓，市街近乡之民皆苦之，怨嗟之声弥漫都鄙。然纠弹之人为犯罪者，众人不能奈其何。受山城守之命，中斋突然率众袭击其宅邸，逼其切腹自杀，逮其党羽数十人投入狱中。又将在新右卫门家中搜得的赃金三千两，全数赠予市井贫民以作赈恤。由此吏人们肃然警戒。

此时僧侣之风俗大乱，丑陋之状不堪言语。由此山城守即对僧侣们下达了污行禁制之令。命令下达再三，其风难改。中斋乃受山城守之令将其逮捕。由此入狱者达五十余人，根据其罪状轻重判以流放。因此僧侣之风俗终得以矫正。

其他的中斋的政绩不足以惹人注目，在此便不再一一叙述。总之，中斋是言必行之人。无论有多么艰难，都有一刀两断之勇。于前代学者而论，则近于野中兼山或熊泽蕃山。兼山、蕃山皆言必行行必果之人，中斋亦如此。中斋因其政绩之大，在当时远近闻名，名声赫赫。斋藤拙堂在书简中写道：

从三都以达诸州，皆刮目环视，吐舌骇叹。或闻风而起者有之。名声隐然动天下矣。足下执事才数年耳，乃能赫赫如此。

从此可见当年之状。然名声之起处必有嫉妒相随。中斋对此也不有知觉。他曾恐众人怨恨，又恐蒙受无妄之灾，提呈辞表暂时隐居。但因山城守强烈要求，又从事于自己的岗位。然对中斋而言，不幸之事终于发生了。那就是文政十三年（1830）七月，山城守年近七十不堪重职而因病辞职。

中斋所受之职虽卑微低贱，但于山城守之关系有如蕃山与芳烈公。若是没有芳烈公之信任，蕃山到哪里去也施展不开他那满腹经纶。若无山城守之信任，中斋亦无法大展宏图。然今山城守已辞职，中斋亦无所望，在此之前便将职位传于其养子格之助。是年中斋年三十有七，留有《辞职之诗并序》如下：

升平二百有余岁。上下无事，而天下不可谓全无弊也。文政十丁亥之岁（1827），乃吾官长高井公莅任之七年也。是岁之夏四月，公命余捕索耶稣之邪党于京摄之间以穷治之，不日招伏就焉。公申呈之府，府闻之于东都宪台，经三年之久而发落矣。妖邪煽诱庶民之害，于是乎稍息。十二年（1829）己丑春三月，公又命余纠察猾吏奸卒与豪强，潜通隐交以蠹政害人者。而其所汪连，及要路之人臣仆，历世之官司非不知之，盖有所怖且惮而遁之与。若尔不忧世思民之甚者也。余感公之忠愤，终置祸福利害于度外。潜图密策，施疾雷不掩耳之遗意。以摘其伏发其奸，魁首自刃，余党各就刑于藁街，亟死者若干人。举其赃，有三千金，皆是民之膏血也。散之以肇建振恤茕独之法。奸猾蠹食庶民之害，于是乎又渐除。而无告人亦庶几苏息矣。十三年庚寅春三月，公又命余沙汰浮屠之污行。夫不与检束浮屠，几年于兹。故肆然犯妇女食鱼鸟焉，甚于不赖之年少。其膻腥污秽，举邦皆然矣，不徒此一方也。若急理之，则必不堪繁刑。故敷训戒之令，既及再三。终逮捕其不悛者犹数十人，尽流窜海岛。使与邦人不齿，僧风于是乎一变矣。且京兆南都界浦亦风靡，其官司各黜贪饕吏，诛奸邪僧。无皆不出于公之后。然则公之举，诸衙之嚆矢也哉。而公年垂七十，其秋七月上养病之疏而未允。呜呼余龄则三十有七，职责微贱，而言听计从。关大政，除衙蠹，锄民害，规僧风，岂非千岁之一遇乎。而公之进退乃如此。义不得不共弃职以招隐，而观陈眉公读书镜所载。包明之于阳岐王也，不顾妻子之饥寒，弃职不往于汪公彻之府。则余虽俗吏，读圣贤之书，从事良知之教，能无感于心乎？将见公之去而混樵渔之伍，故赋招隐之短篇。

> 昨夜闲窗梦始静，今朝心地似仙家。
>
> 谁知未乏索交者，秋菊东篱洁白花。

自那以后，中斋成为闲人，主要努力学习，著书，教授弟子。到这年九月，中斋去尾张为祖先上坟。在宗家大盐家待了数十日。归途游览了龙田、高尾、梅尾等名胜而归。此时，赖山阳作序送与中斋，其文附在《札记》之后。但其中禁言很多。所以，前半有些地方被涂抹，读者不得其要，甚为遗憾。余从山田的足代弘训那里得到全文。因此登载如下：

送大盐子起适尾张序

方今海内势偏于三都。三都之市皆有尹，而大阪称最剧且难治焉。盖地阔绝，大府而为商贾所窟。富豪废居，至王侯仰其鼻息以为忧喜。尹来治者，更欲弗常者，乃属吏袭子孙，谙故事如掌故。而尹仰之，成成以贿蠹于上浚于下。结猾贾，延间阎，黠民为爪牙，乃至藩服要人，或为之支党声气交通。尹心知之，而主客势悬，苟媮旁观。吏虽有良焉，众寡不敌，浮沉取容已。及至近时及有吾大盐子起，奋于吏群，独立不挠，克治其奸，为国家去二百余年之弊事云。盖上有高井君之为尹，能用子起，子起得以展其手足也。子起之始受密命也，自度事济补国，不济破家。家有一妾，出之使无所累。然后运筹决策，指顾亲信，发摘出意外。毙其为封豕长蛇者，骈首就戮，内外股栗。乃举其赃，得三千余金。曰，是民膏血，尽给之小民。因建振济茕独法。事在己丑春。先是丁亥治妖民持蓄教者，尽抉种类。庚寅又汰浮屠汙行者，先申戒勒。不悛者流窜。群邪屏息，至京几诸衙。承风黜贪墨奖公廉。当此时子起能名震三都间，至呼其名以相怵。而今兹七月高井君告老请代。子起作曰，君退，吾乌敢独进。遂决意力请退得允，闻者莫不惊愕。野人有赖襄，独曰，子起固当然，非然不足以为子起。吾知彼其心壮而身羸，才通而志价，非喜功名富贵者，所喜在处闲读书。吾尝戒其过用精明，锐进易折。子起深纳之矣，而不得已而起，为国家奋不顾身而已。不然安能方壮强之年，众望翕属时，夺去权势，毫无顾恋哉？唯然。故当其任用，呵斥请托，鞭挞苞苴，凛然使望之者如寒冰烈日，以得成此效尔。故观子起，不于其敏，而于其廉。不于其精勤，而于其勇退。听者以为然。子起家系出尾张，同族在焉。今将往省之，身名两全。报国报家，拜其先坟，可有以告欤。时方秋矣，欲路龙田过中瀑，还讨高雄拇尾诸胜。如脱韝之鹰，卸鞲之马，余其俊气健力。自击于空，骋于野，快如何耶，襄故言此奖之。且预嘱其勿再就韝就鞲也。

天保二年（1831），中斋屡屡应有志之士的邀请，到市内近郊去讲义，最终被尼崎和大槻的艺士招聘出讲。他带着一个仆人，骑着马在尼崎的大路上往来时，路人们见其俨然风貌，无不云"大盐先生来矣"。

天保三年（1832）六月，《古本大学刮目》七卷脱稿上梓。是为他最早的著作。然他称此书"梱外不出之书"，绝不示以门人。这一年六月，中斋访问藤树书院，其事颇引人注目。现从《札记》抄录一段如下：

　　壬辰之夏六月，予以闲逸无事，发浪华至伏水，而之江州，泛湖以访中江藤树先生遗址于小川村焉。小川在西江比良岳北，先生我邦姚江开宗也，谒其墓，想象其容仪道德，泪坠沾臆。其书院虽存，而今无讲先生之学者，其门人之苗裔业医者，乃监守之，如守挑然，予于是赋诗曰：

　　　　院畔古藤花尽时，泛湖来拜昔贤碑。

　　　　余风有似比良雪，流泪无人致此知。

　　归时于大沟港口复买舟。予与所从之门生及家僮四人耳，更无同舟人。再泛湖南向坂本，将还吾乡。而自大沟至坂本，水程凡可八里，此即我邦里数，而非异朝之里数也。当异朝之里数，则六十八九里矣。解缆结，既未申际，而日晴浪静，柔风只飒飒而已。至小松近傍，北风勃起，围湖四山各飞声，而狂乱澜逆浪，或百千怒马冲阵，或如数仞雪山崩前。他舟船皆既逃而无一有，其张帆至低三尺强，而乘其怒马，踏其雪山，以直前勇往，如箭驰者，只是吾一舟而已矣。忽到鳄津，闻鳄津虽平日无风时，回渊蓝染，而盘涡谷转，巨口大鳞之所游泳出没，乃湖中至险也。而况风波震激时乎，推篷见水面，则为所谓地裂天开之势，奇哉。飓风忽南北两面吹而轧，故帆腹表里饥饱不定。是以舟进而又退，退而又进，右倾则左昂，左倾则右昂，如踊如舞，飞沫峻溅入篷侵床，实至危之秋也。舟子呼曰：他舟皆知几，故避之，如某独误不能前知焉，而乃至此，吁，命也哉，虽然无面目对客耳。吾察其言意似不免共葬鱼腹之患，因却慰喻舟子曰：尔误至此命也，则吾辈至此亦命矣，俱无如之何，只任天而已，何足患哉。门生家僮，既如醉恶酒，头痛眼眩，其心如虑复溺者。虽予实以为死矣，故不得不起忧悔危懼之念。是时忽忆于藤树书院所作无人致此知之句，心口相语曰，此即责其不致良知之人也，而我则起忧悔危懼之念。若不自责之，则待躬薄，而责人却厚矣，非恕也。平生所学将何在，直呼起良知，则伊川先生存诚敬之言，亦一时并起来。因坚坐其飘动中，乃如对伊川阳明二先生，主一无适，忘我之为我，何况狂澜逆浪，不敢挂于心。故忧悔危懼之念，如汤之赴雪，立消灭无痕，自此凝然不动，而飓风亦自止，柔风依然送舟，终著坂本西岸，此岂非天乎？时夜既二更矣，门生家僮皆为回生之思，以互贺无恙，遂宿坂本。明早天晴，登天台山，尽四明之最高，而俯视东北，则乃湖也。畴昔所经历之至险，皆入眼中，风浪静而远迩朗，实一大园镜也。渔舟点点如鷪子，帆樯数千，东去西来，易乎平地，似无可危懼者焉。于是门生谓余曰，昨忧悔危懼抑梦乎，亦天谴吾师乎？余曰，否非梦而真境也，非天谴而金玉我也。何者非逢其变，则焉窥得真良知真诚敬哉？又焉得真对伊川阳明两先生哉？故曰，真境而非梦也，金玉我而非天谴也。然则福而非祸也，贤辈亦毋徒追思忧悔危懼之事而可也，无益于身心也。且贤辈盍复视夫城邑乎？其亦在杖履底，如蜂窝蚁垤者，富贵贫贱所同棲也。故我则却得小鲁之兴，心广而身裕，眼豁而脚轻，贤辈亦宜共同是兴味焉。于是又赋诗。诗曰：

四明不独尽湖东，西眺洛城眼界空。

人家十万尘喧绝，只听一禽歌冷风。

胸中益洒洒然，觉无一点渣滓。因谓，吾辈才即其境，呼起良知，存诚敬，犹且忘了至险。而登岳虽再顾万死处，不心寒股栗，而湛湛悠悠，却心得圣人同焉之兴，而况如伊川先生，通昼夜，彻语默，存诚敬则其谓虽尧舜之事，只是如太虚中一点浮云过日，实见而非虚论，断可知矣。云云。

此行中斋访藤树遗址，深有所感。加之归路时遇见飓风，反体认到了

223

良知旨意。其后他多次去小川村，在藤树书院召集村民，讲授良知之学。

天保四年（1833）对中斋来说是收获颇多的一年。他在这一年脱稿并上梓了《洗心洞札记》和《儒门空虚聚语》。《札记》是他论述自家学问的著作，其主要思想全在于此。《札记》成书之后，他欲将其中一本焚烧于伊势的朝熊岳顶峰，以告天照大神，又藏一本于富士山的石窟，以待后人。此时伊势的足代弘训①偶访中斋，中斋告之其志。弘训乃告之神宫里有丰宫崎、林崎两个文库，教他与其焚烧，不如奉纳。中斋然之，于此岁先登富士山，将一部《札记》藏于石窟，再到伊势的山田，通过弘训的介绍，将《札记》奉献于两文库。中斋为何出此举呢？他自己说："乃是意之所在，非人所知也。"或许想将《札记》的精神传之不朽，或想将其所记告之神明吧。或者是预想到未来的灾难，救此书于万一。总之，堪称奇行。

中斋除《札记》之外，还将《朱子文集》《古本大学》以及《传习录》献纳给丰宫崎、林崎两文库，将《陆象山文集》献纳给丰宫崎、《王阳明全集》献纳给林崎文库，以为国家祈祷洪福。其有跋文五篇，曾以《奉纳书籍聚跋》为题刊行，其书传世不多，故全文引用如下：

朱子文集奉纳伊势丰宫崎林崎两文集跋

陋撰洗心洞札记成焉，而社弟辈刻诸家塾。后素欲以其一本燔伊势朝熊岳绝顶以告天照太神，而一本藏富士岳之石室以俟人，是乃有意在而非人所知也。于时适足代弘训访后素。弘训即伊势山田御师职，而有学识人也。后素因窃语此志，弘训详告神宫有宫崎、林崎两文库，而从来藏奉纳之典籍，且劝以奉纳焉，而止以不燔。后素终从其怂恿，与之结奉纳之约。而今秋先登岳藏书，归时航吉田海。到山田，寓足

① 足代弘训（1784—1856），伊势人，江户后期的国学者。其父为足代弘早为伊势神宫外宫的祠官，故向神宫介绍中斋。

代氏。札记各一部，以弘训之绍介，奉纳两文库矣。故得一览两库之牙签，和汉之载藉大抵略备焉。阳明王子之学，古今人情之所忌。然而其全集既在宫崎文库之牙签，而世所奉承乃朱子之教，而其全集则反两库共未尝有奉纳之者也。后素于是乎益信，其奉承朱子者，只名而非实也。后素虽固奉王子致知之教，而于朱子博约之训，宁亦废之哉。故归乡之后，与社弟胥谋，慨然酿金若干，乃购和刻《朱子文集》二部各六十册。复以弘训之绍介，奉纳两文库，是非后素矫情而故为之也。只以学力微弱，材识拙庸，而身既隐矣，安得伸振秃助衰之志。故祈真知朱子之心，诚体朱子之学，而不顾生死祸福，以扶助世道人心之一大贤儒，亦出于我扶桑之东焉。一洗陋染偏执之习而已矣。是乃与唐明宗焚香祝天，以待圣人之出。事固异，而情则同。嗟乎，此愿不问人之信不信，唯是神明鉴焉。钦书此卷末。以表赤心者也。

陆子象山全集奉纳伊势丰宫崎文库跋

后素一览两文库之牙签之由，既载于今所纳朱文集卷末，故不赘焉。而纳《朱子文集》，而不纳象山《陆子全集》，则如未备者。何者？陆子以尊德性为教而未尝不道问学也。朱子以道问学为教，而未尝不尊德性也。然其生前互论辩不已。朱以陆之教人为太简，陆以朱子之教人为支离。而深考之，朱子以陆子之教人为太简耳，未尝以陆子为太简也。陆子以朱子之教人为支离耳，未尝以朱子为支离也。只两家之子弟，有客气胜心者，终酿朱陆同异之说。以为斯道之梗，非可叹之甚乎。而今读陆集，则说德性详矣而居多。敷朱文，则说问学尽矣而过半。要不可两废者也，故后素则并收两家之说，即依然尊德性而道问学之事也。而以阳明王子致良知之教，一以贯之，以是为学的。庶几不叛孔孟之宗者欤，是故陆集亦不可不纳焉。和刻固无，虽舶来之本亦罕。乃以后素所藏之全集，奉纳神库。而学的之是非，质之神明也。且欲纳王子全集，固后素本志也。然而古尝有纳之之人，岂非先获我志者乎。呜呼此心之同然，益可信也已矣。

古本大学奉纳伊势丰宫崎林崎两文库跋

大学有章句，有补传，乃朱子之改本，而非古全书也。而自改本行于世，礼记无大学，故童而习，长而讲者，不能得圣学之要也。是以前代名儒纷起，驳改本之误。在宋车氏若水，董氏槐，黄氏震，王氏栢，在明王氏袆，方氏孝孺，都氏穆，蔡氏清，皆各有说。至阳明王子，去章句复旧本，学人终见古书，以得圣学之要，是乃王子之伟功也。湛氏若水郑氏晓等之诸名公皆是之。而至清毛氏奇龄朱氏彝尊，亦各有说。毛氏曰，是书在五经、礼记，竟削其文。至今犹幸见真本者，藉十三经中郑氏注耳。明嘉靖间王文成公刻古本大学，当时文士在官者，自中及外称明代极盛之际，尚相顾胎腭，并不信大学复有此本，引为浩叹。朱氏曰，大学在小戴记中，原止一篇，朱子分为经传出于独见。自章句盛行，而永乐中纂修礼记大全，并中庸、大学文删去之。于是诵习章句者，不复知有戴记之旧。阳明王氏不过取郑注孔义本而旁释之尔。后素故于大学则讲究古本大学，而不取改本之章句。不取私于王氏也，实从天下之公议而已。今以古本大学及王氏大学或问附录奉纳太神神库，岂有他哉，古书之传于我邦，我邦亦有信之。如宋明诸公者在焉，而微良知无彼此，共明明然不灭也。呜呼是太神之灵德哉，而陋撰古本大学刮目五卷。他日复奉纳焉，预告于神明矣。

传习录奉纳伊势丰宫崎林崎两文库跋

阳明王子之学，要在致良知。而良知二字出孟子。孟子之良知，出易之乾知孔子之言。乾知非他，天之太虚灵明而已矣。而陋儒曲士猥疑之何也，以其心不复太虚灵明故也。无足怪矣。若质诸我邦之往圣，则亦良知之外无事矣，良知之外无学矣。良知之外无事矣，我何以断然决之乎，陆子象山曰：东海有圣人出焉，此心同也，此理同也。

东海之圣人，舍天照大神。而谁当之。故云云。今以王子传习录及附录，奉纳大神文库。大神之灵明，既符于孔孟及王子之良知矣。王子而有灵，则何欢加之。在孔孟固可知矣。嗟乎，斯言也，必获罪于人，然而不获罪于神，则心窃自知焉耳。

阳明王子文抄奉纳伊势林崎文库跋

丰宫崎文库有阳明王子全集，而林崎文库未有之也，后素故欲纳之。因搜索阪城书肆，不幸无舶来之善本，虽弊箧藏之，不斯须离坐右。实我家有用之书也。舍有用之书，枉献于神似诣，神必不受也，故不敢。于是以亦所藏其文抄之别本，姑奉纳焉。他日有善本出，则盖复纳之。而此本标题曰王阳明全集，而今改文抄何也？后素尝阅之，抄其全集之文者，而标题乃清人误也。呜呼后素以前贤论良知书，乃献于大神神库，岂亦徒然，欲致之如其教故也。钦冀神明祐之，后素不敢堕是志矣。

中斋首先抄录《札记》中的七十五条，托付间生送给佐藤一斋，后来又送刊本，请求批评。当时中斋写给一斋的信函颇有参考价值，特引用如下：

摄州大阪城市吏致仕大盐后素。再拜白一斋佐藤老先生。

仆虽未获仰眉宇听馨咳。吾乡间某曾传先生爱日楼集，以投诸仆，仆庄读之。乃知先生学深乎渊水。先生文杰乎星辰，而不悖于素闻矣。既又读祭酒林公序，因复了先生之阅历，与先生之不遇也。慕而悲之，悲而慕之。孰知仆志在乎先生哉。然而不投足门下，负墙请教，何耶？是不唯山河相隔。尝缚吏役绊簿书，寸步尺行，不能恣致之也。故徒翘跂耳。而仆今乃辞职家居，如宜东行侍函丈自在然。然而不能遂其事，又何耶？以私仇充斥乎州内外。蠖屈乃俟时，而终无其时。则闻先生年既踰六十，而仆虽四十又一，体屡病多，安知无失遭遇之期哉。然则憾无加焉。故略告仆志于未一面之先生，以乞教。夫仆本遐方一小吏矣，只从令长之指挥，而抗颜于狱讼棰楚间。以保禄终年，无他求可也。然而不从事于此，而独自尚志以学道。不容乎世，而不爱乎人，岂不左计乎。吁知仆者，悯其志。不知仆者，以左计罪之宜矣。而仆之志有三变。年十五尝读家谱，祖先即今川氏臣而其族也。今川氏已后，委贽于我神祖。小田原役，刺将于马前，而赏之以御弓。又锡采地于豆州塚本邑焉。当大阪冬夏役，既耄矣，不能从军以伸其志，而徒戍越后柏崎堡而已。建囊后终属尾藩，而嫡子继其家，以至于今。季子乃为大阪市吏，此即我祖也。仆于是慨然深以从事刀笔，伍狱卒市吏以耻矣。而其时之志，则如以功名气节，欲继祖先之志者，而居恒郁郁不乐之情，实与刘仲晦未得志时之念亦奚异。而非谓器比焉也。而父母，仆七才时，俱没矣，故不得不早承祖父职也。日所接，非赭衣罪囚，必府吏胥徒而已。故耳目闻见，莫不荣利钱谷之谈，与号泣愁冤之事。文法唯是熟，条例唯是喑，向者之志，欲立尝不能立。依违因循，年踰二十，吏人未尝有学问者。故虽有过失，无益友诚之者。其势不得不发欺罔非僻骄谩放肆之病也，而无是非之心非人。窃自问于心，则作止语默，获罪于理者盖夥矣，要与在笞杖下赭衣一间耳。而无羞恶之心亦非人。治彼罪也，则不可不治己病也。治病奈何，当从儒以读书穷理而后愈矣。故就儒问学焉，于是夫功名气节之志，乃自一变矣。而时之志，则犹以袭取外求之功。望病去而心正者，而不能免轻俊之患也。乃与崔子钟少年之态适相同，而非谓材及焉也。而夫儒之所授，非训诂必诗章矣。仆偷暇愤习之，故不觉陷于其窠曰，而自与之化。是以闻见辞辩，掩非饰言之具。既在心口，而侈然无忌悼。似病却深乎前日矣。顾与其志径庭，无悔乎？于此退独学焉。困苦辛酸，殆不可名状也。因天祐，得购舶来宁陵呻吟语。此亦吕子病中言也。熟读玩味，道其不在焉耶，恍然如有觉。庶乎所谓长针去远痞，而虽未能全为正心之人，然自幸脱于褚衣一间之罪矣。自是又究宁陵所渊源，乃知其亦从姚江来矣。而我邦藤树蕃山二子，及三轮氏之后，关以西良知学既绝矣，故无一人讲之者焉。仆窃复出三轮氏所翻刻古本大学及传习录坊本于芜废中，更稍知用功乎心性，且以喻诸人。于是夫袭取外求之，志又既一变矣。而仆志遂在以诚意为的，以致良知为工焉。尔来不瞻前顾后，直前勇往，只尽力于现在吏务而已矣。以是报君恩，报祖先，而报古圣贤之教，不敢让于人也。不意虚名满州县，因思未有实得。而虚名如此，是乃造物者之所忌，故决然致仕而归休矣。非徒恐人祸然也。是时仆年三十又八矣。而今乃专养性于小窗底，反观内省，改过迁善，唯是务。然以无良师友故，恐弛其志于五六十矣。是仆之日夜所忧也。自今如何下功夫则其志益坚立，而心归乎太虚矣。先生亦服膺良知学者。仆因自知人如东行以其道愿相见，则不以夫子之待孺悲者待仆。故裁是书，告自而乞教便如此。其简率则请勿罪焉。且社弟辈，梓仆札记，以藏家塾。毕竟代其转写之劳耳，不敢示大方也。然仆志亦在其中幸以间某顷寓大府司天台，托斯人以呈札记二册于左右，暇日赐览观，而彼此但垂教喻则幸甚幸甚。祭酒林公亦爱仆人也。先生寓其邸，故当闻知焉。冀先生览后，复转呈诸林公。林公亦赐一言教，以共陶铸仆。则爱仆之诚，敢不感，敢不感。而仆为求知于人非云云也。伏先唯先生鉴其文，而厚其志。谨再拜。

天保五年（1834），中斋著《增补孝经汇注》，于是四部书大功告成。《古本大学刮目》《洗心洞札记》《儒门空虚聚语》《增补孝经汇注》，号称"洗心洞四部书"。尽管中斋辞职后专心致力于讲学著述，高井山城守以后的各个奉行还是服膺中斋的威望和才学，在施政上有什么难决之事，往往来征询他的意见，可见中斋的势力隐然在各个奉行之上。就中矢部骏河守和中斋最为亲善。

天保七年（1836）春，矢部骏河守转任江户勘定奉行，四月二十八日，迹部山城守继之任大阪东町奉行。山城守凡庸，无识人之明，乃至中斋作乱。藤田东湖在《见闻随笔》里说：

> 丙申秋，矢部骏河守转任勘定奉行。迹部山城守继任矢部之职，在交接职位时，迹部向矢部询问町奉行的故事和心得。矢部在寒暄之后说，有个退了休的与力叫平八郎。人物非凡，烈如悍马。只要不激愤，此人可用。但如果仅用奉行之威去驾驭的话，可能有危险。迹部唯唯。事后对人说，以前听说骏河守是个人物，似乎错了。讽刺说，问大任之心得，居然为驾驭一个退休了的与力担心，怎么回事？翌年平八郎作乱，虽然很快诛服，迹部受到奉职无方的责难，世间称誉骏河守有先见之明。

此岁秋，中斋游播州甲山，赋诗二首云：

> 曾游二十二年前，林壑再寻依旧新。
> 今日思深似前海，彷徨不独为诗篇。
>
> 人随无事醉明时，柔脆心肠如女儿。
> 却冲秋热攀山险，谁识独醒慎独知。

从诗中可见中斋心中颇有激愤不平，可谓举事的征兆。中斋胸中为何有如此激昂呢？情况大致如下。

自天保二、三年以来五谷不登，到天保四年（1833）终至全国大饥馑。

以后持续多年歉收，到天保七年（1836）又发生了大饥馑，十分悲惨。中斋不忍坐视旁观，让格之助去见迹部山城守，请求开仓赈济穷民。山城守答应一定会在四五日内实施赈济。中斋大喜，屈指以待。但到了时候没有消息，再等几天也没有此事。再派格之助去请求也没有效果。又一次前去要求。山城守答复说，因为必须要向江户送大量稻米，所以得到了赈济之举暂且缓行的命令。中斋对当权者的冷淡处置非常愤慨，但也无可奈何。于是变换方式，说服市内的大商人们，想从他们那里借钱来赈济百姓。然山城守反加以阻碍，要商人们不借钱给中斋。于是中斋大怒，欲自己救济，变卖了一切贵重书籍。其数量达一千二百部，六百五十两银子之多。于是制作了一万张支票，尽数施予穷民。山城守知道此事后，立即召见格之助，诬蔑说他们所作所为是卖名行为，大加谴责。这些都刺激了中斋，乃至中斋叛乱。中斋的仆妾说：

> 平八郎平生气质坚硬，自春天以来变本加厉。

可见他的愤激已经接近疯狂了。

天保八年（1837）二月十九日中斋举兵。其党徒先焚烧大商人的房屋，破坏仓廪，发放财米。此后和山城守的士兵交战而不利。至黄昏仅剩八十余人。于是解散其党徒，自己也藏匿起来。此日火势旺盛，翌二十二日火越来越大，乃至烧毁了大阪市四分之一以上的房屋。从此戒备更严，到处搜索中斋党徒。中斋之徒有的就擒、有的自杀、有的自首，达数十人之多。然中斋和格之助不见踪迹，人心惶惶。一个月以后，发现中斋藏在大阪一个商人家里。二十六日黎明，吏卒数十人前来捕捉中斋。中斋知道逃不了，乃和格之助放火自焚了。时中斋年四十五岁。

中斋举兵，固有其愤怒之余，不免轻举之责。但其怜悯穷人之心是真挚的。唯不能说是好名。《礼记》曰：

人之嘉言善行，则吾心中之善。而人之丑言恶行，亦吾心中之恶也。是故圣人不能外视之也。

又云：

有血气者，至草木瓦石。视其死，视其摧折，视其毁坏，则令感伤吾心。以本为心中物故也。

中斋有如此见解，故见暴吏的罪状，即为吾心中之事，见穷民之穷状，亦为吾心中之事，到底不能冷眼看过。所以最终忘爆发。是故绝不能不宽恕中斋的衷情。中斋又反对幕府之暴政，高举反抗之大旗，为穷民牺牲自己，所作所为犹如社会主义者。然他当然没有今日所谓社会主义那样的思想，王学却有些一视同仁的倾向。中斋分明有藤树那样的平等主义观念，故其暴动可谓符合社会主义。

中斋为人，峭酷峻厉，动则发火。他若有动心之事，马上显露出猖狂之状。《东湖随笔》曰：

曾当面问过矢部。矢部曰：平八郎可谓叛逆者，但骏河守却不认为他是叛逆。平八郎即所谓疯狂者。担任与力，打击富豪，赈救山民，惩罚奸僧，处罚邪教，可谓清官。在学问方面也有造诣，非一般书生可及。其奉行在役中曾经常召集他来商谈秘事，闻过失，得益非浅。言语容貌绝非寻常之人。他曾经说一旦有叛逆之时，可躲进大阪城内。（他曾为大阪城守备薄弱而担心过）然而进不了城，居然那射火箭将之烧毁，怎么回事？我曾招待过平八郎，在一起吃饭，拿出大鱼来请他吃，和平八郎谈起忧国之事，平八郎忠愤不已，怒发冲冠，加以安慰，更加愤怒，居然把大鱼连头带刺全部吃了。翌日，家宰谏某曰："昨日的客人实为狂者，不可亲近。以后要禁止和他交往。"这都是为他好，但始终听不进去。此事可见平八郎的为人。

可以想见其悲愤慷慨之状。幕末遗老木村芥舟在《笑鸥楼笔谈》中说：

大盐后素一年前去彦根时，冈本黄石翁遥其去家里访问，请他讲兵书。后素忽然正色说：足下为何要听兵书的讲义，很费解，请说理由。翁意外地回答道：予祖先以兵学奉侍藩主，余不肖，今列于大夫末班，继承了祖先之志。如果有幸能听到先生的高说，为国家尽力而已。后素颜色稍微缓和，说兵者活物也。非一两次讲论所能尽。足下若有意，余家有一套《孙子十解》珍藏，当借给你。如熟读此书，将事半功倍。黄石翁说，后素最先辞气严厉，几乎不能答其问。又根据黄石翁的话，予少壮时见到的诸位先辈中，体貌俊伟，相貌堂堂者，渡边华山和大盐后素二人也。谁见了都觉得有大国藩老之风貌，吾辈不觉自惭形秽。赖山阳容貌卑野，和想象中的完全不同。讲义也很笨拙不明，写文章的技巧有云泥之差。

关于中斋的容貌，他的门人疋田竹翁谈话云：

大盐容貌翩翩美男子。身高五尺五六寸，很瘦，有凛然风采。头发短结，皮肤稍白，眼睛不大有些下吊，但怒如雷霆。

中斋无妻，唯有一妾而已，名优，原是一名尼姑。优也很有见识，非寻常女子。能背诵《大学》之类，时而代替中斋讲《中庸》《史记》等。优为何当尼姑有多种传说。中斋不喜欢朝人要钱，其家人也是如此。然有一次优得人馈赠梳子，没有理由退还，便悄悄放在家里，偶被中斋发现。中

233

斋觉得违反了他的主义，立刻将梳子折断，命令优出家为尼。优生有一个男儿叫弓太郎。乱后被打入永牢。故中斋的子孙在乱后完全断绝。中斋门人多为与力，从他处来求学者也不少。门人之数一时不下四五十人。若前后加起来，总数上千。其中最卓绝的是宇津木之丞，后来为洗心洞塾头。其他的如松浦诚之、松本乾知等将来有望者，但都死于战乱，未能成大器。是为遗憾。

中斋交道不太广，如猪饲敬所，也只访问过一次。虽和足代弘训相识，但所学不同，不是知心朋友。和篠崎小竹有一面之识，却说"不知道那个喜欢金钱的儒者"而加以侮辱。唯和近藤重藏意气相投。重藏虽博识广见，却非寻常儒者。他曾去千岛探险，树立了"天长地久大日本帝国的"木标，堪称一位豪杰。其在大阪任弓奉行时，中斋曾去探访。长田偶得氏著《近藤重藏》中有如下一节：

> 初平八郎闻重藏名声，好奇欲得一见。有一夜叩其门，请面会，不久一老仆出来带路，至书院坐予设之位。不知主人去何地而迟到，久不闻其咳声。烛泪高堆，夜幕阑珊。平八郎久闻重藏特别傲慢而蔑视人，没有特别在意，但因过于远待而开始生气，自言自语地说真是一个百闻不如一见无礼貌的人。徒然回看四边，发现地板上有门百目炮，觉得应是主人爱戴而特别制作的，很美，炮身灿灿，灯火相射，还备有火药。平八郎大喜，自语说让傲慢者胆战一下，于是取枪炮，装火药，打开火盖放炮，轰然如百雷坠下，屋壁震动，硝烟充满室内，重藏静悄悄地打开纸门，左手提烟草盆，右手把烟管，悠悠坐下曰：一发之手感如何？二者相见礼毕，直接把酒言欢。

> 之后重藏又拿出一口锅，放在平八郎坐侧，说请赏味。他打开盖子一看，一个鳖鱼在锅底蠢蠢欲动。平八郎无丝毫惊色，呵呵大笑，说好下酒物，不客气了。拔出小刀，宰断其首，啜血痛饮之，重藏也

服其胆略，由此相互往来，交情极其亲密。

中斋和重藏都是非常人物，一旦相遇，犹如双峰对立。然中斋最尊重的是赖山阳。山阳本是文人，不单对经学有造诣。中斋与之相交甚奇，但他窃为山阳的胆识所敬服，自辩曰：

> 余善山阳者，不在其学，而窃取其有胆而识矣。

后山阳吐血病重愈，中斋去京师拜访之，其已永眠。中斋追慕山阳曰：

> 知我者，莫山阳若也。知我者，即知我心学者也。虽知我心学则未尽札记之两卷，而犹如尽之也。

中斋以山阳为知我心者，然山阳丝毫不知心学。他在"读王文成公集诗"曰：

> 为儒为佛姑休论，吾喜文章多古声。
> 北地粗豪历城险，尽输讲学老阳明。

称赞阳明的文章，却不懂阳明的学问。山阳曾谓中斋曰：

> 兄之学问，洗心以内求。如襄者，外求以内储。而作诗，而属文，如相反然。

彼此不啻是相反！然山阳容忍中斋的阳明学，称他为小阳明。然中斋又以为山阳心服阳明的文章和功业。无疑彼此有肝胆相照共通之点。

第二　著书

《古本大学刮目》七卷

此书天保三年（1832）六月刊行。然作为"梱外不出之书"没有出示给门人以外者。凡例末尾云："彼此校订，以惠学者。所谓珍书而莫为容易观。"可知为秘藏书。此书在天保八年（1837）之乱被烧，残本存世不多，所有的都是秘藏。余也收藏有一部，后编入《日本伦理汇编》之中。

《洗心洞札记》三卷

此书天保四年（1833）刊行，记载中斋独得学说。附录一卷收录交友知己的书简，亦可作参考。

《洗心洞札记抄录》二卷　写本

此书从《札记》选录七十五条。是中斋自己抄录托间某送给佐藤一斋的草稿写本。卷末有寄一斋书以及辞职诗，又有凤文的评语，但不知其为何人。其次有池尾弼宪的跋，最后有乌有翁写的《洗心洞略传》，亦有一顾之价。

《儒门空虚聚语》三卷

此书为天保四年（1833）刊行。中斋在此书中收集了孔子以来的古人们讲太虚说的言论。猪饲敬所曾读此书，修订了训点的误谬。中斋见之后，为其校雠之正确而叹服，于是加在上栏，再加以刊行。

《增补孝经汇注》三卷

《孝经汇注》为编入《孝经大全》中的书，明代江元祚所删辑。之所以称之为"汇注"，是因为汇集增减了朱鸿（字子渐）、孙本（字初阳），虞淳（字澹然、号道圆）三氏的注书而成。中斋以此书为得圣人易简之道，增补了黄道周（字幼安、号石斋）之说和自身之说。又在上栏附上了王阳明、杨慈湖、罗近溪三氏之说。

《洗心洞学名学则》一卷

此书在卷首刊载《学名学则》，其次附载《答人论学书略》。余所藏书上有"孔孟学"的印，大概是洗心洞藏书。其内容全在《儒门空虚聚语》的附录里，《学名学则》则以《答人问某志》一文结尾，故比《聚语》少三篇。

《古本大学旁注》一卷

此书中斋加注阳明所著《古本大学旁注》而成。明治二十九年（1896）由铁华书院出版。

《大学或问增注》

《洗心洞札记抄录》再加上池尾弼宪的跋。其中据说是中斋的著书的有《大学或问增注》。然如此著书不绝，大多是《古本大学刮目》之误。

《奉纳书籍聚跋》一卷

此书为中斋天保四年（1833）九月刊行，如今无传世。帝国图书馆仅存一本。余亦从伊势的山田那里收集而来，以彰显中斋事迹。

《洗心洞诗文》二卷

此书为大阪人水哉中尾舍吉氏编辑。原稿出自伊丹的稻川氏。稻川氏十五岁学于洗心洞，家有中斋遗稿。中尾氏曾将之誊写，抄录于后学有益者若干，分二卷于明治十二年（1879）出版。此为知晓中斋文藻的唯一资料。

《学础》若干卷　写本

此书出于洗心洞，为医学博士大西克知氏所藏。人或称此书为中斋所著。余曾借览其书，其又称《度学》，全是几何学的东西，怀疑是译书。再借利马窦《几何原本》加以对照，但不太相同，也不知成于何人之手。然可断定不是中斋著书。

其他，中斋还评点过《王阳明全书》《欧阳南野文选》等。京都的宇田栗园藏之。余曾见其书。栏外有不少评语。特别是《王阳明全书》本为藤树书院的《藤树手泽》之书，中斋受其请求，为之加了评点。中斋据说还翻刻过赵翼的《二十二史札记》。

第三　学风

中斋亲自实践躬行，教导弟子极严。故弟子被感化受益匪浅。中斋作乱时，即使有二三背叛者，大多数都留下与中斋共生死，如非平时熏陶不能如此。《洗心洞入学盟誓》曰：

> 欲学圣贤之道以为人，则师弟之名不可不正也。师弟之名不正，则虽有不善丑行，谁敢禁之。故师弟之名诚正，则道行乎其间，道行而善人君子出焉。然则名问学之基也，可不正哉。某虽孤陋寡闻，以一日之长，任其责，则不得辞师之名。而其名之坏不坏，大率在下文条件之立不立。故结盟于入学之时，以预防于其流不善之弊。
>
> 主忠信，而不可失圣学之意矣。如为俗习所率制。而废学荒业以陷奸细淫邪，则应其家之贫富，使购某所告之经史以出焉。其所出之经史，尽附诸塾生。若其本人而出蓝之后，各从其心所欲可。
>
> 学之要，在躬行孝弟仁义而已矣，故不可读小说及异端眩人之杂书。如犯之，则无少长，鞭朴若干。是则帝舜朴作教刑之遗意，而非某所创也。
>
> 每日之业，先经业而后诗章。如逆施之，则鞭扑若干。
>
> 不许阴缔交于俗辈恶人，以登楼纵酒等之放逸。如一犯之，则与废学荒业之谴同。
>
> 一宿中不许私出入塾。如不谋某，以擅出焉，则虽辞之，以归省，

敢不赦其谴，鞭扑若干。

家事有变故，则必咨询焉，以处之有道义故也，非某欲闻人之阴私也。

丧祭嫁娶及诸吉凶，必告于某，与同其忧喜。

犯公罪，则虽族亲不能掩护，告诸官以任其处置，愿你们小心翼翼莫贻父母之忧。

右数件勿忘勿失是盟之恤哉。

由此可见中斋对凡有违背盟约书者，不分长幼，都要加以鞭挞惩罚。其事在今天看来有些残酷，在当时对锻炼书生则是有效的。若夫犯下最后一条的公罪，则是夫子自己背叛自己，是亦自家撞着之甚乎？洗心洞的学堂里，中斋挂出《天成篇》一文，并附记说："钱绪山以天成篇，揭喜义书院示诸生。吾亦谨书揭洗心洞。弟子日读而心得焉，则犹躬亲学于阳明先生。"其文曰：

吾人与万物，混处于天地之中。为天地万物之宰者非吾身乎？其能以宰乎天地万物非吾心乎？心何以能宰天地万物也？天地万物有声矣，而为之辨其声者谁欤？天地万物有色矣，而为之辨其色者谁欤？天地万物有味矣，而为之辨其味者谁欤？天地万物有变化矣，而神明其变化者谁欤？是天地万物之声非声也，由吾心听斯有声也。天地万物之色非色也，由吾心视斯有色也。天地万物之味非味也，由吾心尝斯有味也。天地万物之变化非变化也，由吾心神明之斯有变化也。然则天地万物也，非吾心则弗灵矣。吾心之灵毁，则声色味变化不得而见矣。声色味变化不得而见，则天地万物亦几乎息矣。故曰，人者天地之心万物之灵也，所以主宰于天地万物者也。

吾心为天地万物之灵者，非吾能灵之也。吾一人之视其色若是矣，

239

凡天下之有目者，同是明也。一人之听其声若是矣，凡天下之有耳者，同是聪也。一人之尝其味若是矣，凡天下之有口者，同是嗜也。一人之思虑，其变化若是矣，凡天下之有心知者，同是神明也。匪徒天下为然也。凡前乎千百世以上，其耳目同，其口同，其心知同。无弗同也。后千百世以下，其耳目同，其口同，其心知亦无弗同也。然则明非吾之目也，天视之也。聪非吾之耳也，天听之也。嗜非吾之口也，天尝之也。变化非吾之心知也，天神明之也。故目以天视则尽乎明矣，耳以天听则竭乎聪矣，口以天尝则不爽乎嗜矣，思虑以天动则通乎神明矣。天作之，天成之，不参以人，是之谓天能。是之谓天地万物之灵。吾心为天地万物灵，唯圣人为能全之，非圣人能全之也。夫人之所同也，圣人之视色与吾目同矣。而目能不引于色者，率天视也。圣人之听声与吾耳同矣，而耳能不蔽于声者率天听也。圣人之思虑与吾心知同矣，而心知不乱于思虑者，通于神明也。吾目不引于色以全吾明焉，与圣人同其视也。吾耳不蔽于声以全吾聪焉，与圣人同其听也。吾口不爽于味以全吾嗜焉，与圣人同其尝也。吾心知不乱于思虑以全吾神明焉，与圣人同其变化也。故曰，圣人可学而至。谓吾心之灵，与圣人同也。然则非学圣人也，能自率吾天也。吾心之灵与圣人同，圣人能全之，学者求全焉。然则何以为乎有要焉，不可以支求也。吾目蔽于色矣，而后求去焉，非所以全明也。吾耳蔽于声，而后求克焉，非所以全聪也。吾口爽于味矣，而后求正焉，非所以全嗜也。吾心知乱于思虑矣，而后求止焉，非所以全神明也。灵也者，心之本体也，性之德也，百体之会也。彻动静，通物我，亘古今。无时乎弗灵，无时乎或间者也。或生而知之，或学而知之，或困而知之，皆自率是灵，以通百物，勿使间于欲焉已矣。其功虽不同其灵未尝不一也。吾率吾灵，而发之于目焉，自辨乎色，而不引于色所以全明也。发之耳焉，自辨乎声，而不蔽乎声所以全听也。发之于口焉，自辨乎味，而不爽平味所以全嗜也。发之于思虑焉，万感万应不动声臭，而其灵常寂。大者立而百体通，所以全神明也。人一能之己百之，人十能之己千之。必率是灵而无间于欲焉。是天作之，人复之，是之谓天成。是之谓致知之学。

学堂的西侧挂有王阳明示龙场诸生之立志、劝学、改过、责善四篇。学堂的东侧挂有吕新吾关于学问的十七条语录，以为门生日夜训诫。对始入学者，中斋先告之"入吾门学道，以忠信不欺为主本"之旨意，在塾中必守之，不守者则要被打。云云。疋田竹翁的谈话云：

从十二三岁时到十六岁时的藩塾，学的是朱子学，全部为素读。一年有二次考试，但只要能认字就可以了，一点没有用处。但到大盐那里去完全不一样。连句读也没有，都是讲义，其讲义也是很活泼的，出自内心的，所以大家都很刻苦。对初次参加者则教导"入吾门学道，以忠信不欺为主本"，这是阳明先生的语录，如果对本塾不忠不信，有欺骗人的行为的话，则要被打。这是自己同意了的才来这里的，事先有思想准备，绝不要感到奇怪。所以第一次参加者都会颤抖的。

可见中斋实施严厉的教育。中斋用《洗心洞学名学则》来宣告教育宗旨，内容如下：

弟子问于余曰：先生学谓之阳明学乎？曰否。谓之程子学朱子学乎？曰否。谓之毛郑贾孔训诂注疏学乎？曰否。仁斋父子之古学乎？抑徂徕主诗书礼乐之学乎？曰否。然则先生所适从，将何学耶？曰：我学只在求仁而已矣。故学无名强名之，曰孔孟学焉。曰：其说如何？曰：我学治大学中庸论语也，大学中庸论语便是孔氏之书也。治孟子也，孟子便是孟子之书也。而六经皆亦孔子删定之书也，故强名之曰孔孟学也。毛郑贾孔之学，则只注释经书之名义也。程朱之学大抵说破经书之精微性命之底蕴也。阳明先生之学就其中提易简之要也。仁斋徂徕则特其唾余耳。呜呼，孔孟之学在求一仁，而仁则难遽下手。故或读其训诂注疏，而求其影响。或因其居敬穷理之工夫，以探其精微窥其底蕴。或致良知以握其易简之要。而毕竟各皆归乎孔孟之学也已矣。然而孔孟数千百岁以前，既逆知数千百岁后诸儒各争意见立宗分派以为同室之斗矣。故孔子以孝经授于曾子，而谓之至德要道。孟子亦曰，尧舜之道孝弟而已矣。以是考之，则四书六经所说虽多端，仁之功用虽远大，其德之至，其道之要，只在孝而已矣。故我学以孝之一字。贯四书六经之理义，力固不及，识固不足，然求诸心，而真穷心中之理，将以死从事斯文矣。故直曰孔孟学。是乃似僭而不僭矣。吾徒小子宜奉遵焉。而若有问我学者，则以之答而可。

中斋又举出读书书目，向门生们表示讲学顺序，从中可窥视其学风，故揭示如下：

《孝经》	增补孝经汇注并郑注本
《古本大学》	序解
《中庸》	朱注
《论语》	朱注
《孟子》	朱注

　　　以上一经四书

《易》	程传
《书》	蔡氏集传
《诗》	吕氏读诗记并朱子集传

《礼记》　　　　陈氏集传并三礼义疏

《春秋》　　　　并三传

《周官》　　　　三礼义疏

《仪礼》　　　　三礼义疏

　　以上七经三传

《传习录》

《朱子小学》

《四名公语录》

《近思录》

阳明子集类

王门诸子书类

程朱书类　有口诀

历代理学名贤书类　有口诀

　　以上理学

二十一史

通鉴纲目

读史管见

名臣言行录　各有口诀

　　以上史类

八大家文集之类

《诗》及《宋十五家诗选》之类

　　以上诗文

田中从吾轩认为中斋为傲慢之人，其在学问方面也是外行，极为浅薄。
其谈话中云：

大盐的学问为阳明学，又会使用枪，在当时算佼佼者。在学问方面很傲慢，虚张声势，但外行毕竟是外行。大盐看不起当时的学者们，但觉得敌不过赖山阳，所以很尊敬，送给山阳芦雁之绘，山阳作为回礼也送给他诗。大盐在学问方面不深，但如果有人说三道四的话，立刻发怒。

若以学问为记诵辞章的话，从吾轩的话一言中的。然以修身诚意之义而言，从吾轩之言误矣。他的专业为小说，如何知道中斋学问的价值？中斋的学说还需要后人来评价，也不至于让从吾轩来问鼎之轻重。中斋和山阳相交，意气投合，并不是因为己不如人。从吾轩的批评甚为残酷。他又论中斋云：

> 大盐为不服输之人，对自己的话一定要求唯唯诺诺，不然则怒，对自己的弟子犹如家臣一般。讲课时如大盐来，则要发出"嘘……嘘……"之驻跸声，于是弟子们低头下拜。说其傲慢，是因为大阪的士非常少，与力虽说是贱役，但山中无老虎，为了处理市中的诉讼，聚集成了一大势力。对弟子犹如家臣，但在学问方面没有什么了不起的地方，如读《洗心洞札记》则一目了然，因而被小竹等人嘲笑。

从吾轩是否懂得《洗心洞札记》的旨趣甚为可疑，以小说和混乱的头脑来评价道义之书，表明他并不内行。俗话说"对牛弹琴"，此之谓也。小竹也不过是一个文人而已，和中斋相比，犹如将牛麒鸡凤混为一谈。以此及彼，犹如不辨菽麦一般。

第四　学说

第一　概论

要叙述中斋的学说，首先要考察其主义以及其主义的立场。中斋信奉阳明学。他自身虽在《学名学则》中使用孔孟学这一名称，其实只是阳明学。中斋没有别的老师，全靠自学而归至姚江派。执斋、东里等人死后的数十年间都无人主张王学。此时，当中斋开始讲学，无所适从。偶然得到吕新吾的《呻吟语》，熟读玩味，恍然大悟。又因知道姚江是其渊源之处，遂得《阳明全书》而诚心研读。然不幸身染肺病，药石无灵，病势愈发严重。随后却又病愈，何其幸也。中斋以为天佑，于是向阳明之灵起誓，立杀身成仁之志，以讲学修道为任。他已往来于生死之间，出入天人之际，可知其决心坚定。在《示弟子文》中云：

> 读书讲道，默而识之，谦以居之。而当变忠孝，杀身成仁。是其止处。

如此决心来自姚江，中斋遂加以实行。

中斋虽信奉阳明学，但绝不排斥朱子学。反而公开宣称朱王之学并取。《奉纳朱子学跋文》云：

> 后素虽固奉王子致知之教，而于朱子博约之训，宁亦废之哉。

又在《奉纳陆象山全集跋文》中云：

陆子以尊德性为教而未尝不道问学也。朱子以道问学为教，而未尝不尊德性也。然其生前互论辩不已。朱以陆之教人为太简，陆以朱子之教人为支离。而深考之，朱子以陆子之教人为太简耳，未尝以陆子为太简也。陆子以朱子之教人为支离耳，未尝以朱子为支离也。只两家之子弟，有客气胜心者，终酿朱陆同异之说。以为斯道之梗，非可叹之甚乎。而今读陆集，则说德性详矣，而居多敷朱文，则说问学尽矣而过半，要不可两废者也。故后素则并收两家之说，即依然尊德性而道问学之事也。而以阳明王子致良知之教，一以贯之以是为学的，庶几不叛孔孟之宗者欤。

中斋如此讲述并取朱王两氏之意，说其公平也不为过。但其实全部祖述阳明之学。宽政之初禁止异学以来，学者屏息不敢倡导异学。如一斋之类，一心信奉阳明学却未能公然主张，首鼠两端，不免模棱两可，暧昧其说。此时公然倡导阳明之学，唯有中斋而已。中斋不顾世人非难，全神贯注所信，尽其学者本分，勇气可嘉。他刚直不屈，足以使懦夫崛起。在那薄志弱行之世道，何处寻求如他一样之人？他将学者和豪杰结合在一起。中斋主张王学，自成一家。如阳明那样讲致良知，亦主张归太虚之说。阳明虽曾将良知与太虚相比，却未将归太虚作为自己的思想。中斋将归太虚作为其学之本。是故中斋之学虽基于阳明学，亦有特色存在，为姚江一派大放异彩。然中斋并不想将其称作自己的创说，而是极力证其所本，以表其意。《札记》序文中云：

我之创说则宜有后虑也。先贤之成语，而吾特发挥之焉耳，则又何足患哉。况此非如刮目释一经之比，是以未尝有贼经与贻儒先解经之累之罪也，要一家言也已矣。

中斋为明其祖述之学无过，著有《儒门空虚聚语》，上至《周易》《论语》等，下至明清诸家，将有关归太虚之说的言论全部辑录。然中国哲学家中主张太虚说最甚的为张横渠。中斋或从横渠之处所得。这可从《札记》下卷引用张横渠诸语大多为中斋道破归太虚之旨意这一点察知。然中斋自辩曰："吾归太虚之说，由致良知而来，非自正蒙而来。"我们认为，我邦归太虚之说早已由藤树道破。其在《与户田氏书》中论天地万物皆太虚一气而生，并说：

> 如此万物虽同太虚之一气，太虚无不备天地之全体。人其形小，太虚之全体，故唯人之性有明德之尊号。云云。云天地人三极，形虽异，其神一贯流通无隔。理无大小故方寸太虚本同。云云。我心即太虚也，天地四海在我心中。

藤树将太虚与方寸看作一物，为中斋之先驱。中斋之说与佛教的空观也有相似之处。是故中斋自己在《聚语》序中辩曰："我空与法空本一物，唯有死活之异。"不可不有此辩。然先述其学说之要领，再作评论。

第二　归太虚之说

人皆以头上三尺苍空为天，中斋却认为不应仅以此为天。石间之虚，或是竹中之虚，皆可以为天。然而，不应当仅以外物论此，更当以自身论此。如以吾之方寸为虚，此虚当与口耳相通。口耳之虚又当与身外之虚相通，合而为一。因而没有界限，应是包四海而含宇宙。中斋曾以此为天人合一之枢纽，而今见身外以为虚。此虚大而言之为太虚，小而言之为我之方寸。此彼相通，无有区别。太虚即在我之方寸，我之方寸即容太虚。是以中斋以身外之太虚为我心之本体，心外之喜忧皆成我心中之事件。其言有云：

躯壳外之虚便是天也。天者吾心也。心葆含万有，于是焉可悟矣。故有血气者至草木瓦石。视其死，视其摧折，视其毁坏，则令感伤吾心，以本为心中物故也。

这和阳明所谓"心即理也。天下有心外之事，心外之理乎?"是一样的。若以形而言之，则身包含心，心本在身之内。若以道言之，则心包含身，身反而在心内。以身在心内，常得超脱之妙。吾役使物，而不为物役之。然若我心中有欲则塞，塞则无虚。无虚则成颓然一小物，即为小人矣。

常人虽有方寸之虚，和圣人之方寸之虚不二。于气质而言，虽无清浊昏明之差，方寸之虚则不尽相同。犹如贫人室中之虚与贵人室中之虚同，四面墙壁，上下屋梁没有美丑精粗。是故，任何人都能拂其欲心而归太虚，则天即为其心矣，与圣人无异。是故任何人都可成为圣人。圣人即有言之太虚，太虚即无言之圣人。乃知圣人与太虚没有什么差异。

那么，应当如何归太虚呢? 必从诚意慎独之处入。意诚，则无患于喜怒忧思悲恐惊之处。即一扫情欲得归太虚。若心中有欲，则存一欲亦不可归太虚。心若不可归太虚则动。总而言之，有形之物皆若凌云之高岳，无底之大海，虽必因地震而动摇，然地震不可动太虚。故心归太虚，才可以言不动。有形质之物虽大，必有其限，且必有所灭。无形质之物虽微，却无涯，而可传之。高岳桑田，有可能崩溃变之沧海。而唾壶之虚即为太虚之虚。唾壶虽毁，其虚乃归太虚而万古不灭。得此之要，中斋乃绝灭心中一切妄想，不留情欲，即心归太虚。圣人地位，仅此而已。如此，以心归太虚为人生目标，近似于禅之归一。于是中斋乃辩之曰：

人心归乎太虚，亦自慎独克己而入焉。如不自慎独克己而入，则禅学虚妄，所谓毫厘千里。故心学者动误之也。

中斋还认为，太虚与佛教之空的差异在于到达的方法和归太虚的状态不一。佛教断灭情欲，超脱伦理，以期待解脱。然而中斋认为不能离开人欲。曰：

> 五伦非太虚则皆伪而已，太虚则五伦各得其正，而道德贯其中。

又曰：

> 儒中圣贤，古尝克己复礼，以全本然之空。而中也仁也皆无恙。孝弟忠信，喜怒哀乐，齐家治国平天下之事，尽出此空中，以获遂位育之功。佛氏之徒侣，大抵凿心刿性，终为槁寂之空。而中也仁也，皆灭。故孝弟忠信，喜怒哀乐，齐家治国平天下之事，不能发出。岂获遂位育之功矣。于是可见我空与彼空相去千万里。

由此观之可知，中斋之学虽酷似禅学，却不可与之混为一谈。

中斋之所谓归太虚，即为一扫胸中之云雾，到达不留一丝情欲之境界。看似全为消极之物，实则并非消极。换言之，归太虚并非停止心的作用，而是以良知为太虚。其言云：

> 夫良知只是太虚灵明而已矣。

又云：

> 真良知亦无他，太虚之灵而已。

249

又云：

> 良知之虚，即为天之太虚。良知之无，即为太虚之无形。

然至于如何养成良知，中斋认为不一扫胸中之云雾，良知不可放其光。盖以人心之本体为太虚。是故绝灭情欲即归太虚。太虚即为一点灵明。其言云：

> 夫太虚一灵明而已。是灵明即通昼夜，亘古今，不灭之明也。

由此可知，中斋之所谓太虚并非消极之物。他认为天地间一切事物皆从太虚分出。其论旨，与口力论师所说一致，或谓之一奇。中斋又以太虚为一切道德之出处。是故，太虚与太极亦不可混为一谈。

第三　致良知之说

中斋讲归太虚，即是说致良知。太虚和良知，只不过是一物的别名。但是，太虚指心境澄清，丝毫没有阴影的状态，良知即其中可以识别善恶之自然灵明。良知各自为先天性的。即天地之德寓居在各自的方寸里。然有邪念堵塞方寸之虚，良知之光为之不明。如果赶走邪念，良知的光自然会变得明亮，善恶正邪无不得其当。如此的话，便可以成为圣人、君子。他在答弟子质疑的信中叙述这个意见，曰：

> 只所幸天地之德性舍方寸之虚，故其慎独其不塞其虚，则德性之一知乃为大君。使用四知（即知觉闻见情识意见），以不使祟，是谓圣贤，是谓君子，是谓仁者知者。

即让良知全尽其官能，自己掌握律己之把柄。中斋给良知取了各种各样的名称。或者叫无极之真，或者叫心之精神，或者称之为神明。在答彦薄宇津木共甫的论心理的书函里，讨论了周子所谓无极之真，说：

> 其无极之真，别名之谓虚灵。赋虚灵之人，之谓心之精神，又谓神明。不学不虑而固有，故别名谓良知良能。其良知良能乃和天地易简之知能本为一物，即无极之真也。唯圣人则不失赤子之心。故全无极之真，而其易简之德业参天地。

还论述了朱子学将心和理分为二理之谬，下结论说：

> 弊源非他，以不知心之本体为何物之故也。若真认得心之本体为无极之真，所谓虚灵，则必复得孔子之所谓心之精神是谓圣，心之精神是谓圣之言。则良知良能之义亦当融释而总之。其灵遇亲则孝，遇君则忠，发夫妇为别，发长幼为序，发朋友之交为信，以此征万变，只是一灵而已。故程子王子皆曰，性一而已。夫天地易简之知能亦只是而已。是故真致良知，则良能在其中也。

所谓无极之真，即世界的实际存在。把良知作为世界的实际存在，认为这样实际在自己的方寸里。这有点像婆罗门教的"梵"那样，自己是世界的实际存在，世界的实际存在即是自己。中斋说"人心，天之太虚一般无二样"，又说，"身外之虚是即我心之实体"，即是说的此事。中斋有如此见解，故以良知作为道德的来源，还生出天地万物。在《答由比计义书》中云：

> 夫良知为生天，生地，生仁，生义，生智之主宰。

良知生仁义礼智很好理解，但产生天地万物就有点难理解了。但是中斋以良知为世界的实际存在。世界的实际存在像个人的良知那样，是世界的精神。即周子所说无极之真，所以以良知产生天地万物。在《答松浦诚之问书》中曰：

> 良知则一贯之灵光也，故生《易》生《诗》生《书》生《春秋》。尽有圣人之良知，而人学之于，亦只致良知而已。

中斋就这样以经书为良知所生处，学之则可以致良知。他把良知和其他知识区别开来并加以说明。在《答郡山藩臣藤川晴贞书》中曰：

> 良知武王之所谓人为万物之灵也之灵，非知觉闻见情识意见之良知，故若能忘后天之形气。真立志，则先天之灵，在心照照明明，未尝泯也，默知之可也。而真致其良知，即四书六经之言言语语，无疑皆断其用。无可无不可，无适无莫，唯义是从之妙用神通，自然入手。云云。

中斋将知觉听见情识意见称为"四智"。批判四智对良知有害，最终指出了讲学的正路，曰：

> 海无东西南北。人之有是心，是理，而至学，则一扫彼四知之邪障知无不明也。

中斋又以良知为天，论即使全先天之天理，也不要失后天人欲之原因，曰：

夫之虚灵以全幅，将之赋予其方寸内，彻毛发之末。圣人则未曾夺后天之人欲，而全先天之天理，其本只不失虚灵而已。

由此看之的话，中斋虽彻上彻下以良知为一贯，也认为后天之人欲没有什么不可。在如此情况下，人欲自动回归其正。中斋的意见类似佛教自不待言，但亦也不可以将它们混同。

中斋又以良知为鬼神。弟子曾问"鬼神泣壮烈"之意，他回答说"良知即鬼神，何别有鬼神？"且曾经评价司马温公的"事神"，认为"夫心外无神。太虚一团灵气进入人之方寸者，为孟子所谓良知也"。

第四　理气合一之说

中斋以阳明学说为本，主理气合一。朱子以心理相异。故若我心明，我心即我理之说则不可立，是以其修德之工夫不贴切。故中斋主气合一，讲单刀直入圣域。《札记》上云：

先天者理焉耳，而气在其中矣。后天者气焉耳，而理在其中矣。要理与气一而二，二而一者也。非实知易者，孰能见之也哉？

《札记》下又云：

自后天而观之，则似理与气当分。在先天固无理气之可分矣。慎独复性，便是先天之学。而犹以理气为二，可乎？故终身不能复性。以此也。

若各自理气合一则拥之。然只知气而不知理，遂不归道之体。只知理而不知气，则流弊，断行其意之气。是以中斋体理与气，述实将其合一之

253

要。《札记》上云：

> 勇士养气而不明理，儒者明理而不养气。常人则亦不养气，亦不明理。荣辱祸福，唯是趋避而已矣。理气合一，与天地同德，阴阳同功者，其唯圣贤乎。

在中斋的说法中，理即太虚。知理，此人即在太虚中，世间之物无不归于其心。《答宇津木共甫书》中云：

> 吾子亦信孔孟所云之形色天性心理一也之说。慎独归虚，以不丧无极之真。太虚即吾子，吾子即太虚。真臻此境，则万千之世界，概在其心中。

中斋建立理气合一之说，到达广大无边的境界。若分别心和理时，便不能成就此直接易简之工夫。

第五　气质变化之说

中斋认为，常人的方寸之虚和圣人的方寸之虚为同一虚，没有什么差异。也即众生皆具有佛性之意，将之比作万人同性之说，则谁都有可以成为圣人的性质。换言之，人皆有良知，可知人性本善。中斋论述道：

> 良知各具备焉。如地中水，无不有。致之之难，如逆水舟，惰则退而不进。荀子睹致之之难，遂谓性恶。孟子见无不有，断谓性善。夫虽致之之难，然无不有。则本来之性，固善也已矣。故性善之说，冠于万世，确乎其不可易者也。

又曰：

> 水性本寒矣。火在其下，则沸沸然化为汤了。当其时，水虽有，
> 寒绝无也。人性本善矣，物诱其外，则怅怅然化为恶了。当其时，人
> 虽存，善或无也。然去其火，则寒复依然。拒其物，则善亦现在。如
> 去火不早，则焦枯而水与性俱灭矣。拒物不严，则坏乱而人与性俱矣。
> 是当然之理也。

人性虽本如此之善，但人有躯壳，是故有气质，是以不免生私欲。换
言之，私欲为气质所起。然中斋以气质可以变化，如叔本华所说，不得不
变化。其言云：

> 方寸之虚者，便是太虚之虚。而太虚之虚，便是方寸之虚也。本
> 无二矣。毕竟，气质墙壁之也。故人学而变化气质，则与圣人同者，
> 宛然偏布照耀焉，无不包涵，无不贯彻。呜呼，不变化气质，而从事
> 于学者，其所学将何事，可谓陋矣。

气质非一定不变，也能变化，能变化故能成君子，也能成小人。这在
于其人之所作所为如何。中斋曰：

> 君子之于善也，必知行合一矣。小人之于不善也，亦必知行合一
> 矣。而君子若知善而不行，则变小人之机。小人若知不善而不行，则
> 化君子之基。是以君子亦不足恃，小人亦不可鄙也。

由此观之，中斋认为人可以从根底上加以改造。若不这样，教育的效
力便很少，让不善者化为善者也会变得不太容易。只有感化院之类可以奏

其功。人们的特性不容易改变，这是一个事实，然不善者也不是不能变成善者，龙树、奥古斯丁、约翰·班扬、哈曼之类皆持如此主张。可见气质变化之说，对教育也是有所裨益的。

第六　死生之说

中斋在死生方面，有着和佛教之涅槃类似之说。他以太虚为吾人之本体，认为吾人之方寸只要不被私欲堵塞，则可以回归太虚。然太虚乃常住不灭者，不如有形物之生生不已。是故吾人如能归太虚的话，吾人则可进入不生不灭之域。这和庄子所谓不死不生，佛教之所谓涅槃没有区别。中斋认为，太虚不是灭绝一切心之作用的消极状态，只是去掉私欲之情的状态。去掉私欲之情的话，良知之光便炯然发射出来，是谓仁。仁永远不灭。《札记》上云：

> 无求生以害仁。夫生有灭，仁太虚之德，而万古不灭者也。舍万古不灭者，而守有灭者，惑也。故志士仁人，舍彼取此，诚有理哉。非常人所知也。

又《札记》下曰：

> 太虚也，气也，万物也，道也，神也，皆一物。而聚散之殊耳。要归乎太虚之变化也。故人存神以尽性，则虽散而死其方寸之虚，与太虚混一而同流，不朽不亡矣。人如不失虚而至此，亦大矣盛矣。

中斋认为，通过学习，人如果依赖其形体逞私欲，便会灭绝，但若打破私欲归太虚的话，则能不生不灭。换言之，所谓长在不灭。我已经在长在不灭之境界的话，任何危难都不足畏，能保持其确然不动之状态。《札记》上云：

> 常人视天地为无穷，视吾为暂，故以逞欲于血气壮时为务而已。
> 而圣贤则不独视天地为无穷，视吾亦以为天地。故不恨身之死，而恨
> 心之死矣。心不死，则与天地争无穷。是故以一日为百年。心凛乎如
> 临深渊，不须臾放失也，故又尝不以物移志，不以欲引寿，要去人欲
> 存天理而已矣。

心已归太虚而身虽死，却不灭，故身不畏惧死，唯恐心之死。如知心
果不死，则世间没有什么可怕的东西。是于只要下决心，此决心任何场合
都不会动摇，如此则是谓知天命。《札记》下云：

> 临利害生死之境，真不起趋避之心，则未至五十乃知天命也。而
> 动其心以趋避者，则虽百岁老人，实梦生焉耳。比等命之知不知，固
> 无论矣。是故人不可以不早知天命也。

中斋于死生之间发现了下决心的根底。盖死生谓人最为迷惑之处，中
斋在这里下不动摇之工夫，其当万难也不趋避之，诚有故之谓也。

第七　去虚伪之说

尚诚实贱虚伪，是古今之通则，东西之一致所在。佛教十戒中有不妄
语，阿赖耶识派五戒中有勿欺骗。摩西十戒也有"勿对尔之邻人作妄证"。
大凡圣人无不尊崇诚实而告诚虚伪。中斋严格要求诚虚伪守诚实。其学堂
《西揭》有"入吾门学道，以忠信不欺为主本"的文字，入门之学生都先要
对此事誓盟。中斋之学，以良知为其主义，故认为自欺欺人是反良知的行
为，要求不自欺欺人，唯以诚实之心贯穿万事，则良知功用无不显。这是

其去虚伪之说之根据。《札记》下云：

> 良知之学，不但不欺人，先毋自欺也。而其功夫自屋漏来，戒慎与恐惧，不可须臾遗之也。一旦豁然见天理乎心，即人欲冰释冻解矣，于是当知洒脱之妙无超乎此者。

而《札记》上引用《中庸》之语云：

> 本诸身，征诸庶民，考诸三王而不缪，建诸天地而不悖，质诸鬼神而无疑，百世以俟圣人而不惑。质鬼神而无疑，知天也。百世以俟圣人而不惑。一言一动，必此之如心性晶亮广大，与天地日月一般。云云。

以是诚实之心贯穿万事，其思唯处，其行动处，能至毫无不善之浪迹。中斋认为，胸中之诚实，自显示于言貌，到底不能隐蔽。《札记》下云：

> 言貌之文而已，则君子不亲信，而有情与诚。则虽无言貌之文，必亲信之也况其见于言貌乎。吕新吾先生曰："情不足，而文之以言，其言不可亲也。诚不足，而文之以貌，其貌不足信也。是以天下之事贵真。真不容掩，而见之言貌，其可罪可信也夫。"吁，是言也，知人鉴也。

这是孔孟已经道破之处，特别是《大学》所谓"诚于中形于外"即指此事。雅各布·波墨曰：

> 在天地间者只有一个，其内面的情形从外面也可以发现。也就是

说，内面的东西有经常露出外面来的倾向。

这是他关于万物的立论，人类的相貌之类也有如此倾向。

第八 学问目的之说

中斋认为，辞章记诵并非学问之目的。学问唯以正我心为目的。正我心，也是道德所依据之处。中斋认为阐明道德是学问的唯一职分。《札记》上云：

> 学虽多端，要归乎心一字而已矣。一心正，则性与命皆可了。

《札记》之下云：

> 圣学之要，读书之诀，只求放心而已。此外更无学，亦奚足疑乎？

若根据学问得正我心，良知于是放光，仁爱也在我方寸之中萌芽。然东亚诸国古来之家族制，首先以对一家之中的家长的仁爱之情为最重大事情，故孝为第一。《学名学则》云：

> 四书六经所说虽多端，仁之功用虽远大，其德之至，其道之要，只在孝而已矣。故我学以孝之一字，贯四书六经之理义。云云。

《答藤川晴贞书》云：

> 博爱也，德义也，敬让也，礼乐也，好恶也，归忠孝之一德。骄也，乱也，争也，总归不孝。万善万恶，要归孝与不孝而已。

由此观之，中斋也如藤树那样对孝加以广义性解释。他认为，如此正我心能全孝德，得学问之正鹄。于是没有向外界究明万物的余裕，只需要单刀直入在我的精神上下功夫。总之是实践躬行。《札记》下云：

> 读书则贵心得躬行。

可见其旨意所在。《札记》二卷，彻头彻尾论述道义，没有闲散文字。认为私欲会妨碍学问，薄弱人的意志。故做学问者，必先打破私欲。中斋云：

> 然真志于学者，则不可不先去斯欲也。夫斯欲之功夫，亦只当其义也。不顾其身之祸福生死，而果敢行之，当其道也。不问其事之成败利钝，而公正履之，则其欲日薄，而道义终为家常茶饭矣。

假令能打破私欲，但做学问的目的错了，从事于辞章记诵，则会陷入邪路。中斋论为博物之学徒云：

> 不知太虚之理，而精算草木之花，又缕析其蕊。细看玉石之文，又纤别其理，便是日赤不足，劳而无功。有学之类此者，不可不知也。如亦了得太虚之理，则万物皆在其中矣。花蕊文理也者，其陶铸之所使然也。故精算与缕析，细看与纤别，不劳而见其效矣。

如此看来，以动植物学为首，凡研究外界现象之学科尽是无用的。古来儒教之通弊，就在于轻视自然科学。而阳明学派最甚，这是应该加以矫正之处。中斋认为，明了太虚之理，即使不修自然科学，其理也自然明了，真可谓荒诞无稽，不足为取。然如果只在知识方面用功，不思正我心的话，必然会耽误学问之法。《札记》上云：

> 书固入道之具也。然不知要而泛观博览，则德坏而恶殖。吁，亦
> 败己乱世。可不慎哉。

又云：

> 若从私情，任我意，以言动，则胸虽富万卷，要书库而已。不足
> 为贵。

宽政以后的世间学者，不是沉溺于诗文，便流于考证，以道德为自任
者，寥寥如晓天之星。当斯时中斋有如此痛快之言，颇有万绿丛中一点红
之感。中斋唯欲修道德，跻身圣贤之域，是故富贵利达不足夺其志。《札
记》上云：

> 丈夫之业，圣贤唯期是而已，何羡富贵利禄。

261

中斋认为，有如此之志，故称之为世之英雄豪杰。不起于道德心，而
在情欲上动者，堪称梦中伎俩，不过禽兽之为。《札记》上云：

> 夫古今之英雄豪杰，多从情欲上做来。从情欲上做来，虽则惊天
> 动地之大功业，要梦中之伎俩而已。

《札记》下云：

> 欲路上之大英雄，虽得志一时，而丑流千岁，毁父母之名，为禽

兽之喻。虽三尺之童子，其恶切齿。云云。

中斋此言说得很准确。英雄豪杰之事业，虽有爽快之感，如不是发自道德之心，丝毫不值得称扬。拿破仑翁之类，毕竟只是大盗而已，如以道德自任观而见之，不足称扬。况不及拿破仑翁者乎？

第五　批判

古来和汉学者以经学为第一，最致力于经学。据说经学中有很多千古不变格言，研究之则能立身行道，是以当时的学者们皆在此用力甚多。然经学读多了反而只会埋头读书，终身陷于训诂研究之类，于德行有欠缺，是以古人已经有所告诫。陆象山曰：

> 读书固不可不晓文义。然只以晓文义为是，只是儿童之学。须看意旨所在。

王阳明亦曰：

> 只要解心，心明白，书自然融会。

这些说法是非暂且不论，其对耽于读书，拘泥字句，毫无进取精神之弊的批判，痛快之极。中斋亦对此极为注意，批判了浮观博览之弊（参见第八《学问目的之说》一节）。他虽然学问肤浅，但在道义方面却有让当时之学者瞠目结舌之处，全在于其讲学得法。

中斋认为，学不以辞章为主，也不以文义为主，唯在于以明心为主。而其目的在于实行道义，跻身圣贤之域。是以他认为学问之工夫不是不可，然唯以明心为主，所以不需要其他繁杂的研究，总之有将客观研究置之度外的倾向。唯务于主观性的明心，便可在道德上得到很多东西。比起迂回式的客观研究，不如从直接从我的方寸中修练道德来得快。

当然，客观研究于明心不是没有用，客观事实之心理解释非常重要，这在今天的实验心理学中已经得到了证明。轻视客观研究可谓东洋哲学之通弊，阳明学派在此特甚，危害不为不鲜。中斋所谓动植物之学无益论，谬见之甚也。学问不仅仅限于伦理，伦理以外还有种种学科存在，不能因说伦理之必要而否定其他学科。他在这一点上明显有欠缺。

中斋之所以如此轻视客观研究，大概是因为不明物理，有些类似于迷信。他以为，心归太虚之人不会沉溺于水。《札记》上云：

> 虚于内者，误堕水，则皆浮而不死。此非时虫豸禽兽，虽人亦然。然人则而不浮而死焉，十人而十人，百人而百人，曾无有一活者。何也？此无他，其堕水，即起欲生恶死之念甚乎彼，而其念既塞乎方寸，故方寸实而非。况振手动脚，破咽号乎。而不浮而死焉，以此也。如无其念与其动，则必浮而不死而活矣。是天理也，又奚异哉。

中斋认为，人进入水中静下来的话，便会自己浮在水上。然他进一步作了奇妙的描述，云：

> 或曰。裸则如子言有或然者，衣裳而堕焉。则如何？曰：心存诚敬而归乎太虚之人。则虽数万仞之海底，徐解其带，脱其衣裳，是无难矣。呜呼，此独堕水时之术而已哉。

中斋过度地夸大归太虚之功，遂有此言，其信念之厚固值得称扬，亦迂阔之极，最终陷于迷信而不知自觉。

263

中斋所谓太虚，有些像佛教的空，但也不能同一视。佛教之虚，为超越现象之空，颇有形而上之旨趣。然中斋的概念是彻头彻尾具体性的。是故其太虚之类，毋宁说是现象界之空间，是故太虚和个人的关系，颇似婆罗门教之"梵我一如"之说。然婆罗门教也并非形而上者，作为哲学，尚为幼稚之观念。《札记》上云：

> 开眼俯仰天地以观之，则坏石即吾肉骨，草木即吾毛发，雨水川流，即吾膏血精液，云烟风籁，即吾呼吸吹嘘，日月星辰之光，即吾两眼之光，春夏秋冬之运，即吾五常之运，而太虚即吾心之蕴也。呜呼，人七尺之躯，而与天地齐乃如此。三才之称，岂徒然哉。宜变化气质，以复太虚之体也。

由此观之，中斋认为世界好像大的人体，犹如《广林奥义书》那样，把世界当作供牺马的身体那样的形状。或者是大自在天派将世界当作大自在天之身体的观念颇为相似。（请参见《百论疏》上中）。总之，这样的想象虽然奇特，但在思想上颇为幼稚。

中斋以身体之虚为心之本体。然身外之虚即无限之空间，包容一切万物，是故以身外之虚为心之本体，则心之本体包容一切万物。如此世界观，可说是唯心论，但也不完全是唯心论。他过于注重具体性的观念，唯以空间为心之本体，还未达到以一切万物为心之所现的程度。空间如果真是心之本体的话，充满空间的一切万物该做如何解释呢？空虚之心暂且可以容忍，然充塞的是什么东西则不得而知。若中斋更深加推论的话，充塞之物也只不过是心，从而达到"心外无别法"之结论。但他最终没有超越现象，作为思想家显示了浅薄的一面。

另外，必须指出的是，其太虚说也有误谬。中斋将物质界之空虚和精神界之空虚混同，而没有加以区别。中斋认为，吾人方寸之虚直通身外之太虚，彼此没有区别。然吾人方寸之虚，谓去掉情欲而回归鉴空衡平之心。然如之虚，完全是精神之虚，和身外之虚并不相通。若求之和身外之虚相通的话，则不能不是心脏之虚。然此时之虚都只是物理上之虚，而不能获得道德上之旨趣。《札记》上云：

心即五脏之心，而不别有心也者也。其五脏之心，仅方一寸，而蕴蓄天理焉。

《札记》下云：

自口耳之虚，至五脏方寸之虚，皆是太虚之虚也。而太虚之灵，尽萃乎五脏方寸之虚，便是仁义礼智之所家焉也。云云。

就这样，中斋混同物理之虚和心脏之虚与无形之精神之虚，即使心脏之虚和身外之虚相通，也不能说和精神之虚或身外之虚相通。这是中斋在心观念方面最为暧昧模糊之处，不能不引起质疑。

中斋还认为，有形质的东西，不论如何广大也不免生灭，唯独虚不灭。虚虽然是容器，其虚归太虚而万古不灭，虚不灭，这是任何人不能否定之处，不需要论证，然唯虚之不灭，则可谓谬见。现象界之生灭，全是假现的没有生灭，即使是一粒尘埃也是永远不灭的。吾人不能造出一粒米，也不能灭掉它。大凡造物者，并非真造，其灭也非真灭。所谓造、灭，皆只不过是变化。变化之物，与实质无关。实质上是去来今而变化，所谓物质不灭论，势用保存说等，皆为实质不变之证。

是故，唯独虚不变是不可能的，无论有形无形，皆不变也。即使状态发生变化，实质上也不会变。如是，则作为容器之虚归太虚也为不灭，容器之实质也归之世界之实质为不灭，至此可见中斋之学，还是有不完备的地方。

第六　中斋门人

宇津木，名靖，字共甫，人称矩之丞，彦根人，可参见后章。

汤川麁洞，名新，又名浴，字君风。麁洞为其号。旧新宫藩①人。曾游洗心洞，担任塾长若干年。中斋将乱时，见势不对，找借口请辞回归。明治七年（1874）病殁。著有《诗文集》以及《经书释义》等著作。可参见《大日本教育史资料》五。

松浦，名诚之，字千之。

汤川，名干，字用誉。

松本，名乾知，字道济。

但马，名守约，字直养。或云和田结庄千里是一个人。

白井，名履，字尚贤。

桥本，名贞，字含章。

矶矢，名信，字子行。

冈本，名维纯，字大假。

渡边，名渐，字正邦。

分部，名复，字天行。

志村，名善继，字周次。

大盐，名尚志，字士行，人称格之助。中斋养子。

林，名中久，字子虚、良斋。赞州人，见后文。

大井正一郎。

秋田精藏，阿波人。

稻川某。

---

① 新宫藩在今和歌山新宫市。

和田白斋，近藤潜庵。其事详见《阳明学》杂志第五十九号。

疋田竹翁，摄州人。

山口平吉。

渡边重左卫门。

濑田犀之助。

小泉延次郎。

桥本忠兵卫。

桥本梶五郎。

田能村直入。

田结庄千里，名秘，字必香，一名邦光。摄津国伊丹人。事迹颇多。明治二十四年（1891）没于大阪。享年八十二。著作有《增注传习录》三卷、《大学心解》四卷、《大学心印》六卷、《古文孝经心解》七卷。藤泽南岳曾作《千里先生碑》。

分部简斋，加贺人。

第七　有关中斋的书籍

《大盐平八郎》　　　　　一卷　　　　幸田成友著

《中斋大盐先生年谱》　　二卷　　　　石崎东国著

下面三本书记述中斋暴动始末。其中《盐逆述》收集的资料最丰富。

《盐逆述》　　　　　　　十五卷　　　写本

《大盐平八郎始末之记》　一卷　　　　写本

《大盐平八郎一件》　　　二卷　　　　写本

《盐贼传》　　　　　　　一卷　　　　近藤潜庵著

《大盐平八郎》　　　　　一卷　　　　国府种穗著（此书收入《伟人史丛》）

《大盐中斋之性行及著述》大西濑（载《六合》杂志第 201—202 号）

《大盐中斋之学说》大西濑（载《六合》杂志第 203—205 号）

《日本之阳明学》　　高濑武次郎著

《陆象山》　　　　　建部遯吾著

《大盐平八郎》　猪俣为治著［《东京朝日新闻》明治三十一年（1898）九月十六日以下连载］

《论大盐平八郎的哲学》　井上哲次郎（载《国民之友》第 163 号附录）

《谈大盐平八郎》　田中从吾轩述（《名家谈丛》第 12 号）

《再谈大盐平八郎》　田中从吾轩述（《名家谈丛》第 1？号）

《咬菜秘记》

《笑鸥楼笔谈》　　　中村芥舟著（《旧幕府》第 9 号以下连载）

《洗心洞余沥》　　　（《反省》杂志第十三年第 1 号及第 3 号）

《见闻随笔》　　　　藤田东湖著

《大盐平八郎》　　　松村介石著

《井上博士讲论集》第二编

《近世伟人传初编》下　蒲生重章著

《阳明学阶梯》　　　高濑武次郎著

《近世教育史传》　　足立栗园著

《大盐平八郎檄文》一卷。(收入《史籍集览》及《史料丛书》)

《大盐中斋的哲学》笹木祖淳。(《东洋哲学》第三编以下连载)

《实事谭》松村操编辑

《晴天霹雳》

《大阪一揆录》

《天保日记》

《日本名家人名详传》（上）

第二章　宇津木静区

讲到中斋，必然想到静区。静区和中斋有着密不可分的关系。是以中斋之后不得不谈论静区。

静区姓宇津木，名靖，字共甫，人称矩之丞。静区为其号。后又名竣，宇改为东昱。彦根藩[①]老职某之次子，实际上是诗人冈本黄石的兄长。《敬宇诗集》卷四有咏宇津木静区诗云："兄是节烈大丈夫。弟是圣代诗人冠。"静区幼年时成为越前某寺庙的义子。十七岁时慨然曰"大丈夫，生于士太夫之家，需自发激昂驰骋一世，不能碌碌为浮屠氏而终矣"，遂辞去。先居京都，以贩书为生，贫困殊甚，冬日衣无重件，食膳欠缺，人或怜之赠衣，不受之。时赖山阳、中岛棕隐之文名闻京师，因前往就学。尝读《陆象山集》，见其自立之说，叹曰"儒者当如此"，于是专精覃思，学之数年。

其时大盐中斋正在大阪倡导姚江之学，听说后即前往与之论心理，颇服其说，乃至执弟子之礼。中斋平生自视颇高，于人不许，独待静区以朋友，不敢视之为弟子。静区在洗心洞居数月，将离开去四方游学，临行时中斋送给他名刀一口、金十两，深有属望。

静区去中国和西日本地区历游，寓居长崎，教授生徒。生徒有六七十人之多。居八个月之久后，带着仆人友藏回归乡里，经过大阪时访问中斋，时为二月十七日之黄昏。此时中斋方要作乱，其夜告知静区密谋，催促其加盟。静区则陈述其为乱民之举，且提出是否加盟，要在熟考之后的第二天夜晚才能回答。翌日，他拿出笔写下一书，云：

---

① 彦根藩即今滋贺县彦根市一带。

留下一笔告知。近来天气暖和，诚祝两亲身体健康。如我先前在小仓通报的那样，中途下雨，十七日晚间才抵达大阪安治川下船，四年前曾在这里立下师弟契约。而平八郎似乎走火入魔，存下叛乱之心，企图讨伐大阪町奉行，并在市内放火，再乘乱取城。他想让我参加谋反，听到这个消息后，我给予了劝阻。我知道他是那种劝说也不会更改的性格，然装作不知道又违背武士道。且平八郎将他的阴谋既然告诉了我，如果我不同意的话，肯定不会让我活着回去。如果我参加的话，此事肯定会毁坏一家名声，背叛忠孝之道；抛弃老师则又于义理不容，没有办法只好献出我的性命，献给平八郎和他的徒党们，并晓之利害，希望忠孝仁义相得共存。多年来承蒙厚望慈爱，并希望我早日归国。我也没有忘记归国一事，真是感到羞耻。当此时节，如果我要施展武运的话，马上会被当地人知道。所以你们如果听说大阪发生骚动的话，就当作矩之丞已经死了。时刻已经到了，时间不容延缓，万望能体察之。以上

二月十八日　宇津木矩之丞

又及：在旅途上得到友藏无微不至的关怀，还没来得及报答。在此相别之际，还请转告我的问候。

其夜深更，死谏中斋，批判其举之非，然而为中斋不容。十九日之早晨，静区将书信托给友藏，让他带回乡里。友藏请求一同逃走，静区曰："贼注目于我，无逃避之地。汝还在妙龄，贼必不留意，宜速去。"友藏乃求共死，静区曰："余和汝皆死，天下谁不以你我为乱民贼党，即则辱及君父，罪大莫过于此。汝果能将书传达乡里，使我母及兄弟知晓吾义死，即为汝为我之厚报。"之后大井正一郎等数人提刀前来，静区从容伸头受之。时年二十九岁，最可惜哉。

静区的学问以实行为先，不贵论议。初以朱子为宗，后以象山姚江为

主。教其弟子极严。门人有冈田恒庵，长崎人，今尚生存，以医为业，即当时之仆友藏也。

静区有之诗集一卷，题为《浪迹小草》，冈本黄石刊行。其中琅琅可诵者很多，今举三首如下：

逢坂关

斜阳古关路，渺渺客心悲。

故国残山坼，前途老树危。

一身甘弃物，多病遇清时。

可笑水云迹，仍将书剑随。

海楼

茫茫千万里，豪气个中横。

山向中原断，潮通异域平。

生涯佩一剑，海内任孤征。

天地容微物，临风耻圣明。

客中除夜

沾沾潜思逐清尘，苦学何时始立身。

二十六年将尽夜，三千余里未归人。

寒灯照影瘦相顾，冻笔写情愁更真。

韩子辛勤庐未有，何堪客里又迎春。

可见其诗歌优于中斋。卷末有《赠别于子栗择言》一文，云：

吾夫子太虚良知之说，人多疑之。偶有左袒之者，则或引袖而笑之，或叩席而排之。甚焉则侧目于坐隅，如视酷吏之虐人者。此所谓意见作障者，而仆所目击也，如争之则徒援彼怒心，我亦不能不生求胜之心也，其亦害道者不鲜。足下归国后，其或有此事，当此时，愿一思仆言，夫人不知不愠则君子也。而如吾夫子之教，固亦唯在信我知耳，又将何求胜之为。然如亲故及朋友，或欲开谕之，亦当有法，所谓就其良心发见之处，而拈点之者欤。其他亦在顾足下之知，仆窃谓足下之性甚直，故所不堪物者亦在矣。虽然如容他忠言，则亦有人之所不及者，是因足下之尝容仆言而知之。所以区区婆心敢以告焉。呜呼如开谕于人则难甚，足下愿一就夫子质之，庶几乎自当有所安也，是仆欲自初告之言也。足下请择焉。

　　文中吾夫子指中斋之事。静区如此为中斋之学辩护，可见其尊信之深。然而中斋作乱，静区以之为非而不加盟，断然反抗乃至绝师弟之义，称他为贼。静区反抗中斋，故为了大义名分。他以中斋为叛逆，故认为参与便是不忠不孝，从而不肯加盟。今日看来，中斋之举不一定是不正不义，固亦不可称作乱。对幕府之压制而起，是出于义愤，也即帮助人民以强者为敌。对上故可称不正不义，对下则是为了传达郁屈下情。中斋决不会向天皇作乱，唯对幕府之暴虐而起也。幕府只是暂时掠取天皇之权而已。对此中斋表示义愤，不足为咎。

　　然静区称之为贼，其识见之狭小倒逆，颇为遗憾。然而他临人生之大节，毫不惜死，气象凛然贯千秋，亦不能不称扬之。

第三章　林良斋

林良斋，名久中，字子虚，良斋为其号，又号自明轩。赞州①多度津人，其祖先代代为藩老。

良斋最初也奉侍藩主，然早年多病不能仕，因而辞职在堀江②的弘滨原建立了弘滨书院，钻研姚江之学，结交吉村秋阳、春日潜庵、池田草庵等。草庵和良斋是知心朋友。良斋于嘉永二年（1849）五月四日殁。《盐逆述》中称中斋门人有良斋，注曰：

> 为了当医师，仕赞州，成为内弟子。

由此看来，良斋以中斋为师。草庵尝作《弘滨书院记》，形容良斋曰：

> 君容貌清瘦，风神萧疏，不除鬓毛，被服和庶民类似。

可见其超脱之状。

良斋著有《所学征》三卷、《学征雕题》一卷、《往复文书》一卷、《自明轩警录》一卷、《自明轩文集》一卷等。他曾在《与潜庵书》中曰：

> 圣人之所以为圣人，无我而已。而吾人独知一点，天机之自然，

---

① 赞州即赞岐国，今香川县。
② 堀江即远江国之一部，现静冈县浜松市一带。

人力不得与，则本无我也。其我有者，乃意欲而已。今欲使意消，复基本无之天，无他。其慎独而已。读书求义，虽亦不废，苟独之以之为主，则不玩物丧志者希也。

又在《与秋阳书》云：

窃谓：圣人之学，以无我为的，以慎独为功。圣贤因时立教，其言不同，而求其要领归宿，莫非有事于独也。学者苟徒博涉不知其要，适以长傲，足以滋诈。固其私而已。

其言甚有味。由此观之，无疑胸中有独得之处。

吉村秋阳《答良斋书》曰：

往年但马池田子敬弊庐过，具说高明笃信，好学之状，私心翘企既久，云云。凡吾党将相与同志，继先贤之坠绪，宜洞开肝胆，谦虚乐善之诚。质之鬼神而不愧。来教所谓形不足论之，实获我心。如此而后，千里亦同党也。呜呼，此学乾坤之正气也，以之体身而立之处，即所谓丈夫落落掀天地之非，则所谓继往开来之功，岂非人生之一大快事哉？区区穷达荣辱，何所言。云云。

其相许如此，可以想见彼此交情甚密。

第四篇

中斋之后的阳明学派

大盐中斋之后，阳明学派的人物甚为稀少。但仔细考察，也可以发现笃学之人，一些间接受到阳明学影响的人物也值得注目。如山田方谷，他不但有经济上的才能，也有很多值得注目的政绩。再如吉村秋阳、奥宫慥斋、春日潜庵、池田草庵和东泽泻等，皆为笃学之士，在心术上用力甚多。又如横井小楠、桥本左内，西乡南洲以及吉田松阴等，不能直接称之为阳明学派，但其学无疑是源于阳明学。果真如此的话，与维新大革新相关的阳明学非常伟大。因此下面想叙述其梗概，明晰其思想伏线。

第一章　吉村秋阳附吉村斐山

佐藤一斋门下，人才辈出，吉村秋阳也是其中一人。秋阳，名晋，字丽明，称重介，秋阳是他的号，安艺①人。其父亲名小田三左卫门，后成为吉村氏的养子，继承了吉村之姓。秋阳出生时，父亲去世。秋阳在母亲的教导监督下，自幼起拜师读书。年满十八便去京师游学，壮年又学于江户，拜入佐藤一斋门下开始修习阳明学，遵循其主张终生不渝。秋阳从江户归来后，居住广岛，在家塾中教导弟子。之后又移居三原，专注讲学。秋阳曾奔赴江西拜访藤树书院，并讲授《古本大学》。据说当时听讲的士民，很多人都流出了眼泪。庆应二年（1866）十一月十五日，秋阳因病去世，享年七十，葬于城西香积寺中。

秋阳著有《格致剩议》一卷、《大学剩议》一卷，《王学提纲》两卷。此外有《读我书楼遗稿》四卷，其儿子参加编写。《先子行状》中有"所著《读我书楼文草》四卷、《诗草》四卷"。《遗稿》四卷大概是刊行的其抄录。他还编撰了《战国策》八卷，校点了《汪武曹四书大全》及《儒门语要》。

秋阳一旦从一斋那里接受了王学，便深深崇奉，终身信仰之。池田草庵为秋阳作的墓碑曰：

> 佐藤之学，主姚江。故先生终始遵守不渝，唯其间矫蔽归正，动静一致，而以静为入手之要，亦可谓善学者矣。

---

① 安艺国即今广岛县西部。

秋阳虽别无一家创见，然其学颇厚。曾作读书吟曰：

> 处世斯须尔，欻化北邙尘。
>
> 及时宜自立，卓哉古之人。
>
> 古人真可学，岂由富与贫。
>
> 每怪沉迷徒，终年苦不足。
>
> 戚戚搅中肠，如身在桎梏。
>
> 物类有同异，夔蚿适相怜。
>
> 只应随所好，勿耕佗人田。
>
> 吾安一枝安，缮阅度寒暑。
>
> 久已甘迂腐，区区空期许。

秋阳深追慕中江藤树，曾作《藤树先生真迹跋》。其文曰：

右中江藤树先生书迹，共六十八字，大沟藩①恒河子健所藏。端悫温粹，有道之气象流露于朱墨之间，让人仰企不已，乃固以朱墨不可视者。天保十四岁（1843），适晋西江，展谒先生之墓。问所谓藤树书院，跻堂拜神主，览遗物。日方春季，风日曦暄，屋后之藤既老无花，亦旧物也。追想囊昔，徘徊悲伫，不忍离去。已还旅次，子健偶出此幅，其后请题识。操觚之际，泪涔涔下，犹过书院时。盖夫有形之属，有时必集散。独待形后不立者，终无穷尽。因又慨焉之久。

《遗稿》之末有语录二十六条。下面选出有利于学者七条：

---

① 大沟藩为近江国的一个藩，在今滋贺县高岛市胜野一带。

一、力乎学者，所以循善除恶也，欲必循善除恶，则不待求之于事，而先求诸心。心也者，乃学者用力之地，而灵昭之机存为。一念之所发为善为恶，有能自辩其真妄曲直之分者。故凡自应事接物一言一动之际，无小无大，必扭之于此。苟其善乎，辄从而养之充之，使遂其善而后止矣，不敢为利害得丧之所牵也。苟其恶乎，辄从而遏之绝之，使消其恶而后止矣，不敢为利害得丧之所牵也。凡所居而莫不用其功焉。其诵前贤之训诲，监历世之成败，皆约之用力之地以切已，则夫灵昭之机日益熟，真妄之辩日益明，然后始见进取之功矣。是所谓精一之学，尧舜已来圣圣相承之要诀，实不能外乎此也。夫读书考古，固学之第一件。然徒求文字言语，而无所融会贯通于已，虽日记数千言，而非士君子立心制行之学，我之所不能知也已。

二、事物者可见之性命，性命者不可见之事物。一原无间之妙如此。故善用功者，不系于时，不著于境常常慎一点独知而已矣。

三、圣门之学，统人天贯古今。其体无所不备，谓之天德。其用无所不达，谓之王道。合言之曰道焉，分言之曰义焉，而皆一心也。心也者，神化之会，而道义之所由出，人之所以为人也。是故自大而纲常，小而起居语默以往，至其端者不可穷，亦不外于我心。心之至贵至重原如此。而一蔽乎私已，则百病即聚于此。其患可胜道哉！是人生所以不可无学也。学也者，治其私而复其本之功也。用功之日非一，而其归宿处，不过曰敬而已矣。斯一字实圣圣相承之一滴血，唯反躬实践者，然后其庶乎得之。世间多少学人，若不能及时立志，可惜终身憧扰错用精神。直到风过花飞时，而后回头平生黯然消沮，不亦伤乎。噫！此唯可与知而信言，未可与固矣。夫高叟言也。

四、学者自反而已矣，切不可与物为对。百般病痛皆生于此。夫不与物对则无物，无物便无我，物我混同。而其感应之际，只尽一个不得已之心。孝以自成孝，悌以自成悌，非故欲孝欲悌也。日用万变，而吾所操一。自反者不过如此。

五、一毫懈心之生，即百恶丛所。

六、圣人每不喜人之多言，教戒切至。何也？多言者，精神外洩，气象浮泛，不足与进于道矣。言寡则思深，思深而后才觉自己多少病痛，始有所著功处。此意唯反己者自知之。

七、夫子云"习相远"。间尝自检点。平生不可言全无志，而道不进，德不修，患大抵在习于流俗，不能自拔耳。妻子童仆，习人也。居养有常，习境也。其间所执，皆习事也。且古人尤重师友之益，先师梦奠之后，仪刑日远，朋友星散，无由复集，接习人对习境安习事。今日如此，明日如此，一月一年亦如此，将何以望进修之效哉。然夫豪杰之士，虽无文王犹兴。乃知有真志而极力者，果非习之所能圉也。残年无几，当矢心自励。

此等秋阳之言，皆由姚江处得来，虽然并非惊人妙语，但细细品味，也是为了拯救学者弊端的贴切之言。

嗣子斐山，名骏，字景松，称隆藏。本是门人，后被收养而成为嗣子。明治十五年（1882）去世，享年六十有一。斐山曾说："良知是乾坤之正气，虽孔孟，不得自私之，况程朱陆王哉。"斐山很好地继承了秋阳家学，著作有《遗见类记》三卷。

第二章　山田方谷附河井继之助

方谷，名珠，字琳卿，通称安五郎，号方谷。备中①哲多郡西方村人。生于文化二年（1805）。其父重美，其母西谷氏。自幼聪明过人，八九岁时入丸川松阴门下，学程朱理学兼学诗文。其才学造诣，前辈诸人无人可及，当时人称神童。有客至家中问曰"小儿作学问何用?"应声答曰："治国平天下。"客惊叹之，并对其寄予厚望。其父家本为武门出身，谁料家道中落，无奈混迹于农民，深感凄楚。屡屡告诫他要以复兴家族为己任。其母必在其旁应声称赞。一日抚摸着他的头发告诫道："佳儿必将成父之志。我儿岂是池中物，一得风云必化龙。若你能尽终，吾愿足矣。"于是铭记于肝胆，时不敢忘。十四岁时作述怀诗云：

> 父兮生我母育我，天兮覆吾地载吾。
>
> 身为男儿宜自思，苶苶宁与草木枯。
>
> 慷慨难成济世业，蹉跎不奈隙驹驱。
>
> 幽愁倚柱独呻吟，知我者言我念深。
>
> 流水不停人易老，郁郁无缘启胸襟。
>
> 生育覆载真罔极，不识何时报此心。

由此观之，他无疑是一个非常早熟的小孩。他在十四岁时丧母，翌年又丧父。因此每当想起父母的平生训导，便悲愤填膺。于是夜以继日毫不

---

① 备中藩是备中国的一个小藩，在今冈山县中部松山城。

懈怠地勤学苦读。备中的松山藩主宽隆公听说了这件事后，不但给他提供了学资，并让他排列准中扈从，当上了藩学会头。时年二十五。方谷在此两年，便请命上京游学，与当时的诸儒相交。后来去江户，跟佐藤一斋学王学，与佐久间象山、盐谷宕阴①等共同研究。约八年后归乡，学术上有了很大的进步。被赏赐俸禄六十石，成为学头。此后循循教授后人。最初是自藩弟子前来学习，后来远近的子弟皆闻声云集，家塾恒盈。《示某先生之作》云：

> 吾气浩然同太虚，何曾半点落形躯。
>
> 才持私见分彼我，竟竟锻成小丈夫。

弘化元年（1844），松叟公以世子为监国，令方谷伴读诗史，听其论说之后，觉得可以重用。未过多久，世子继公位，提拔方谷，令其改革藩国财政。方谷即整理财政，一洗弊端。公又命方谷任郡宰改革民政。方谷即断绝贿赂，禁止奢靡，设立乡校，建立仓库，将狭窄的道路拓宽，将堵塞的川沟疏通，严管巡吏，整编乡兵，以戒不虞。如行此事十余年，风俗大变，政绩大显。当时昌平日久，列国趋于奢侈，不知文武之事。偶然听闻松山藩刷新功绩之事，四方来参观者络绎不绝。特别就方谷理财一事询问最多。文久元年（1861），方谷又随公来到江户，始患咳血，于是归去休养。然正是天下多事之秋，不能长久闲处。或进之助公之事业，或退之严藩之兵备，为国家竭尽精力，成功之处很多。

方谷于松叟公，犹如蕃山于芳烈公，不仅仅只是鱼水之交。方谷年老，日益厌烦世事，即去刑部山中居住。当时四方来求学者达到数百人之多。

---

① 盐谷宕阴（1806—1867），名世弘，通称甲藏，字毅侯，号宕阴。江户末期的儒者，幕府儒官。著有《宕阴存稿》（13卷）、《阿芙蓉汇闻》《隔靴论》等。其孙盐谷温（1878—1962）为明治时期的著名中国文学研究者，著有《支那文学概论讲话》。

备前的闲谷黉本为芳烈公所创设，但荒废已久，方谷来此之后得以再兴。方谷时常来此以督学。闲谷与蕃山很近，山下有蕃山的宅邸。众人即在此筑小庐，以为游息之处。方谷每每来此起景慕之念，流连忘返。有诗云：

> 晚年节操洁于霜，残础荒凉古寺傍。
> 身竄天涯穷益固，名传海内久愈芳。
> 聊将新筑存遗址，莫是旧魂还故乡。
> 留宿连宵无限恨，隔林钟磬断人肠。

到了明治九年（1876）冬天，旧疾复发，直至第二年夏天最终未能痊愈。死前，命家人将《阳明全集》和公赐下的短刀陈列，焚香默谢后长逝。享年七十有三。先于春日潜庵一年死去，即西乡南洲作乱那一年。门人有川田瓮江、三岛中州、冈本天岳等。

方谷比起学理更注重事功。所以他的学说没有值得叙述的地方。他的著作有《方谷遗稿》三卷，但收录的仅有诗文。其中稍稍值得注目的《答友人某书》写道：

> 古之贤者内有实得，而后立一家之言。如周之主静，程之持敬，陆之尊德性，朱之道问学，以至王氏之致良知。其言各殊，而其有得于道则一矣。所谓殊途而同归者也。故后之观其言者，亦内有所得焉。则主静可也，持敬可也，尊德性可也，道问学可也，致良知固可也，将自无辩说之可容也。若犹未有所得焉，而遽议其失。非独周程朱陆不免有议。虽则王氏之说，得无瑕疵乎？

由此可见，方谷的见解绝不偏狭。虽说是阳明之学，但并非完美。然而不应该否定的是，他是纯粹的王学者。《读阳明集》的诗中写道：

283

毕生事业自真儒，善恶何须争有无。

四句一传成妙诀，枉教后学费工夫。

应当说方谷非常尊崇阳明。

同时他也非常具有禅味，曾作《岁晚书怀》十篇，类似于禅家的偈。序中写道：

悟则法身，迷则色身。本非有分界。一切平等，浑融大小。

与其说不知佛教的教义，不如说没有道破妙理。《冬夜读书》诗这样写道：

颓壁雪三尺，寒空月一轮。

坚凝天地气，聚在读书人。

又有《论学弊赋似诸生》诗写道：

一圆大镜是吾神，只有工夫拂点尘。

更向镜中求镜去，镜乎却误几多人。

就像这样，读起他的诗来，往往感觉禅气袭来。川田瓮江道："先生最初崇尚宋学，后随佐藤一斋讲习良知之说，佐以禅旨，有豁然自得之处。"从此处可看出这一点。

方谷与蕃山相似，不止学问与蕃山相同，其事迹亦与蕃山类似。而且其出处也时与蕃山旧迹相接。因此世人称之为"小蕃山"。瓮江曰："藤树虽有道德却无功绩。蕃山虽有功绩却欠文采。一斋虽文采颇佳，却无德与功可论。先生于三子取长补短独成一家，岂能不成旷世伟器？"似乎推奖过当。我想，方谷和潜庵在伯仲之间，但其所见有所不同，于良知尚有诚意。《复春日潜庵书》中曰：

> 王子之学，以诚意为主。致良知即诚意中事而已。然必以格物为之配。盖非致良知，则无以观诚意之本体。非格物，则不成诚意之功夫。二者并进，而后意诚也。今足下之言专致良知，不及格物，乃与王氏学异也。

由此可见二者所取各有不同。

方谷门人河井继之助，亦崇奉阳明学。继之助名秋义，人称继之助。长冈①人。其事迹可观之处颇多。三岛中洲②作其碑文。见《明治碑文集》卷一以及《如兰社话》卷二十一。今泉铎次郎著《河井继之助》，其事迹最为详细。

---

① 长冈即今新潟县长冈市。
② 三岛中洲（1830—1919），冈山县人。江户、明治时代的汉学家。先跟随山田方谷学习汉文，后游江户昌平黉，师从佐藤一斋。明治维新后任东京高等师范学校教授、东京大学教授，大审院判事、东宫侍讲。后建立二松学舍，是为二松学舍大学的前身。著述甚多。

第三章　横井小楠附桥本左内

横井小楠，名存。字子操，人称平四郎。实名为时存。熊本人。事迹非常多。明治二年（1869）被暗杀，年六十一岁。著有《小楠遗稿》一卷。胜海舟曾如下谈到小楠的事：

> 我看到了两个值得畏惧之人，那就是横井小楠和西乡南洲。横井并非知道很多西洋的事，大都是我教给他的。可是他的理想很高尚，非我等所能达到。横井虽然自己不工作。可是如果按照横井所说的去实行的话，必能成大事。（《冰川清话》）

其人物品行，可以想见。小楠写有感怀之诗。现举出四首：

> 披书见古人，反思志不高。
>
> 前贤直自期，磨砺何厌劳。
>
> 汗血惊鞭影，奔帆截雪涛。
>
> 消除经营心，超达即人豪。

> 吾慕紫阳学，学脉渊源深。
>
> 洞通万殊理，一本会此仁。
>
> 进退任天命，从容养道心。
>
> 叹息千秋久，传习有几人。

围棋何其变，颜面一不同。

人事率如此，变态诚无穷。

何以应无穷，灵活方寸中。

果知君子学，总在格知功。

心官只是思，思则真理生。

或在一身上，又入天下平。

古今天地事，莫不关吾情。

寂然一室中，意象极分明。

看了第二首的开头的"吾慕紫阳学"，可认为小楠是朱子学派。但第三首写着："何以应无穷，灵活方寸中。果知君子学，总在格知功。"可知他实际上实行着王学式的工夫。他自己认为是姚江派，身体力行，钻研修行致良知的心法。在《学而篇》的讲义中，他说：

此章为卷首的第一要义，具有重要的意义。修学这个词，先出现在经书，从传说开始，以后说的是古来圣贤用心之处。学问的意义在于如何用心去理解。朱子的注很详细，但是按照这个注去理解，便会成为朱子学的奴隶，而不知学问的本意。后世所谓学者一般指读书写文章的人，但我认为从前绝对不是那样的。从尧舜到孔夫子的时候，何曾有现在这么多书。且从没有听说过古来的圣贤只是埋头读书。然则古人所谓学，无论如何都只是修行而已。充实良心，在每天的各种各样的事情去用功，都可谓学问。从父子兄弟夫妇之间，到奉侍君主、交友近贤爱民众，和各种各样的工匠、农民和商人对话，到山河草木鸟兽类，即事解事，再读书，考虑古人的事历成法，知无穷之义理，孜孜不倦。让吾心日日灵活，这就是作学问，也即是修行。尧舜也一生修行。古代的圣贤学者，仅此而已。后世的学者在日用上没有悟性，只知道读书。是以古人所学为非学，所谓古人的奴隶者也。现在，要是打算学习朱子学的话，就要考虑朱子所学的到底是什么。不那样的话，便会变成朱子学的奴隶。比如，创作诗的人，如果打算学习杜甫的话，便要思考杜甫之学如何，一直要上溯到汉魏六朝。而且一般的人听了一遍大道理，虽然很中意，只当听了一次讲话而已。如果没有加以践履的话，只能叫作口耳三寸之学，为学者之通病。志愿学者，如果想得到大道理，只能一点一点地前进而不能后退。是谓真正的修行，不可忘记。云云。

说"方寸"修行之处，完全是姚江派的心法。小楠在大冢退野的遗稿之处所得甚多。退野的学问，出自朝鲜的李退溪。退野的学问以伊洛为宗。因此，小楠也相信伊洛的学问。只是以后超越了那个范围，具有和古学类似的见解，颇有纵横无尽之气概。然在持己的心术方面，王学的形迹非常明显，这从所谓"方寸之修行"可以得知。小楠又论人天关系，曰：

> 人有三个阶段。天是从古至今不变之一天。人是天中的一个小天，我以前的前人和我以后的后人，三个阶段的人合成一个天的整体。故我之前人亮我前世之天工，让给我。我加以继承之，再传给后人。后人继承后又传给后人。前世今世后世虽为三段，皆为我一天中之子，有此三人，任课天帝之命也。仲尼祖述尧舜，继前世开来学。此不限于孔子。人生，人人有事天之职分。身形是我一生的假托身形千变万化，此道往古来今一致也。故事天之，何有迷于利害祸福荣辱死生之欲也。

他已经破除小我的观点，向大我的观点接近，从太古到今天坚持一贯之根本主义。所以其胸中爽快，可谓海阔天空。他又论处世的工夫，说：

处世，不管成功与否，唯立于正道，不偏于形势。立于道而处身，可留于后世子孙。必无他言。

他又说：

我只尽诚意明道理而已。听不听在于人，更何况此人不听。预计而不说则失去其人。说了不听，强诬于是，则失我言。

这些见解都是他修炼心法的产物，从此可知其学问根底。
又有偶作二首。说：

帝生万物灵，使之亮天功。
所以志趣大，神飞六合中。
道既无形体，心何有拘泥。
达人能明了，浑顺天地势。

有着圆融无碍的旨趣，可知其涵养所至。
小楠关于西洋的学问，则说：

西洋的学问，只是事业上的学问，而不是心德上的学问。有心德之学，知晓人情的话，现今世界应无战争。

西洋固然不是心德之学。然我国所传心德之学，不得不向西洋寻求。
小楠送左大二侄留学的赠言曰：

明尧舜孔子之道，尽西洋器械之术。何止富国，何止强兵，布大义于天下耳！

大有吞吐世界之气象的性质。特别是"布大义于天下"之类，作为我们国民的方针，绝对应该不更改。

桥本左内，名纲纪。字伯纲，人称左内，或黎园、景岳。越前①人。最初从山守东篁学习朱子学。以后，受小楠的影响，转向阳明学。安政六年(1859)十月七日在江户的小冢原被处死。时年二十六岁。所著《黎园遗草》二卷。

① 越前国即今福井县。

第四章　奥宫慥斋附冈本宁浦　市川彬斋

奥宫慥斋名正，字士道，土佐①人，文化八年（1811）七月四日生。文政十二年（1829），他年二十一岁时随其祖父正树赴江户，师从佐藤一斋，听其讲述阳明学，习得圣学真谛。师从一斋两年后，回到土佐，著《圣学问要》，主张王学。后再赴江户，在一斋门下学习数年后学成还乡，垂帷讲学，愈推王学。土佐主张王学者，无人可及慥斋。慥斋中年喜好禅理，先后拜访土佐的大休和尚、兵库的匡道和尚、镰仓的洪川和尚。阳明学派中最喜王龙溪之学说，因龙溪学说最近禅理。及至晚年，其观点又见转变。其子奥宫正治（载《阳明学》杂志第三十三号）曾说：

> 先父晚年学识见地稍变，探究宇宙之真理，又涉及为人之学问，此学问不以程朱陆王标榜门户，不应互立宗旨。其观点卓伟至极，实乃融汇和汉古今，将神儒佛耶打成一片之学说。云云。

慥斋病逝于明治十五年（1882）五月三十日，时年六十有五。著有《圣学问要》《慥慥斋省录》《神魂问答》等。其中《圣学问要》载于《阳明学》杂志第十五号至第二十一号，其云：

> 夫学者，就平生所疑，参去参来，而其所疑愈窒碍。积日累月，造次颠沛，莫须臾或不思，而时时发愤激昂。以谓均是人也，或为圣

---

① 土佐藩即今高知县。

291

贤，或为愚不肖。我亦堂堂一男儿，而所志未遂，所疑未开。为人而未得为人，枉费一生。若是而俟毙，则真梦生梦死，与草木虫豸同朽矣。我若不打破此疑，则生果何益，死亦何为。着力到此，日用云为、咳唾、食息、动静、语默、无时无处不使此一念。每置在胸中。则必有心胸热闷，黑莘莘地，而进不得退，不得仰，不得俯，思不得。不思亦不得之时节。而所疑益大，所思益穷。自颠至踵，通身浑是为一大疑团。而思竭意丧，心断神失。然后恍然脱然，乍打破此疑团。则闷闷、黑莘、进退、俯仰皆不得之地，翻而为清凉轻快、自主自由之别境界。心志爽然，精神发越，得生来未曾梦见之一大活路。是即孔夫子所谓一贯，孟子所谓觉，程朱所谓一旦贯通，龙溪所谓悟者。而斯始，可以进步上路径也。自是以往，彻上彻下，彻始彻终，自初学以至圣人之一条路程也已。故曰，学者无此。一旦见处，假令虽笃志力行，如司马温公，尚未免为俗儒矣。夫苟一旦有见于此，则虽其行不掩，其质未化，盖其所见则质鬼俟圣，无复可疑惑。而视经传所说，千言万语，尽如吾之旧言陈语也。于是乎始知从前所为，莫不冥搜妄索。于是乎，始知跛者之获杖，聋者之彻楔，盲者之得明，梦者之得觉矣。

由此观之，惕斋乃我国的王学学者中最近禅之人，通晓禅理。故亦以禅学者之名著称。所以荻野独园撰述《近世禅林僧宝传》下卷载有惕斋的传记，可知其名。今北洪川所著《苍龙广录记》第二卷中有《祭奥宫惕斋居士文》，详述惕斋之事迹，并在文末有谒曰：

拳头击碎顽虚空，脚底踏翻兜率宫。

不道不言君已逝，鹃花长在夏山红。

惕斋门人有尾崎愚明、丁野丹山、中江兆民、中尾水哉、川尻宝岑、南部静斋、都筑习斋、奥宫存斋等。尾崎愚明著有《传习录讲义》一卷（未完），中尾水哉编纂有《洗心洞诗文》和《良知》一卷。

　　惕斋之友人有冈本宁浦、市川彬斋等，皆为土佐人士，曾与惕斋同心协力，在海南倡导王学。宁浦为安艺郡安田村人。

第五章　佐久间象山

佐久间象山，名启，又名大星，字子明，称启之助，后改称修理。信州人，仕松代藩[①]。元治元年（1864）为刺客所杀。时年五十四岁。曾在佐藤一斋门下学习，虽奉朱子学，也尊崇阳明（可参见《醉时歌》），景慕蕃山（参见《跋熊泽蕃山真迹》），事迹可见《朱子学派之哲学》一书。象山著作大抵收录于《象山全集》二册之中。门人有胜海舟、吉田松阴、加藤弘之、西村茂树、狩野芳崖、小林寒翠等。松阴欲去海外出游时，有一首送别诗，曰：

> 之子有灵骨，久厌蟊蟇群。
>
> 奋衣万里道，心事未语人。
>
> 虽则未语人，忖度或有因。
>
> 送行出郭门，孤鹤横秋旻。
>
> 环海何茫茫，五洲自为邻。
>
> 周流究形势，一见超百闻。
>
> 智者贵投机，归来须及辰。
>
> 不立非常功，身后谁能宾。

松阴被囚后，象山也受嫌疑被捕。象山著有《和兰语汇》《砲卦》《女训》《省諐录》《葬礼私说》等若干卷，悉收入《象山全集》之中。《省諐

---

① 信州即信浓国。松代藩为信浓国的小藩，在今长野县长野市一带。

录》为其狱中所作。其中有如下言论：

一、所行之道，可以自安。所得之事，可以自乐。罪之有无，在我而已。由外至者，岂足忧戚。若以忠信受谴为辱。

二、人所不及知，而我独知之。人所不及能，而我独能之。是亦荷天之宠也。荷天之宠如此，而唯为一身计，不为天下计，则其负天也，岂不亦大乎。

三、纵予今日死，天下后世，当有公论。予又何悔何恨。

四、身虽在囹圄，心无愧怍。自觉方寸虚明，不异平日。人心之灵，与天地上下同流。夷狄患难，累他不得。亦可验也。

五、吾不履此境，无此省觉。经一跌，长一知。果非虚语。

六、行身规矩，则不可不严。此治己之方也。治己，即所以治人。待人规矩，则不可过严。此安人之道也。安人，即所以自安。

七、君子有五乐，而富贵不与焉。一门知礼义，骨肉无衅隙。一乐也。取予不苟，廉洁自养。内不愧于妻孥，外不怍于众民。二乐也。讲明圣学，心识大道，随时安义，处险如夷。三乐也。生乎西人启理窟之后，而知古圣贤所未尝识之理。四乐也。中国道德，西洋艺术，精粗不遗，表里兼该。因以泽民物，报国恩。五乐也。

295

八、日晷一移，千载无再来之今。形神既离，万古无再生之我。学艺事业，岂可悠悠。

九、人誉己，于己何加？若因誉而自怠，则反损。人毁己，于己何损？若因毁而自强，则反益。

十、读书讲学，徒为空言，不及当世之务，与清谈废事，一间耳。

由此最后之言可知，象山期望实际应用，对所有的迂踈空论加以斥责。《赠小林炳文书》（附在《求志洞遗稿》前面）云：

宇宙间的实理无二。斯理所在，天地不能异此，鬼神不能异此。近来西洋人所发明许多学术，要皆实理，只足以资吾圣学。而世之儒者类皆凡夫庸人，不知穷理，视为别物，不啻不好，动比之寇仇。宜乎？彼之所知莫之知，彼知所能莫之能。蒙蔽深固，永守孩童之见。此辈唯可哀悯。不足以为商较。大丈夫当集大块所有之学，以立大块所无之言。

其论点集世界众多智慧而成一个整体，读来爽快极了。象山亦是豪杰之士也。

象山门人有胜海舟、吉田松阴、加藤弘之、西村茂树、小林寒翠、北泽正诚等。除《象山全集》之外，还有《象山先生及门录》流传于世，可为参考。

有关象山的书籍如下：

《象山翁事迹》二卷

《象山言行录》一卷　　　　　松村操撰

《佐氏遗言》第一集　　　　　花冈复斋辑

《慨世余闻》一卷　　　　　　斎藤丁治编

《非凡人物列传》一卷　　　　渡边修二郎著

《近世伟人传》（三编卷之下）　蒲生重章著

《慷慨家列传》　　　　　　　西村三郎编辑

《近世百杰传》一卷　　　　　干河岸贯一编

《佐久间象山》一卷　　　　　林正文著

《佐久间象山》一卷　　　　　小此木信一郎著

《维新豪杰之情事》　　　　　长田偶得著

《日本名家人名详传》（卷之下）

《大日本人名辞书》

《日本伟人传》　　　　　　　西村富次郎著

第六章　春日潜庵

　　春日潜庵，姓源，名仲襄，字子赞，潜庵是其号。文化九年（1812）出生。九岁丧父，伶仃艰苦，稍年长后，学习句读。十八岁时，于铃木恕平处学习程朱学，渐渐崭露头角，到二十七岁开始读《王阳明文录》，大受启发。喟然叹曰："为人当至是为止，为学当至是为止。"由此笃信余姚，沉潜反复，究其源流，道德气节事业，无不贯以良知之学。

　　潜庵资性俊迈峭直，容貌魁梧，音吐如钟，目光灿灿射人。其持身严正，同门之间也如朝廷般严肃。虽然这样，他也并非完全拘泥于格法。常鄙视世间拘拘乎尧行禹趋者，曰："大海有时乎起狂澜，大川有时乎生横流，区区守常之士，不足以语。"其所见如此，故虽终身穷困潦倒，也未能实行其志向。他言行的卓荦，绝非庸儒所能及。潜庵曾奉侍久我通明公，有整理其家政之功。然而他处事严正，没有丝毫怠慢。因此诸臣以之为不便，密谋毒杀，幸而事先察觉，但潜庵置之不理并不问罪，最终因谗者中伤获罪，隐居十年。到久我建通①公继承家业时，岁计又不支。建通公用事也被黜，重新启用潜庵。于是潜庵整理家政，不到十年，收入较往日增长数倍。由此，京师之人皆称久我公之潜庵。潜庵极有先见之明，这可从以下故事可以看出。

　　潜庵曾建议道："自古而来，每五六十年必有一次凶灾。自天明

---

①　久我建通（1815—1903）幕末明治时期的公卿、勤王家。京都出生。号崖君、既嘴、法号素堂。曾任摄政关白、内大臣。

（1781—1789）至今，此数将轮回，所以应当预先准备。"于是，将粮食储蓄在洛西的别邸，人皆笑之。嘉求六年（1853）四月大内失火，蔓延烧毁数万户。久我家也同样不幸罹难，于是前往潜庵储蓄粮食的别邸。从此人们开始叹服他的先见之明。

另外，当美国使节来到浦贺要求通商时，潜庵建议道："听说洋人甚嗜茶叶，一旦听闻通商，茶价必定高涨。"由此，开垦数段土地，从宇治采集茶种来种植。其后，到各国互竞茶利时，潜庵种植的茶，年收数千斤，收益极佳。

至锁国开港的争论开始时，幕府派遣堀田、间部二老前后来到京师上奏。潜庵乃与梁川星岩往来，密谋策划。有一天，三条内府接到敕命，命使者传递密信告知潜庵，潜庵得后，感激拜领。

于是，潜庵被任命为先帝顾问，屡屡谒见龙颜，辅佐时事。潜庵听闻攘夷内敕下到水户，愕然道："机密必然泄露了，此后必有大祸。"于是唤使者返回，但为时已晚。没过多久，幕府大肆搜查逮捕水户中的结党之人，逮捕包括赖三树、桥本左内等在内的三百余人。潜庵也被逮捕囚送至江户，禁闭于岸和田邸内，拟定死刑，最后减轻一等，判处终身囚禁。至文久三年（1863）解除监禁，恢复官职。

明治元年（1868），久我通久公被任命为大和国①镇抚总督，于奈良开府，听断诉讼，潜庵为其参谋。之后朝廷设置奈良县，任命潜庵为知事。潜庵为政公正严明，奸人皆战栗。此时东北尚未平定，他欲解除幕府的亲藩郡山等的疑惧，对他们极为优待。嫉妒他的人以通贼的罪名诬陷他。因此，连同二子一起被逮捕，关押于狱中，六个月后才得以释放，但是嫌疑仍未解开。鹿儿岛人衡山正太郎感慨时事，于众议院门前自杀，在其上书

---

①　大和国即今奈良县。

中，辩白潜庵的清洁廉直。然而，当局者对其忌惮，潜庵最终仍旧蒙受冤枉。潜庵由此断绝仕途之意，隐居讲道，门人日进。西乡南洲对他深深信服，派弟弟小兵卫带领门下弟子十余人前来受业。其欲去东京出任改革大政时，派村田新八去询问《时事要领》十二条。据说此后采纳了他的建议。潜庵在《寄南洲西乡翁书》中写道：

> 尔来不奉音问。贵国之士，时往来此地者，言动履佳胜，确然之操无变于往迹。钦慕羡企，向执事议国事不合，奉身勇退。虽未详其委曲，而世人叹惜不置。在执事，则可进可退，进退绰绰然有余裕也。独所惜者，其奈世道之患何。仆窃谓，方今士风之不振，莫甚于此时。廉耻退让，衰颓扫地，士稍有才干者，专意营利，汲汲然习商贾之业，腼不知其耻也。风俗人心，日以陷溺，不知返也，夫亦何知以讲士人之业也哉。士人之业，上尊主，下安民而已矣。尊主安民，乃其大纲也。而数目条件，非笔端可悉也。然而非起振士风，则不可也。起振士风，非学则亦不可也。夫学非辞章训诂之谓，固也。故有坚苦之志，刻厉之操，而非合世之俊，则无能矣。嗟乎，士风之不振，亦宜矣。执事豪杰之士，平生淡于声色财利，加之。经于艰难困苦练磨之功，既已非寻常也，其兴起振作天下士风之衰，非甚难也。此事非执事则谁望？仆也近年散遣生徒，杜门却扫。虽在村落，如居深山之中。穷居寂寞，特志未屈耳。执事尚教我乎，顷侧闻。左府老公再出东京，所谓尊主安民，振起士风，庶几在此时乎。今日执事之所以讲，安乎在也，乃愿听其绪余。令小弟无恙否。为致意。

潜庵读书，不修章句，主通义理。其讲述论、孟、周易、传习录等时，句句灵活，听者雀跃。他又喜好读《资治通鉴》，反复数回，说："经营天下，仅此一书足矣，何须多哉？"他对待门人极为严格，几乎如同君臣之礼。宅内有竹林，夏日读书时常有蚊虫袭来，侍座者皆俯伏，没有用手驱赶蚊虫之人。宅内狭隘，家人仆婢常有数十人，内外寂静没有声音，唯可听到微风穿过竹叶之声。门生相互说道："入先生之门，每每有惴惴不安，如入监牢之感。然而一旦瞻仰先生之颜，客气自然消失，鄙吝之心自然解脱。"潜庵最善鉴识，一眼便能洞视人之肺腑。他对木户孝允、西乡隆盛之预言皆命中无误。

他晚年罹患风疾，昏迷不省人事。一日忽然张开眼睛，唤来嗣子渊说道："我死后勿刻碑文，大丈夫昭映宇宙之物，无须区区碑上文字。"此事与叔本华氏遗嘱相差无几，他的墓碑上，据其遗嘱仅有亚瑟·叔本华几字。根据遗嘱叔本华的墓碑只刻有"阿图尔·叔本华"，连年岁等也全无记载。门人格温奈尔询问遗体应埋在何处时，叔本华说，何处皆可，世人应当发现我。足见其抱负之大。潜庵于明治十一年（1878）三月二十二日去世，享年六十有七。著有《潜庵遗稿》三卷、《阳明学真髓》一卷。春日仲精编《春日潜庵先生影迹》亦可供参考。门人中末广铁肠及户田石水最为有名。石水的事迹可见《阳明学》杂志第五十四号。

潜庵曾和山田方谷有交往，又与佐藤一斋、林良斋等赠书结交。然而可以称作莫逆之友的唯有池田草庵。他在《与池田子敬书》中写道：

> 仆尔来杜门绝客，似不近于人情，而有大不然者也。盖不如是，则不足以养吾德也。不如是，则不足以讲斯学也。然吾惧离群而索居矣，故与子敬往来周旋。云云。

由此可以察知其交情之深厚。

潜庵信奉阳明学，评价很高。其言曰："姚江良知之教，真可谓开千古之秘，言简意赅。"又云："学后儒圣人之道，若胶柱而鼓瑟耳。及姚江出，始闻琴声之正。"他亦深深崇敬刘蕺山，《与池田子敬书》写道：

子敬足下。顷襄获明刘蕺山先生所著人谱。先生名宗周，字起东，所谓念台先生者也。先生精忠大节。鼎革之际，不食二十余日而卒。襄尝考其平生，悚然而敬叹，潜然而悲慕。乃思吾不得见其人，得见其书，则我亦当努力以造古人之域也。今获其书，我可以慰吾怀焉。盖蕺山之学，以姚江为宗，以致知为要，而慎独为主。作人谱以授学者。而其用功之精，条分缕晰，一以贯之。夫姚江致良知之教，本之孟子，委曲明畅。然末学之弊，徒知良知，而不知致之。狂肆放荡，良知之变，而为私知焉。人谱一书，此可以救其弊也。然姚江之学，确然信焉而不惑者，方今天下其寥寥焉。且其信者，犹未必确然也，而况其不信者哉。呜呼！子敬足下，自人之失本心，名利之习，陷溺天下，虽聪明英特才智之士，不能奋然自拔于其中。汲汲营营，其用心于读书讲学者，亦唯夫名利尔。姚江之学，足以除名利之习，而救天下之陷溺矣。然而无慎独之功，则不以私智为良知者，亦鲜矣。王门诸子，如龙溪心斋，无不闻致良知之旨，然往往不能无弊也。如东廓两峰念庵双江，皆不失于师旨，而至蕺山得姚江之粹矣。其立大节，不食而卒者，岂偶然哉。慎独之功熟，而致良知者然也。襄常读书，每观古人之伟功俊节，慨然思慕，乃问其平生学术文章，不得则咨嗟者累日不止。皇皇焉，如饥饿而不得食。夫蕺山一代名儒，大节如此，学术如此，而人谱一书，其平生学术，具备于此。今即获之，吾心为如何哉。若天下之人，信之与否，何足道哉。子敬足下，冬尽而春，归京必来访我。穷居索寞，一室之内，独有寒梅。煮苦茗，扫机案，乃出此书。相共切磋讲明，岂亦非天下之快哉。

本国儒者中，潜庵最为推崇藤树。《藤树先生手简序》写道：

如先生之德，虽断编片简只字之余，有不湮没者在矣。

又有《与冈本经迪书》写道：

今如藤树超然独兴，孟子所谓豪杰之士非耶。

又有《藤树先生文集序》写道：

今读先生集，慨然有起予者。夫天下之读书者千百辈，其人不为不少矣，而超群拔秀之才，何其不多见也。岂非以躬行不勉耶。予尝谓如先生躬行，固无伦比。而其识见之超卓，学术之正大，亦绝古今。然则今世之躬行不勉者，盖以识之庸陋龌龊，学术之偏狭也，此不亦可重叹也哉。

《潜庵遗稿》卷末载有语录，今将其上佳者摘记于下：

一、藏书虽盈万卷，徒豪具耳。善读者非以多也，要在自得如何。

二、大海有时乎起狂溯，大川有时乎生横流，区区守常之士，不足以语。

三、杜门却扫，偃仰读书。宠辱无听，得丧无关。人世之乐，何物如之。此非清福之人，乃不可得焉耳。

四、世间纷华，剥落尽矣。大梦一觉之顷也，人生只争梦觉。

五、得道有无穷之乐。得道非得一物，即元来心是也。

六、一念清净，天地始开。一念昏复，天地皆闭。

七、除欲不在外物之上，在一念之微上。

八、一念克复，即是天空海阔气象。

九、读史有无穷之怀。洞观千古，一视古今，人生一大快事。

十、大丈夫，要卓然自立，不欺者其本也。

十一、胸怀逼窄，小人之事。阔大远深，君子之境也。

十二、今世有短处可数，便是第一等人。东莱此语，似指晦翁象山辈。

十三、人生百年，一事无愧于心者，有几何人。有愧不知，懵懂终一世者，比比皆然。岂不哀耶。上士不然，有愧则改，无愧则进，进而不止，终身而已。

十四、老佛之超上于俗儒者，以其无累也。其不如于儒道者，以去事物也。事理一致，道之极也。

十五、人生富贵贫贱，花之开落，生死即昼夜也。达人可以笑。

十六、夙兴夜寐，勤德业者不可不知。精神俊爽，在于夙兴。志气深远，在于夜寐。

十七、易于责人，不责己之罪也。

十八、自责厚矣，何暇于责人乎。终身自责，悼悼然有余地也夫。

十九、谨言。从自责来。尤好。

二十、人生百年，大凡二十年前，蒙蒙焉耳。二十载后，至于六十，中间四十年矣。过此以往，纵令不衰，究竟不做用也。以此观之，百年之中，虽久不过于四十年间。其余蒙蒙焉而已。悲夫！悲夫！此四十年间，立德立业者，其几何人也哉。其余与腐草朽木，泯灭而止。苟有志者，其可悲耶？其不可悲也耶？

二十一、人生劈头有一个事，立志是也。

二十二、君子亦安其所遭耳。盖君子之心，非一身之计，非一家之为。呜乎！其所见也远矣，其所期也大。小园风月与襟怀适，一室静观，浩然自得。

二十三、杜门读书，掩卷省察，一室之乐，莫善于此。此少壮之业，而至于老大尤善。若夫出门应酬，救世抚民，亦在一室之中。即了了然，然后可以语经世之业也。

303

二十四、唯知义理之穷，不见物我之有间。此是万物一体之心。

二十五、士君子在尘世中。摆脱得开，不为所束缚。摆脱得净，不为所污蔑，此之谓天挺人豪。

第七章　池田草庵

池田草庵，名缉，字子敬。人称祯藏。草庵为其号。但马国①养父郡宿南村人。文化十年（1813）七月十三日出生。农家子弟。幼时在郡里的十二所村满福寺学字，僧人让他剃度出家。十八九岁时慨然仰慕邹鲁之风，曰："大丈夫岂能淄流而老。"于是出奔京师，在京师待了四年，又入京西的松尾山，寄宿在祠官家中，专心修习余姚之学。与春日草庵交往，往复切磋。又与吉村秋阳、山田方谷、林良斋等相交，学艺日益精进。在松尾居住六年之久，其间经常在一室中静坐，不偷窥庭园风光，往往一次就持续数月。曾自言道破其抱负曰：

> 埋身于千岩万壑之中，默默独求古道于遗经，将以为千岁不磨之图。此予之所私心自期者，不知果能得遂其志乎否。

又在临去时吟诗赋曰：

> 坚坐六年松尾山，偶然今日向人间。
> 身如流水随缘动，心与孤云到处闲。

他将家搬去京师，在那教授弟子，至天保十一年（1840）三月。十四年（1843）四月决定归回故里。居于八鹿村西村氏的山馆之中。起初稍有

---

① 但马国为现在兵库县北部。

弟子来习，后弟子满门，乃至山馆难以容下。于是在宿南村之西与之相邻处创一书堂。书堂依山傍水，左处可从山顶眺望青山村，右处俯视蓼川巨流，前近夜气山，有青山川绕流其下，故名清溪书院。前来请业者常有数十人。由此寂寞之乡变为了弦诵之域。樵歌鸟韵，咿唔之声相和，颇有武陵仙源之趣。

又整顿一小室，作游息之处，称之为松风洞。草庵意绝仕途，以教人为己任。以及之身正礼节。每日清晨焚香端坐数刻，而后接诸生。诸生以长幼之序排列讲堂。先拜先生，而后相互行礼，再就其业。就寝之前复如此，每日持续，始终不易，循循如谨，如子事严君。诸生若有过错，皆恳切训诲，真情使人泪落。草庵平生未蓄奴仆，至于薪炊洒扫之事，弟子争先为之。北地严寒，积雪压屋，坚冰如石。然而诸生丝毫不厌其苦。其信服可想而知。

草庵人清癯，躯干短小，但容貌端正不怒而威。不近名利，恬淡自得。明治十年（1877）患疾，百治不愈。翌年九月十四日殁。享年六十六岁。草庵出生在潜庵之后一年。但最终与潜庵同年去世。亦可称偶然，亦可称为奇异。草庵的门人有吉村文山、东泽泻、楠本硕平、土屋凤洲等。

草庵曾感叹风俗颓败而叹曰："若想挽回天下之风俗，必先从整顿一乡之风俗始。"因此开设养老会，每春选择佳辰，宴请乡里诸老，设酒席供具，团圆献酬，卜问吉凶，把话桑麻，朴素淳厚之风，一乡皆被其所化。

草庵在京师以象山、阳明为宗。至归乡之际，熟读蕺山《刘子全书》，大有所悟。终和通于朱子学，以慎独为宗。尤其尊信《人谱》一书，将其带到小学，与诸生上课，曰："若能大节如刘子，学识如刘子，为人如刘子，则死无憾事矣。"由此观之可知刘子是其毕生追求的理想人物。（以上草庵之传皆主要取自土屋凤洲的《草庵池田先生行状》）

草庵著有《读易录》三卷、《尚书蔡传赘说》三卷、《古本大学略解》一卷、《中庸略解》一卷、《文集》十二卷、《日录》若干卷。据说皆藏于清溪书院。草庵曾将和林良斋、春日潜庵、吉村秋阳的赠答书简收集整理成为一卷，命名为《鸣鹤相和集》。

与春日潜庵、林良斋的往复书信中，草庵曾如此写道："其人虽相貌朴陋，但内在识趣很高、操守甚正。"

又《赠池田子敬序》曰：

> 子敬结庐松尾山下，穷苦寂寞，而不少变其志焉。予访其庐，其学深沉掩抑，不显其光。而精悍之气，不可驯也。

可知其学问、行为都有过人之处。草庵语录被称为《肄业余稿》。其中常有令人警醒之处，今则取适当之句列举如下：

一、人寿百年，赫奕富贵，以假令怀抱平生之快。达者观之，不过是岩前之云草，草上之露水，不足挂于胸中，而世人却对其追求不止。吾见此惑之。

二、人之祸恶，最恐其不自知。又恐知而不改。若能知而改之，则能突破旧业，达成新功。古人有言，日月更替，成就其新。更若为光明耀灵增添一段精采。

三、克怒难如扑灭烈火。若可轻易克之，则可见其勇。

四、志气一振，万夫避之。前方万般险阻，培垆嵝曲径皆无隔碍，能消沮屏息出气。岂能愧为男子。

五、不知以一物为耻。此是小耻。比耻更大之物为大耻。今不知大耻而以小耻为耻。此所谓以不耻为耻，以耻为不耻。正因如此，不可避耻。

六、所谓仁者，视人如视己。以天下为己任。所谓不仁者，只顾以及之身，视亲戚兄弟犹如陌路。更何况天下之事。是故，大人居其世，而天下敬仰亲之。待其殁后，世人哀之慕之。然不仁之人，人皆苦其生而乐其死也。

七、人贵自知。不自知者，虽有功无用。

八、不自欺欺人。不自瞒瞒人。不当自欺时不自欺，不当自瞒时不自瞒。慎独戒惧收摄保任，此为静中功之用法。

九、私念稍少，主宰稍明。澹澹澄澄，渐入佳境。所谓大本未发之中，寂然不动之体。由此而得手，由此而建基。此即为圣贤深造自得之学问。

十、学者奉其身当若金玉。无微损缺失当视之为天下至宝。

十一、德不苟立，功不苟成。即身处世中，当若立身于野鸡之群。

十二、莫谓余一人。天下自多少般人。莫谓仅百年。身后岁月悠长。不应掩公论，当如日月之行。

第八章　柳泽芝陵

　　柳泽芝陵名信兆，字伯民，称太郎。芝陵为其号。岛原①世臣藩邸留守信行长子。芝陵幼时跟随父亲住在江户。其父曾恳请川北温山②说："我年老，知道学习必须勤奋，愿托之帷下。"得到温山的允诺。温山教人自有家规。凡来门下游学者，必先命作诗，以试其才。芝陵天资明敏，勤勉不倦，用词清丽，命意典雅。温山大悦，谓孺子可教。

　　后来奉侍藩主，虽出入匆忙，勤业不懈，夜以继日。时或会友讲义，如有不合之意则明快辨析，不肯假借。曾读《涑水通鉴》，慨然扼腕，论古今之得失。是以君侯爱其才，擢拔为留守助员，欲使之继承父职。芝陵谓友人曰："圣贤之学无他，唯实学实行而已。此是朱学本旨，温山先生教导之处。见世之书生，浮薄固陋，往往不通世态事情。何之谓实学实行耳。今留守之职，俗务中最俗者。为不学无术之处，杀鸡焉用牛刀？虽然，公命不可废搁。温山先生之意不可测。"受职三年而以病辞。温山乃使之进入海鸥文社，请大家眷顾。是以其学日新月异，声誉甚籍。温山尚不以为足，恳请佐藤一斋让他进昌平簧。芝陵乃和簧中诸才子联案讲学，愤励困苦时，读《传习录》，始知姚江王氏之学，幡然开悟，谓友人曰：

　　　　文公之学，譬之画全龙。爪牙虽备，未见其真。及王子出，始点其睛。虽曰朱王异趣，本是一揆。所谓百尺竿头，更进一步者也。

---

① 岛原藩即今长崎县岛原市一带。
② 川北温山（1794—1853）江户时代后期的儒者。岛原藩士。幼年从岩濑华沼、古贺侗庵学习汉文。天保五年（1834）任藩校稽古馆教授。

一年后归家，患肺病，吐血数瓶。然志气不屈，仰卧写书，历时十个月而逝去。时年三十，著书《芝陵遗稿》一卷。友人佐久间讱庵刊行之。其中有这样一诗：

八月初六陪一斋先生游箭库别业

许排残热入幽区，觅句徘徊拈短须。

遗爱轩焦思学士，署名楣扁识鸿儒。

侵人竹气秋潜志，啜茗梧阴意顿苏。

欲颂严师今日德，千年岳雪耸天隅。

其崇敬一斋之情笃跃然纸上。

．

第九章　西乡南洲

西乡南洲世人皆以为豪杰，却不知其学。故徒见其事迹而不知其精神所在。他以前和大久保利通及海老田信义一起听过其故乡的阳明学者伊东潜龙的讲义。又曾从佐藤一斋的《言志四录》中选出百首为金科玉条。其用于修心练胆者，皆从阳明学那里得来。其著有《南洲遗训》一卷，片渊琢氏在明治二十九年（1896）出版。其中有如下语录：

一、事无大小，踏正道推至诚，凡事不可使诈谋。人临障碍，多爱用计，一旦事畅，后伺机而动。然计必生烦，事必败矣。行正道，目下迂远，然先行则早成也。

二、道乃天地自然之道，故讲学之道，在于敬天爱人，以克己修身为终始也。克己之真义在"毋意、毋必、毋固、毋我"。凡人皆以克己成，以纵己败。观古今人物，事业初创之其事大抵十之成七八，余二三终成者稀。盖因初能谨言慎行，故功立名显。然不觉爱己之心，恐惧慎戒之意弛。骄矜之气渐涨。恃既成事业，苟信己万般皆能，则陷不利而事终败，皆自招也。故克己，人未睹未闻处慎戒也。

三、道者，天地自然之物。人行道，是为敬天。天佑众生，故当爱人如爱己也。

四、不与人对，与天对。与天相对，尽己责而勿咎人，寻己诚之不足。

五、爱己为最不善也。修业无果、诸事难成、无心思过，伐功而骄慢生，皆因自爱起，故不可偏私爱己也。

311

六、改过时，知己之误，即善也。其事可弃而不顾，即踏一步。思悔过，患得失，欲补缮，同碎茶碗集其片者，于事无补也。

七、行道者，顾逢困厄，立何等艰难之境，事之成否、身之死生，无关也。人者，事有擅否，物有成否，自然亦有心动摇之人。人行道，蹈道无擅否，亦无成否。故尽行道乐道，若逢艰难，凌之，愈行道乐道。予自壮年屡罹艰难，故今遇何事，皆不动摇，实乃幸也。

八、不惜命、不图名、亦不为官位、钱财之人，困于对也。然无困于对者共患难，国家大业不得成也。

九、行道者，举天下毁无不满，天下誉亦不自满，缘自信厚之故也。

十、平日不循道，临事狼狈，处理无措也。

十一、笼络人暗谋事者，纵成其事，慧眼见之则丑态立现哉。以公平至诚推人，不公平则决难揽英雄之心也。

十二、无欲成圣贤之志，见古人事迹，思难企及，较临阵脱逃尤卑怯也。朱子亦云，见白刃而逃者无救矣。诚读圣贤之书，身心体验其所为，是为修行，唯知其言其事，徒劳也。予闻今人论，何等至理，然难通所为，仅止口舌，无感佩之心。见真为之人，实折服也。空读圣贤之书，犹旁观人之剑术，全无领会。全无领会者，倘一交手，无他法，逃之夭夭也。

十三、天下后世信仰悦服者，唯真诚二字。自古讨父仇之人不胜枚举，独曾我兄弟，迄今妇孺皆知，盖出类诚笃之故也。无诚而为世所誉，侥幸也。诚笃者，纵当下无人知，后世必有知己也。

十四、世人所倡之机会，多为侥幸所得。真正之机会，在尽理而行、审势以动。平日忧国忧天下之诚心不厚，只趁时而成，事业难绝永续。

十五、今之人以为，才识具则事业随心成。然任才为事，其危可见矣。有体方行用。

读这些遗训，可以想见南洲似乎不是那种轩昂凌厉、目空一切之人，其心胸充满至诚，决心一下，生死置之度外。固然不可将南洲看作学者，但其自得见解，绝非庸儒所及，而是在社会的冲突中锻炼出来的，不禁使人拍案称快。南洲曾有抒怀诗曰：

> 几历辛酸志始坚，丈夫玉碎愧瓦全。
>
> 我家遗法人知否，不为儿孙买美田。

可见他将志向置之名利之外，如高山屹立，牢不可拔。

他最后虽然作乱而毙，留下千古逆贼罪名，诚然可惜，但后人负他之处亦不少。他在庙堂提倡征韩论而意见不合，退不能扼制其不平，于是掀起暴动。其暴动虽然应该忌讳，但因此激发了活力，鼓舞了士气，犹如实弹演习。南洲的兵士彪悍英勇，用之则可练其心胆。后人果真没有负南洲之处吗？这是从他在方寸中养成的炯然良知之光中得来的。

313

第十章　吉田松阴附高杉晋作

吉田松阴，名矩方，字子义，称寅次郎。松阴为其号，又号二十一回猛士。长州①人。曾学于佐久间象山。其学虽不限于姚江，但也离姚江甚近。其自辩曰：

> 吾曾读王阳明《传习录》，甚觉有味。顷得李氏焚书，亦阳明派。言言当心，向借日孜。以洗心洞札记，大盐亦阳明派，取观为可。然吾非专修阳明学，但其学真，往往与吾真会耳。

就其学统而言，不能不说和姚江没有关系，因为他原本在象山门下修学。著书甚多，重要的如下：

　　　　《幽室文稿》　　　　　六卷

　　　　《照颜录》　　　　　　一卷

　　　　《坐狱日录》　　　　　一卷

　　　　《宋元明鉴纪奉使抄》　二卷

　　　　《储糒话》　　　　　　一卷

　　　　《回顾录》　　　　　　二卷

　　　　《松阴诗集》　　　　　二卷

　　　　《读孟札记》　　　　　十卷

---

① 长州藩在今山口县山口市一带。

《武教讲义》　　　　二卷

《留魂录》　　　　　一卷

《东北游日记》　　　一卷

《松阴遗唅》　　　　一卷

《俗简杂集》　　　　一卷

《幽囚录》　　　　　一卷

《鸿鹄志》　　　　　一卷

《松阴传》里记载著书有五十七种。吉田库三曾编辑《松阴先生遗著》二册，由民友社出版。松阴独自的思想，可从《坐狱日记》附录的"七声说"窥见。现录之如下：

天之茫茫有一理存焉。父子祖孙之绵绵有一气属焉。人之生也资斯理以为心。禀斯气以为体。体私也，心公也。故小人体灭气竭则腐烂溃败不可复收矣。君子者心与理通体灭气竭，而理独亘古今穷天壤未尝暂歇也。余闻赠三位楠公之死也，顾其弟正季日死而何为。曰愿七生人间以灭国贼。公欣然曰：先获吾心偶刺而死。噫，是有深见千理气之际也钦。当此时正行正朝诸子，则理气并属者也。新田菊池诸族气离而理通者也。由是言之，楠公兄弟不徒七生初未尝死也。自是其后忠孝节义之人，无不观楠公而兴起者焉。则楠公之后，复生楠公者固不可计数也。何独七而已哉。余尝东游，三经凑川拜楠公墓，涕泪不禁。及观其碑阴勒明征士朱生之文，则复下泪。噫，余于楠公非有骨肉父子之恩，非有师友交游之亲，不自知其之所由也。至朱生则海外之人反悲楠公，而吾亦悲朱生，最无谓也。退而得理气之说，乃知楠公朱生及余不肖，皆资斯理以为心。则驱虽气不属，而心则通矣。是泪之所以不禁也。余不肖，存圣贤之心立忠孝之志，以张国威灭海贼妄为己任，一跌再跌为不忠不孝之人，无复面目见世人。然斯心已与楠公诸人同斯理，安得随气体而腐烂溃败哉？必也使后之人亦观乎余而兴起至于七生，而后为可耳矣。噫是在我也，作七生说。

松阴又有死生之说。在《赠品川弥二郎书柬》中说：

> 云生死之悟不开，非常愚蠢，故不详说。惜十七八岁之死，也惜三十岁之死。到八九十百余岁，亦不能说足矣。草虫水虫之类只有半年生命。以是不为短。如松柏有数百年之命。以是不为长。和天地悠久相比，松柏只是一时之蝇也。只如伯夷之人，经过汉唐宋明至请也未灭。若感太公望之恩不饿死西山，虽至百岁死也可谓短命。活多少年才满意，有标准乎？浦岛武内如今也是死人。人间五十年，人生七十古来希。不为了什么而死，死了也不能成佛。云云。①

可见豪杰的死生观是多么的痛快。比那些迂回烦琐的理论优秀得多。

松阴生于国家多难之时，用心于政事，没有专研学理的时间，年仅二十九岁遇难。故关于时政得论著颇多而论述学理的著作稀罕。下面两首诗可见其志。

自警诗

士苟得正而毙，何必明哲保身。

不能见几而作，犹当杀身成仁。

道并行而不悖，百世以俟圣人。

---

① 原注：见《维新史料》第八编。

书感

始吾已许之，岂死以负之。

脱去待冢树，宝剑值千金。

况逢天步艰，更感君恩深。

昔谓死如饴，今岂更呻吟。

后视今犹古，吾视古犹今。

世上纷纷者，宁知伯牙音。

其决心之坚强，没有学问素养，绝对达不到这个境界。松阴又曾讲《孟子》，作《讲孟札记》。在其卷四初记曰："爱修札记，记岁月日，传千万年。"其抱负之大，使人感叹。

松阴门人高杉东行，亦喜爱阳明学。东行名春风，字畅夫，称晋作。曾在松下村塾学习，作诗曰：

王学振兴圣学新，古今杂说遂沉湮。

唯能信得良知字，即是羲皇以上人。

他曾在长崎，时而阅读基督教之书，慨然叹曰："其言颇似阳明。然国家之害，宁有过之者乎？其倾城复国，岂止大炮巨舰而已？"可知其见解。

《吉田松阴传》五卷　　　　野口胜一、富冈政信编次

《吉田松阴》一卷　　　　　德富猪一郎著

《吉田松阴先生文稿》二卷

《吉田松阴先生野山狱文稿》二卷

《殉难士传》（卷上）　　　马杉系著

《慨世余闻》　　　　　　　斋藤丁治编纂

《维新史料》

317

《殉难录稿》（卷之四）

《慷慨家列传》　　　　　　西村三郎编辑

《续国史略后编》（卷之三）　小笠原胜修纂述

《日本名家人名详传》（卷之上）

《大日本人名辞书》

《靖献事迹》（卷上）　　　　近藤清石著

《近世百杰》　　　　　　　　干河岸贯一著

《日本伟人传》　　　　　　　西村富次郎著

第十一章　东泽泻附栗栖天山

东泽泻，名正纯，字崇一，称崇一郎。泽泻为其号。又称白沙。周防岩国①人。天资俊迈，喜好文章。安政年间游江户，从学佐藤一斋。又历访山阴山阳老儒硕学，学德日进，颇有自悟。崇敬姚江之学，以为圣学正宗，常以讲道义为己任，曾得罪而被流放南岛。明治元年赦免归乡，下帷讲学，诲人不倦。晚年钻进书斋，谢绝诸生，以读易为乐。自断发告老，于明治二十四年（1891）三月病逝。时年六十。

其著作有：

《证心录》	二卷
《禅海翻澜》	一卷
《儒门证语》	一卷
《传习录参考》	二卷
《近思录参考》	二卷
《周易要略》	二卷
《学庸正文》	三卷
《论孟撮说》	四卷
《郑延平事略》	一卷
《国史臆议》	二卷
《文章蒙训》	二卷

319

---

① 周防国岩国藩，在今山口县岩国市一带。

共二十九种四十九卷，皆收入《泽泻先生全集》。《证心录》中有《致良知》三篇，今举第一篇如下：

主静之说出矣，则不能无居敬之说焉。居敬之说出矣，则不能无穷理之说焉。穷理之说出矣，则又何无致良知之说焉。故有周子而后有程朱，有程朱而后有阳明子，皆势之不可已，而所以立人极也。夫主静之皆微矣，恐其偏于静也，故说居敬而救之。而敬亦静也，故更说穷理补之。而为其说者，必欲穷尽天下事物之理，而后实之于践履力行，故援之以先知后行，博之以一草一木。丝毫分析，终伤命脉焉。穷理之说亦弊矣，于是阳明子直斥之以俗学，曰唯精是唯一的功夫，博文是约礼的功夫，道问学是尊德性的功夫，格物致知是诚意的功夫。即行、即知、即修、即悟、即功夫、即本体、即下学、即上达。一洗支离破缠葛之习，而其要归之于致良知三字，可谓霹雳手段矣。盖静也，敬也，理也，皆所谓良知也。主也，居也，穷也，皆所谓致也。乃明周程朱子本旨之所以，岂故标异立奇者哉。抑如后之为良知之说者，以放纵为自然，以善恶为应迹。云云。呜呼，有议者，何足以知阳明。而如为其学者，亦岂谓之不负良知之教，不啻伤周程朱子之心，又将欺阳明在天之灵也。阳明子尝言，我良知二字，自九死一生中得来。嗟后之学良知者，九死一生果何在乎。

可以窥知其思想一斑。

其嗣子敬治，发行《阳明学》杂志，还著有《又困记》《叉子》《阳明学要义》等。

泽泻的友人栗栖天山，亦奉王学。天山名靖，字子共，称平次郎。和泽泻共同得罪流放南岛。天山愤世不能自禁，逃离南岛回归，将所思向同志倾诉，切腹而死。年仅二十八，众感其勇。

第十二章　真木保臣、锅岛闲叟等

前面论述了阳明学派中学术或事功突出者，然意犹未尽。还有几个不可看过的人物，以为补遗。

真木保臣，称和泉，号紫滩。筑紫^①人，事迹颇多。其中详情可参见《靖献事迹》（下卷）、《殉难录稿》（卷二十五）和《维新史料》（第二篇）。权藤高良氏也为真木和泉作传，载《伟人史丛》。和泉本来从学会泽正志，但自修阳明学，曾为子孙著《何伤录》一篇。其他著作还有《紫滩遗稿》二卷。这些遗著都收在《真木和泉守遗文》中。

锅岛闲叟为佐贺^②藩主，颇有卓见。曾喜好阳明学，称阳明为"万世英雄"。其诗云：

> 堂堂大路久荆榛，天以苍生付此身。
>
> 腰下常横三尺剑，胸中别贮一团春。
>
> 千年学术推元晦，万世英雄见守仁。
>
> 寒月寥寥小窗底，焚香默座养精神。

可见其推崇阳明之至。

当时其有侍臣永山二水，亦是热心的阳明学者。二水名贞武，字德夫，通称十兵卫。二水为其号，后改称迁亭。奉侍锅岛为侍讲。君臣共推崇阳

---

① 筑紫国即今福冈县。
② 佐贺藩即今佐贺县，又称肥前藩。

明学，乃至藩的学问倾向于阳明学，似乎要废除朱子学。是以草场佩川写了一篇《谏草》给锅岛公，议论其事之非，藩的学问才没有变更。广濑淡窗拜访草场佩川，曾写诗云"谏草成时残月落，讲筵回处夕阳空"，这里的"谏草"即指佩川给闲叟公呈上的。

云井龙雄为东北一奇士，悲壮淋漓，作诗抒情。维新后企图密谋恢复幕府，事败被擒处刑于小冢原。时年二十七。事详见《云井龙雄全集》。中村忠诚著有云井龙雄传，见《旧幕府》第二卷第九号。龙雄曾从学安井息轩，但尊奉阳明学。人见宁撰龙雄的碑文曰：

> 居常力学，夜方读书思眠，或以冷水滴面，或含辛味以驱之。尚不堪，乃以一木棍连击自头，乃至满头肿瘤。曾读左氏传，一夕乃竟。其勉励如此。后博总群书，最通王学。君之为人，矮身广额如妇人。天资沉毅，倜傥有大志。云云。

可以想见其亦非寻常人。偶见《五十家语录》，谷隈山氏曾评云井龙雄曰：

> 云井龙雄也不是什么伟人，犹如今日的壮士而已。其扛着一块大招牌，到处强行要钱的样子，甚为可恶。只是东北近代没有出什么人物，才勉为其传。

这真是一个酷评。今日的壮士哪有他那种气概，何况他还有诗才。

岛义勇为佐贺人，明治七年（1874）和江藤新平一起作乱服罪。他深好阳明学。《沧海闲话》云：

> 岛和兄是堂兄弟，且同年。但不同的是岛喜欢阳明学。岛毕竟是

个伟人，天然气质，受到朝廷的信赖。学习勤奋，多才多艺。但阳明学喜欢速断，本来他并没有在佐贺掀起暴动的打算，也可能只是想帮助别人，别人一恳求马上答应，太性急了。在考虑事情不周到方面，和大盐平八郎同样。因为岛是阳明学派，其舍弟重松元右卫门、副岛权介等都学习过阳明学，都同样遭受佐贺暴动之祸。

可见岛也是根据阳明学来锻炼心胆的。

明治三十二年（1899）一月去世的胜海舟安房，也拥有和王学相近的观念。他少年时入岛田见山门下学习剑术。见山修炼过禅学，深解其妙味，因而也劝他学习。他乃去牛岛的广德寺学习禅学。又曾在佐久间象山门下学习过。结果他在心术功夫方面和王学者没有什么区别。其曾论处事之要，曰：

使此心如湛然止水，莹然明镜，则所谓物来顺应，应酬万变，天机灵活，无不自得。

可谓其胸怀的外泄。又曰：

世间人动则想遗芳千载、流臭万年，并以之作为出处进退的标准，这点小心眼能干什么？男子处世，唯以正心诚意对应现在而已。靠不住的后世历史说是狂或贼，都不要紧。总之处世秘诀唯一"诚"字而已。

其所谓"诚"在王学者看来，无非良知而已。其论王阳明曰：

王阳明为孟子以来的大贤。其致良知说、知行合一论在哲学界放出异彩，其诗书之类也有独特之妙，其文章在唐宋八大家之外另树一帜。

海舟如何受到姚江感化不得而知，但其心术性行，颇和阳明学者类似。吾人将之附记在此于此，也是事出有因的。

海舟的见解，可见《冰川清话》、续篇和续续篇，其事迹可见《胜海舟》《胜海舟翁》《胜伯昔日谭》等，其诗歌载《海舟遗稿》。其他的赤穗义士中，如吉田忠左卫门以及木村冈右卫门等也或多或少受到阳明学的影响。是等史料搜索来的话，数量绝对不少，但大多属于学说的普及和应用，在此忍痛割爱。

结 论

阳明学自中江藤树倡导以来，其命脉缕缕不绝，其间受到过官府的压制，但在杰出人物方面，反胜于朱子学。从前章的叙述，可以得知阳明学陶冶出来的人物，仅学者就有二十多位，他们在学术或事功方面都显赫一时。所以不厌其劳对他们进行了一些历史性研究。如果还有遗漏的话，将会留下一些遗憾，但愿不是这样。三岛中洲曾在学士会院作题为"仁斋的故事"的讲演，说"仁斋学渊源于阳明气学"，似乎认为仁斋是阳明学派中人。（见《学士会院》杂志第十八编之八）然此属谬见。汉代以来即以天地为一元之气，并非仁斋首倡，也不一定基于阳明学。况仁斋曾非难过阳明学，他说：

> 王阳明亦以见闻学知为意见，以良知良能为真知。其以良知为真知似矣，然以见闻学知为意见者，亦犹佛氏之见也。（《古学先生文集》卷之五）

以此可知其立场如何。

还有人以朱舜水[①]为阳明学者，这也甚为可疑。朱舜水曾对安东省庵说："我无他长，只一诚而已。"虽然近似于良知说，并不其然，因为致诚出于《中庸》。且他曾明确地指出过阳明的弊病，不可能是阳明学者。

[①] 朱舜水，本名朱之瑜（1600—1682），明清之际的学者和教育家。字楚屿，又作鲁屿，号舜水。浙江绍兴人，明末贡生。清兵入关后，流亡在外参加抗清复明活动。南明亡后，东渡定居日本，在长崎、江户、水户授徒讲学，传播儒家思想。著有《朱舜水集》。

藤田幽谷及其子东湖，都追慕蕃山，从蕃山那里得到了很多东西。幽谷曾作《熊泽伯继传》，赞扬其人才。小楠曾评论东湖说："其人辩舌爽快，议论慎密，学意近熊泽蕃山、汤浅常山，厌恶程朱似的究理，注重事实。"可知藤田父子的学风。然将之划为阳明学派则为时过早，还不如说是水户学派更为妥帖。

对赖山阳则想辩解一句。他曾作读王阳明集诗，曰：

> 为儒为佛姑休伦，吾喜文章多古声。
>
> 北地粗豪历城险，尽输讲学老阳明。

又题朱晦庵画像曰：

> 韩岳驱驰虎啸风，四书独费毕生力。
>
> 一张万古科场设，无数英雄堕此中。

可见他颇贱朱子而称道阳明，但也只是称赞了他的文章，和学问没有关系。

其他的如贝原益轩、二山义长、大冢退野、松崎伯圭、古贺精里、大桥讷庵之类，都先推崇姚江，后归紫阳。又如冈田竹庵，先喜欢姚江之学，后归入佛门，故他们都不能算阳明学派。

阳明学本出于明代的阳明，但一旦进入日本之后，立刻日本化，带上了日本的性质。如举其显著事实，则为神道合一，进而言之，则是以国家精神为本的趋势。藤树已经显示出其征兆。蕃山则说，学虽学儒学佛，在其理丰心广之处应该建立吾神道，大力主张神道的根据。大盐中斋也非常崇敬伊势的神宫，在其叛乱的旗帜上写有"天照皇太神宫"的字样。奥宫慥斋期待神道和王学一致，都是值得瞩目之处。

总之，阳明学的日本化是毋庸置疑的事实，神道合一只是其中的一个显著倾向而已。即使不提日本阳明学和神道的关系，其日本特性也不可否定。日本人性格单纯，而学问中没有比阳明学更单纯的东西了，真可谓易简直截。是以一旦日本人接触到了阳明学，便和其性其物适合，以此迎彼，以彼容此，相互融合为一，内部充满活气，当事而发，快如闪电，足以晕眩众目。若以此来看日本阳明学派的人物，可占其中的一半。在中国，阳明学者往往显示出与众不同之处。然日本的阳明学派则成就了显著活泼的事迹、留下了显赫的痕迹是以对日本阳明学派进行历史研究，应该说是意味深长的。

只是阳明学者著书不多，理论缺乏，故从哲学角度来加以观察，还显得寡少浅疏。然在实践方面可资者很多却是不争的事实。阳明学者论著甚少，但其行状可取代著书，反给人不少教诲。犹如知行合一是他们的主义那样，他们在其所知之处实践。故应该在他们的行动处发现他们所知，以代替他们的论著。是故他们的行状也值得学者们去研究。

王学也有自己的弊病。王学以偏重于主观，从而轻视客观事实，动则为感情所驱，危害自身。道德在主观上需要达到圆满的境界，是故王学者相对致良知的工夫，更期待于道德的实现，并在此走火入魔。是故在主观上言之非常优美。藤树自不必言，即使是执斋、东里等，其心境洁净纯粹至极。其他的王学者虽然在文明的智慧方面有所不足，但在心德方面，永远受后人尊敬。

然道德不单在主观方面追求，也不单完全是客观性的。欲在客观方面追求完美，则应开发客观性的知识。大凡客观性的知识，皆是教育我们在何种处境或时势中处身的东西。所以让主观道德进步的东西也可以算作客观性的知识。主观上善，其善在实现行为中也应该知晓处境和时势。处境和时势是变化不止的东西，是故需要客观性的知识。根据客观性的知识改良其实现善的方法，是以道德也需要进步。于是道德的实现需要主观的工夫和客观的智慧，二者缺一不可。也即心法和学术二者都需要，若缺一的话，便如鸟儿失去一只翅膀。王学偏重主观，拒绝客观性的知识，所以不知如何使道德进步。我们对于王学，在这个方面不能加以左袒。

327

即使如此，短处所存处也藏着长处。王学者不太追求客观性的知识，偏重于主观方面虽然为非，但也因而能适时下定决心。他们的主观在我心涌现，一点污染也没有。我只要蹈正道，便是正义所在，有何可畏？我要排除一切不善不义，唯独实现道德而已。在如此思维下下定决心。是以不顾处境和时势，出则有拔山倒海之势。涉井太室①曰：

> 信而守之，行而勿违，莫过于阳明家。闇斋次之，徂徕次之，倚而不憾，排而不校者，唯罗山之徒乎？（《读书会意》卷中）

可见阳明学派在实践方面，优于其他学派也是事实。

如今伦理学研究逐渐兴起。然说伦理者，或言利己，或言利他，或言实现，或言完成，相互交错，众说纷纭。后生颇有越学越迷之感。是以称伦理学很深奥者，在得道方面面对古人颇为惭愧。因为在这方面既需要专研学理，也需要磨炼心德。然心德的磨炼方面王学难道对后生来说没有裨益之处吗？王学为儒学和禅合一的产物，而禅也是东洋的一种特异心法。如此心法和柔道类似。柔道是利用腕力的心法。心法是精神界的柔道。西洋没有柔道，也没有心法。即使不应说西洋完全没有，总之可说我国没有如此心法。西洋的伦理不以磨炼心德为主，而主张知识的探求。换言之，根据探求知识来确定道德主义，然后再加以实行。此两者应该合一，而不应该偏废。二者如果合一的话，即可将东西洋道德的长处合在一起，实现古今未曾有的伟大道德。西洋的文明最先由东洋输入，而后其文明逐渐蔓延，后来到了美国，穿越美洲来到日本，犹如电的正极和负极，东西洋的道德突然出现了冲突之势，其只是将来的道德胚胎于其中的征兆而已。

---

① 涉井太室（1788—1720），名孝德，字子章，通称平左卫门，号太室。江户中期的儒者。千叶县人。14岁时赴江户入林氏家塾，师从塾长井上兰台。著述有《读书会意》三卷等。

附录一　阳明学派系统

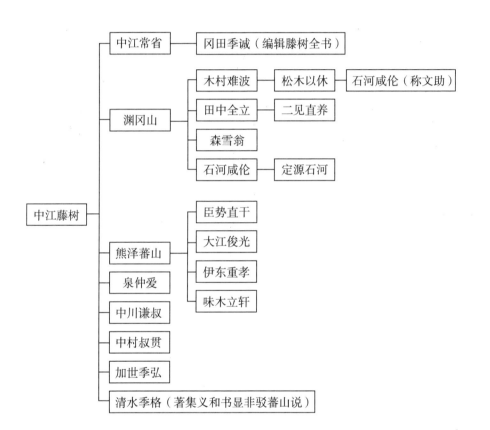

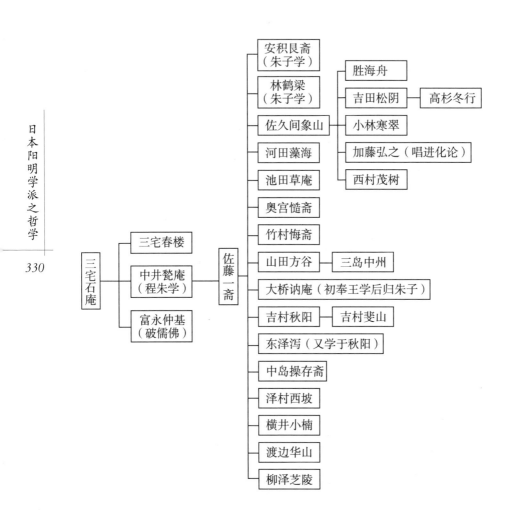

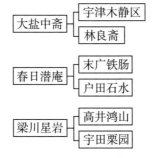

附录二　日本阳明学派生卒年表（公历）

姓名	生	卒
中江藤树	1608	1648
渊冈山	1617	1686
熊泽蕃山	1619	1691
北岛雪山	1637	1697
三重松庵	1674	1734
中江常省	1646	1709
细井广泽	1658	1735
三宅石庵	1665	1730
三轮执斋	1669	1744
川田雄琴	?	?
中根东里	1694	1765
林子平	1732	1793
佐藤一斋	1772	1859
竹村悔斋	?	1829
梁川星岩	1789	1858
大盐中斋	1794	1837
吉村秋阳	1797	1866
山田方谷	1805	1877
宇津木静区	1809	1837

横井小楠	1809	1869
奥宫慥斋	1811	1882
佐久间象山	1811	1864
真木保臣	1812	1864
春日潜庵	1812	1878
池田草庵	1813	1878
林良斋	?	1849
锅岛闲叟	1814	1871
吉村斐山	1812	1882
柳泽芝陵	1816	1845
中岛操存斋	1822	1864
金子得所	1823	1866
西乡南洲	1826	1877
河井继之助	1827	1864
吉田松阴	1830	1859
高杉东行	?	1867
东泽泻	1832	1891
云井龙雄	1844	1870

译者的话

一、井上哲次郎其人其事

井上哲次郎［安政二年（1855）—昭和十九年（1944）］，号巽轩，日本著名哲学史家，日本阳明学的学术奠基人。现据町田三郎先生《井上哲次郎与汉学三部作》[①] 一文中的简要年谱列举其生平于下：

安政二年（1855）出生于筑前国太宰府（今福冈县太宰府市）。原姓船越，1878 年由于家庭原因改姓井上。

文久二年（1862）8 岁时跟随中村德山修习汉学。

明治元年（1868）14 岁在福冈博多跟随村上研次郎学习英语。明治四年（1871）17 岁去长崎进入广运馆学习英文。

明治八年（1875）21 岁，入学东京开成学校。

明治十年（1877）23 岁，进入东京大学文科（后来改名文科大学、文学部），专攻哲学兼修政治学。

明治十三年（1880）26 岁，东京大学毕业，成为文部省官员。次年明治十四年（1881）27 岁时，和有贺常雄共同编辑出版了《哲学字汇》。

明治十五年（1882）28 岁，转任东京大学助教授。出版了《倍因心理新说》和《新体诗抄》。

明治十六年（1883）29 岁，在东京大学开讲东洋哲学史。

明治十七年（1884）30 岁，留学德国。德国留学期间在海德堡大

---

① ［日本］町田三郎：《井上哲次郎と漢学三部作》,《明治の漢学者たち》、东京：研文出版，1998 年。

学、莱比锡大学、柏林大学学习西洋哲学。

明治二十三年（1890）36 岁，留学归来，任东京大学文科大学（即文学部）教授。

明治二十四年（1891）37 岁，出版《教育勅语衍义》。

明治三十年（1897）43 岁，出任东京帝国大学文科大学校长（即文学部长）。

明治三十二年（1899）45 岁，出版《巽轩论文初集》。

明治三十三年（1900）46 岁，出版《日本阳明学派之哲学》《菅公小传》。从此进入著作的高产期。《日本阳明学派之哲学》和以后出版的《日本古学派之哲学》《日本朱子学派之哲学》一起被称为"江户汉学三部作"。

明治三十四年（1901）47 岁，出版《巽轩论文二集》《日本伦理汇编》（与蟹江义丸合撰）。

明治三五年（1902）48 岁，出版《日本古学派之哲学》《伦理与宗教的关系》《释迦牟尼传》。

明治三七年（1904）50 岁，卸任文科大学校长

明治三八年（1905）51 岁，与有马裕政合编《武士道丛书》。

明治三九年（1906）52 岁，出版《日本朱子学派之哲学》。

明治四一年（1908）54 岁，出版《伦理与教育》。

明治四三年（1910）56 岁，出版《伦理与教养》。

大正四年（1915）61 岁，出版《人格与修养》《哲学与宗教》。

大正十二年（1923）69 岁，东京帝国大学名誉教授。

大正十四年（1925）71 岁，出任大东文化学院校长、贵族院议员。

大正十五年（1926）72 岁，由《我国国体和国民道德》一书引发"笔祸事件"。

昭和七年（1932）78 岁，发表《明治哲学界的回顾》一文。

昭和十九年（1944）90 岁，12 月 7 日去世。

井上的著作甚多，2003 年クレス出版社出版了九卷本的《井上哲次郎集》，为井上最全的著作集，但是没有收入"江户汉学三部作"以及《日本伦理汇编》。

二、井上哲次郎的学术成果

从上面的叙述来看，井上在学术方面的成就主要有三个方面。

一是在引进欧洲哲学方面做出了重要贡献。他主编的《哲学字汇》使得欧美学术术语特别是哲学术语在日本有了一个统一的翻译标准。他在东京大学开设的西洋哲学、伦理道德和心理学方面的讲义，以及撰写的有关外国哲学的论著，对欧洲哲学，特别是德国观念哲学在日本传播起了开创性的启蒙作用。

二是从国家主义立场为日本"国民道德"的形成奠定了学术基础，但也起了一些不良作用。这些主要体现在他的《教育勒语衍义》和《武士道丛书》以及有关伦理和宗教、伦理和道德、伦理和教养方面的著作。

第三是对日本江户时期汉学史的著述，也即"江户汉学三部作"。其中本书《日本阳明学派之哲学》（1900）最先出版，随后出版了《日本古学派之哲学》（1902）、《日本朱子学派之哲学》（1906）。

三、《日本阳明学派之哲学》的特点

在"江户汉学三部作"中，在当时最得好评，从现在看来最具有学术性的，还是本书《日本阳明学派之哲学》。其特点在于：

第一，资料新颖丰富

井上在著作《日本阳明学派之哲学》时，利用他在东京大学的身份和文部省官员的地位，尽可能地去穷尽资料，开出了他能看到的有关书单，论述时引用了大量原著。

对于中江藤树，在列举藤树撰述的所有著作的书名和后人收集的著作集共二十六种之上，还一一作了详细的评述。譬如对大盐中斋，详细列举评述了中斋撰述的 11 种著作和后人写的传记 30 余种。

不仅如此，井上在介绍一些人物的著作时，还加以了自己的考证。如他在叙述被认为是熊泽蕃山的著作《五伦书》（一卷），认为该书不是蕃山的著作。他还认为《集义和书》（十六卷）、《集义外书》（十六卷）是蕃山的著作，对《神道大义》（一卷）则认为有可能是藤树的著作而进行了存疑。

第二，发掘前人所未知的优秀人物和事迹

《日本阳明学派之哲学》在系统论述阳明学派时，简明扼要而资料丰富，挖掘彰显了许多已经埋没于地方的资料，使该书在当时大受欢迎。譬如本书对北岛雪山、春日潜庵等人的叙述。

其次，井上表彰了三轮执斋标注王阳明《传习录》的事迹。井上认为执斋在日本学术界的最大贡献，在于出版了注释了世界最初的《传习录》注本，从而为王学振兴做出了贡献。

其他如反对过明治维新的被称为叛逆的政治人物，只要他认为是优秀人物的，也收入《日本阳明学派之哲学》之中，其中包括真木保臣、锅岛闲叟、云井龙雄、岛义勇、西乡南洲（隆盛）等，从而赢得了具有反逆心态的读者们的欢迎。

第三，叙述形式采取章节体，初步摆脱了《学案》体

虽然井上没有用"哲学"概念来框架日本哲学史，但是在具体著述《日本阳明学派之哲学》三部作时，还是采取了西方式的章节体。整个学术系统一目了然，编辑体裁井然有序。尽管有些章节如对大盐中斋学说进行的"归太虚说""致良知说""理气合一说"之类的归纳，还算不

上是"哲学史"history of philosophy 式，但已经完全是"思想史"History of Ideas 式的体系。完全摆脱了中国传统式的"学案"体。

第四，和西方哲学相比较

将阳明学和西方哲学相比较是日本阳明学的一大特点，本书亦不例外。譬如在《佐藤一斋》一章里，井上认为"一斋的死生观，和叔本华如出一辙"。在对大盐中斋学说的《批判》一章里，井上运用自己丰富的西洋哲学知识，对中斋学说中的谬误部分进行了批判。他还运用西方哲学理论批判了日本阳明学（也是所有的阳明学派）的缺点。

第五，为"阳明学是明治维新的原动力"的说法进行了学术论证

"阳明学是明治维新的原动力"的发明权虽然不在井上哲次郎，但他的贡献，在于在本书中从学术上论证了吉田松阴、西乡隆盛、高杉晋作等所谓"明治元勋"是阳明学者。井上的论证，虽然有些牵强附会之处，但某种程度上也能自圆其说，再加上井上是日本学术界的权威，于是读过该书的人大都相信此说，乃至"阳明学是明治维新的原动力"一说流传甚广。

第六，论述了日本阳明学的特点和缺点

井上说："阳明学本出于明代的阳明，但一旦进入日本之后，立刻日本化，带上了日本自己的性质。"他认为，日本化的阳明学，或者是日本阳明学有三个明显的特征，一个是"神道合一"，第二个是直截明快，第三个是注重实践。他还对阳明学的弊病进行了批评。认为王学偏重于主观，从而轻视客观事实，动则为感情所驱，危害自身。偏重主观，拒绝客观性的知识，所以不知如何使道德进步。

结　语

本书写作于 19 世纪末 20 世纪初，像本书这样按章节体来写作哲学史乃属于首创，当然顾不得什么学术规范了。所以按照当今的学术规

范，本书有许多不符合标准的地方。譬如引文基本上没有标明出处，乃至翻译时无从查找原文；引用的汉文没有标点符号，只有一些句读点；固有名词没有注释解说等。为了保持本书的本来风貌，在翻译时尽量保持其半白半文的叙述体，将一些难以查到原文的汉文训读文直接翻译成古汉语。只是在力所能及的范围，对一些难解的地名人名进行了注释，并在所有的日本纪年后面添加了公元纪年。

本书由日本北九州市立大学文学部教授邓红主持翻译。日本北九州市立大学文学院社会系统研究科的硕士研究生们在 2017 年度的《中国哲学史研究》授业中轮读完了本书。硕士二年生张一星翻译了第一篇，并参加了其他篇章的翻译和组织工作。硕士一年生肖西汀翻译了第二篇中的一些章节。其他部分由邓红翻译，统稿全书并加上了所有注解。大成裕美、许晓璐、李紫薇等同学也参加了读书会和一些翻译编辑工作。特此表彰。

张一星　邓红　谨识

2018 年 7 月吉日

[本书根据大正十三年（1924）订正版翻译]